陈 姗／主编

chengzhang zai ketang

成长在课堂

首都师范大学出版社
CAPITAL NORMAL UNIVERSITY PRESS

图书在版编目(CIP)数据

成长在课堂 / 陈姗主编.—北京：首都师范大学出版社,2014.1
ISBN 978-7-5656-1809-3

Ⅰ.①成… Ⅱ.①陈… Ⅲ.①数学教学－教学研究－中小学
Ⅳ.①G633.602

中国版本图书馆 CIP 数据核字(2014)第 019019 号

CHENGZHANG ZAI KETANG

成长在课堂

陈 姗 主编

责任编辑 王慕飞
首都师范大学出版社出版发行
地 址 北京西三环北路 105 号
邮 编 100048
电 话 68418523(总编室) 68982468(发行部)
网 址 www.cnupn.com.cn
北京集惠印刷有限责任公司印刷
全国新华书店发行
版 次 2014 年 9 月第 1 版
印 次 2014 年 9 月第 1 次印刷
开 本 710mm×1000mm 1/16
印 张 20.5
字 数 340 千
定 价 42.00 元

目 录

◎ 教学设计篇

◎论文、案例、反思篇

◎教学故事篇

静心倾听花开的声音（代序）

第一次看到五一小学数学老师们的书稿，敬佩之情油然而生——做专业的老师、专业地做事儿。

通过仔细地看书稿，对五一小学的数学教师团队有了更深刻的认识：他们是真正热爱思考的一个团队，他们是观念先进的一个团队，他们更是有勇气、有激情、有意愿将先进的理念转化为实实在在的课堂教学行为的团队。

本书共有三篇：教学设计篇、论文案例反思篇、教学故事篇。"教学设计篇"几乎涉及全部的小学数学教学的核心内容，每一教学设计都对教材做了深度的解读，既包括横向的也包括纵向的。在教学内容深入分析基础上"有根有据"地研究学生的数学学习历程、学习困难点以及学习的路径，恰当确定教学的出发点以及目的地，从而设计并实施了有创意而又有实效性的系列学习活动，使学生真正成为数学学习的主人。

"论文案例反思篇"则清晰体现出教师的研究意识与研究能力，教师在教学实践基础上进一步追问教学甚至教育中的基本问题，将课堂教学实践与理性思考有机地结合，这是教师专业发展的核心之路。

"教学故事篇"虽然篇幅不长，但这一篇最能打动我，读着一篇篇的小故事，舒服亲切，仿佛和教师们一起经历事件的全过程，真切感受到教师们的倾情投入与做教师的幸福。"等待花开，花必开""冷猜测，热思考""这节课，学生上了桌子""不许'讲'的数学课"……朴实自然而又不失哲理的标题凸显出教师先进教育理念，更能看出教师们的专业尊严与幸福，如此为师足矣！

苏霍姆林斯基说："如果你想让老师的劳动能够给老师带来乐趣，那你就应当引导每一位教师走上从事研究这条幸福的道路上来。"这道出了优秀教师的心声，在研究之路上实现有效教学，在研究之路上实现卓越的教师专业发展，更在研究之路上增强教师的主观幸福感，除了"研究"别无其他捷径。

　　本书的出版是教师研究的一个终结更是教师继续研究的开始，静心倾听花开的声音，既是对待学生的理念更是对待自己专业成长的理念，期待五一小学数学教师们更精彩的研究成果。

刘如霞

2014 年 7 月

教学设计篇

　　"把课堂还给学生,让课堂焕发出生命的活力",叶澜教授的这句话犹在耳畔回响,五一小学,有这样一群可爱的数学教师,为了把自己对数学的理解、感悟、热爱传达给学生。他们注重为学生创设发展的空间、点燃学生智慧的火花;他们注重促进学生自主探究,为学生搭设施展才华的舞台;他们注重开阔学生的视野,拓展学生的思维;他们注重挖掘、活化教材,为学生量身打造适合学生的教学内容;他们和孩子们一起研究,一起发现,一起成长。面对一只只高举的小手,看着一场场精彩的辩论,感受一个个精彩的瞬间,面对孩子们可爱的脸庞,求知的眼睛,他们很满足、很幸福,他们是一群智慧的教师,他们在用自己的智慧创造着一个又一个充满生命活力的课堂。

《发新书》

梁　静

【教学背景分析】

一、教材分析

北师大版小学数学一年级下《发新书》——百以内两位数加两位数进位加法一课的内容安排如下：

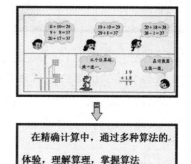

课标中明确指出：第一学段，学生在数与代数领域将体会数与运算的意义，掌握数的基本运算。教学时要重视口算、加强估算，提倡算法多样化。本册是在已学过的 20 以内进位加法和退位减法、100 以内不进位不退位加减法以及解决相关的简单问题基础上进行教学的。本单元的主要内容有 100 以内进位加法和退位减法，此部分内容起着承上启下的作用，为后续的万以内加减法和解决简单的实际问题作好铺垫。本课在教材编排上关注利用数学模型帮助学生理解算理；关注学生的算法多样化；关注估算意识的培养。

通过对教材细致的阅读和分析，纵观教材整体上对整数加法这一内容的编排，不难发现这样的特点：教材借助竖式这种形式将算理和算法有机结合，逐步完善学生对计算方法的认识。

先是借助两位数加两位数不进位加法直观形象的建立"数位对齐"，又借助两位数加一位数的进位加法体会"满十进一"；

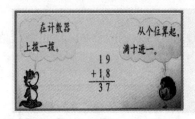

到今天的这一课借助 18＋19 这个具体的内容突出"从个位算起，满十进一"至此，整数加法的计算方法基本形成，之后，到二年级下册的时候又一次出现"万以内数的加法"，学生只是将原有的计算方法进行迁移，并抽象概括的一个过程。因此，切实学好本节课的内容，是学生掌握整数加法计算至关重要的一个环节。

二、学情分析

学生在学习本节课前，已经熟练地掌握了 20 以内的进位加法、会用竖式计算百以内的两位数加两位数的不进位加法和两位数加一位数的进位加法；经历过通过动手操作各种直观模型来理解"满十进一"这一算理的活动过程，尝试用加法解决过生活中一些简单的问题，这些都是学生学习本节课内容重要的知识基础和活动经验。

调研题目一：用你喜欢的方法算一算：18＋19＝？

调研对象：一年级 1 班 38 名同学

调研结果：

不同情况	直接口算	竖式计算	画图数数	计算错误
题数	21	9	6	2
百分比	55.3％	23.6％	15.8％	5.3％

孩子们不仅会计算、计算得准确，而且方法多样：

$$19+18=37 \qquad 19+18=37 \qquad 19+18=37$$
$$19+8=27 \qquad 9+8=17$$
$$27+10=37 \qquad 10+10=20$$
$$20+17=37$$

$$\begin{array}{r} 19 \\ + 18 \\ \hline 37 \end{array}$$

学生计算的正确率达到了 94.7%，错误率仅为 5.3%。面对这么"喜人"的数据，作为教师我们不禁要问：在我们的课堂上，孩子们还可以获得什么、还可以有怎样的发展呢？在接下来的进一步访谈中我发现了这样的现象：当我对用竖式计算的孩子进行了更深入的访谈："你是怎么算的？"他们有的会很流利地"背诵"一整套程式化的语言，也有的干脆就说："妈妈告诉我的，就得这么算……"当我问道：能边摆学具边说说你是怎么算的吗？有的孩子为难了……有的虽然会操作，但他们完全没有把自己的"动手做"和"思考"联系起来！对于摆学具、口算、竖式计算这些做法，孩子们居然认为它们是彼此孤立存在的，没有任何联系！孩子们学习这节课的价值究竟是什么呢？

孩子们所呈现出的多种算法又有怎样的价值？孩子们算得又对又快他们真的理解算理了吗？每种算法的背后孩子们需要怎样的支撑？计算教学难道仅仅是对算法、算理的学习吗？

反思我们的课堂教学！课堂上我们花费了很多的时间让学生去操作，当学生还流连在直观形象的算理中，却马上面对十分抽象的算法，接下去的计算都是直接运用抽象的算法进行计算，是否有些操之过急了呢？在由直观算理向抽象算法过渡和演变的这个过程中，我们应该再拉长孩子们感受的时间，在二者之间架设一座桥梁，铺设一条道路，让学生在充分体验中逐步完成动作思维——形象思维——抽象思维的发展过程。从而达到对算理的深层理解和对算法的切实把握。

调研题目二：看图解决问题：40 本书够吗？

调研对象：二年级 1 班 35 名同学

调研结果：

有 90% 以上的学生采用精确计算解决。当教师追问："如果不计算行不行？"孩子们的

回答是"不计算怎么知道谁多谁少呢?"

三、我的思考

"估算意识和估算能力的培养"是新课程背景下计算教学的一个亮点,作为教师我们做了大量的工作:把估算作为单独的一节课来上,甚至把它作为专题内容进行研究。课堂上,孩子们不仅有多种估算的方法,而且还能根据题目选择不同的策略。可是,当学生面临一个真实的生活问题时,却显得束手无策。应该怎样认识估算的价值?我们用心地构造了估算的情境,学生一定能理解?一定会自觉地运用估算的方法来解决问题吗?还应该做什么?

【教学设计】

一、教学目标

1. 知识与技能目标:探索并掌握两位数加两位数进位加法的计算方法,并会正确计算;培养估算意识。

2. 过程与方法目标:在解决问题的过程中,进一步体会加法的意义,发展估算意识,在探索算理的过程中提高观察能力、动手能力、概括能力及运用数学知识解决生活实际问题的能力。

3. 情感、态度与价值观目标:感受数学与生活的紧密联系,并获得成功体验。

4. 教学重难点

探索并掌握两位数加两位数进位加法,能正确进行计算。利用学具理解算理;培养估算的意识。借助竖式这一形式,建立直观算理与抽象算法之间的联系。

5. 教具与学具

小棒、方格图、多媒体课件、学生已有的知识、活动经验

二、教学过程

(一)提出问题,引入新课,培养估算意识

1. 教师创设情境:今天我们一起先来认识一位新朋友——小明!他可是一个特别关心集体的人,班里的事情他总是抢着做!你们瞧,他又在忙活什么呢?(课件出示情境图)

2. 他遇到了一个问题,你们看出来了吗?谁能结合信息说一说?

3. 提出问题:他们班女生有 19 人,男生有 18 人,他一共抱来 40 本书。

(二)渗透估算,解决问题,感受估算价值。

1. 明确问题:每个同学发一本也不知道够不够?

学生预设:①口算能力强的孩子很快会说道:"够! 19＋18＝37,40 比 37 大,所以够了"。

(孩子通过准确计算来解决够不够的问题,这是很普遍也是很正常的现象。)

教师进一步通过提出问题鼓励学生进行讨论:"我们一起想一想,这样的问题如果不计算出结果是否也能解决呢"。

学生预设:②把两个数都看成 20;③把一个数看成 20,另一个数不变

2. 将模型引入估算环节,帮助孩子们理解估算的意义和价值

能不能借助手中的学具边摆边说你是怎么估计的

教师评价:对于够不够的这个问题,你们把 19 和 18 都看成了很接近的整十数,用大概估计的方法很轻松、很快地就解决了,真是太了不起了!

(这样做一方面想给予学生估算的方法,另一个很重要的目的是让学生感受到估算的价值,以此来发展学生的估算意识。)

设计意图:在前面的教学中已经有过对数的估计,对长度的估测,在练习中也提到了估算,但这节课是正式提出估算教学的起始课,对学生估算意识的培养和估算能力的提高具有很重要的意义和价值。估算的环节就是放大利用模型,帮助学生理解估算的过程。并在后续的 19＋18 计算方法拓展中利用多加要减的方法,进一步体会估算对准确计算的帮助。

(三)由估入精,探索算法,沟通内在联系

1. 提出新问题

引发新的讨论"19＋18＝"是在解决什么问题? 为什么要用加法呢?

设计意图:孩子们在具体的情景中又一次体会了加法的意义,同时为下面学生去验证自己估计是否正确埋下伏笔,激发了学生学习本节课知识的兴趣,进入本节课的第二个活动。

2. 模型引路,初步体验

19 加 18 等于多少这个问题你们可以怎么解决呢? 能不能动手摆一摆学具,或者画一画图,想办法让大家听懂或者看懂你的想法呢?

设计意图:此环节是想让学生带着思考进行探究,提出了你能不能想办法让大家听懂或者看懂你的想法呢? 目的是激发学生不仅会做,还要想办法说明

为什么这么做。

3. 搭设平台，丰富算法

模型一：小棒

①分别给学生准备：零散的足够多的小棒，整捆足够多的小棒。

②汇报时教师要有意识地控制学具的呈现层次，提出问题：同样使用小棒有什么不同，你觉得她什么地方值得大家学习？

此环节孩子可能会选择零散的小棒，也有的孩子会选择整捆的小棒，教师要加强两种不同选择的比较，在认数的基础上理解，追问哪一种学具更方便，同时渗透位值制，为后续理解算理做好铺垫。

③关注思维细节：出现 19＋18 之后关注对比：

一是先数单根，再数整捆，再合起来；另一种做法是先数整捆，再数单根，再数整捆，再合起来。

④确定了计算结果为 37 后，教师的一句："看来正如同学们所估计的那样，18＋19 的结果确实不会比 40 大！"与课前的"估计"再次联系，使孩子们认识到估算不仅可以解决问题，还是一种最有价值的检验结果的方法。再一次体会了估算的价值！

设计意图：这个环节的教学目的利用学生原发的想法，让学生清晰地认识两种方法结果虽然一样，但过程有所区别。比较中感悟第一种方式比较简洁。同时也向学生渗透算理，为后续的竖式先算个位再算十位的学习做好铺垫。同时也让学生感受学习数学不仅要关注结果，同时也要关注过程。教师抓住核心追问：为什么比刚才多了一捆？为后面竖式中个位满十进一埋下伏笔。

模型二——方块图

展示学生利用方格纸探究的过程，追问：怎么就想到要再圈一个圈？

设计意图：在学生已经有了 20 以内进位加法和两位数加一位数进位加法的基础上，设置此环节，呈现算法的差异性，突出算理的一致性在数学教学中突出数形相结合的思想，有利于学生从不同的方面加深对问题的认识和理解，提供解决问题的方法，也有利于培养学生将实际问题转化为数学问题的能力。

4. 借助竖式，沟通联系

①展示竖式：说一说你是怎么算的？

②学生用语言表达后教师提出新的问题：在得到计算结果前，你们还真是进行了一番细致的思考！如果把它也记录下来会是什么样呢？

预设：

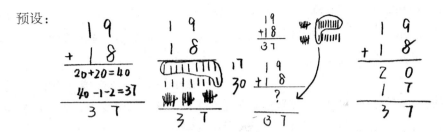

设计意图： 至此我们对算理、算法的探究并没有结束，我们绝不仅仅是为了计算出结果是 37！如果是这样，学生的思维不会得到任何发展和提升！学生经过探究所获得的那么多的东西，为他们的后续学习能提供什么样的用处呢？这恰恰是我们数学老师应该思考的！如果我们为孩子提供足够的时间和空间，他们必然会和口算的方法建立联系。在这个丰富多彩的数学活动过程中，模型起到了不可估量的作用，它的出现和使用使学生有了交流的载体、观察的对象——不会的孩子可以通过摆小棒数一数将新问题解决；让原本会计算的孩子，加深了对算法的理解；让本身就带有多种算法的孩子们的体验更加的丰富！让不同层面的孩子在原有基础上都有所提升，真正意义上实现了不同的人获得了不同的发展！

5. 拓展开窗，引发思考

进一步拓展计算方法，直接建立联系，抓住 $19+18=20+20-1-2=37$，或者 $19+18=20+18-1=37$，$19+18=19+20-2=37$

设计意图： 在此环节结合前面的估算，让学生清晰地感受到估算也能帮助我们进行计算。估算与精确计算都是培养数感的有效途径。这种方法与前面的方法有一定的差异，放在后面不会干扰刚才的计算，同时可以引导学生用不同的方法解决问题。

（四）巩固认识，加以应用

1. 全班同学共同用竖式计算 $25+18$、$37+24$

2. 计算前，引发全班同学思考：想一想，竖式计算时怎样书写？计算的顺序是什么呢？如果满十了该怎么办呢？

设计意图： 及时对上一环节的教学效果进行评价，根据学生掌握的情况调整教学环节，将这些有着内在联系的简单的问题系列化地提出，等孩子们计算完成后，用自己的话完整地说一说，孩子们在归纳、概括中将方法内化为自己的一种行为，培养了逻辑思维能力。

3. 新知识加以应用，创设问题情境：有两个班的同学要去春游，1 班 38 人，二班 43 人，如果租一辆能坐 70 人的大车，行吗？孩子们用估算的方法很快地解决了这个问题。

4. 教师提出问题：能坐 80 人的车呢？孩子们用"看成最接近的整十数"的方法来估，是够的，但是计算后却发现不够，让孩子们感受到，估算也是要讲究方法的，到底怎么估？为孩子留下思考的空间！

【教学反思】

1. 将本课的教学内容放在了学生完整认识整数加法法则的系统中；

2. 估算环节就开始引入模型，并将此作为帮助孩子们理解算理的重要途径；估算与精算相结合，重在体现估算的价值，并具体到我的教学活动上；

3. 将直观算理与抽象的算法、将口算与笔算之间建立联系，力争让算法和算理不再孤立，而是有机的融合。

《倍的初步认识》

张 薇

【教学背景分析】

一、教材分析

本课内容是北师大版教材二年级上册《倍的认识》。这一部分内容教材一共安排了3个课时来完成，包括倍的认识，倍与除法，解决简单的与倍有关的问题，包含于"分一分与除法"单元之内。从安排上来看，教材并没有把这个内容作为重点来安排。那么，统观教材，"倍的认识"又处于什么样的位置呢？

《倍的认识》是在学生学习了"分一分与除法"的基础上进行学习的。我理解："倍"是用来刻画两个量之间的关系的，也就是两数比较的结果，对于两数的比较关系，学生是这样学习的：

比多少—倍—分数—比……

学生前期的已有经验，是在一年级下学期学习的"比多少"，这是他头脑中仅有的比较模型。而经过本节课的学习，学生要了解并接受一种新的思考和比较数据的方法：倍比。这对于学生是极具挑战的。

二、学情分析

学生在学习本课之前，没有接触过倍的概念，但通过分一分与除法的学习，对"一个数里有几个几"已经掌握。为了了解学生对倍有没有认识，认识到什么程度，我做了前期调研。调研结果，班级里将近四分之一的学生表示"对倍一无所知"，四分之二表示"知道"。于是我又对知道的学生进行了再调研，发现，这部分学生真正了解倍的含义的极少，存在着各种各样的问题。调研结果显示：学生对"倍"是陌生的，是全新的，理解上是有难度的。

三、我的思考

"倍"是生活中常用的概念，教科书没有给它下定义，而是通过具体的数学活动，让学生体会"倍"的含义。因此，在本节课的教学过程中，教师一定要为学生提供合适的学习载体，并给学生充分的观察思考和发现的空间，让学生去感知两个数之间的比较关系，让学生亲眼看到"谁是谁的几倍"是什么样子，通过具体的表象，去感受"倍"这个概念。要给学生提供动手操作的机会，通过画一画、摆一摆、圈一圈等学习活动，引导学生找出两个数量之间的倍数关系，让学生在活动中亲身经历"倍"的形成过程，逐步形成对"倍"的认识。

【教学设计】

一、教学目标

1. 通过直观演示，学生动手操作，体会"一个数是另一个数的几倍"，建立"倍"的概念，理解"倍"的含义。

2. 在数形结合解决问题的过程中培养学生的观察能力，动手操作能力及语言表达能力。

3. 在探索新知的活动中，让学生感受数学知识本身的魅力，体会数学学习的乐趣。

二、教学重点、难点

经历体会"倍"的产生和发现的过程；"倍"的概念建立。

三、教学用具

两种颜色的磁扣若干个

四、教学过程

活动一：猜数游戏

猜数游戏：老师心中想好一个数，请学生猜。教师根据学生猜的结果给出相应的反馈，学生再次判断，寻找答案。

课堂实录：

师：老师心里想了一个数，请你猜一猜。　　生：是 20 吗？

师：比 20 多。　　　　　　　　　　　　　生：是 30 吗？

师：比 30 少。　　　　　　　　　　　　　生：是 25 吗？

师：和 25 同样多。　　　　　　　　　　生：猜对了。

师总结提问：在两个数比较时，我们经常会怎样形容比较的结果呢？

生：多，少，一样多。

设计意图："数的比较"是在一年级下学期学习的，时间间隔比较久，通过猜数游戏唤起学生的记忆，对原有知识进行复习。回顾两数比较时的不同结果，为本节课做准备。

活动二：比棋子

设计意图：通过学生亲自动手摆一摆，比一比。发现新关系，揭示"倍"。

1. 黑白棋子比一比，回顾头脑中的比较模型

3 和 4 比一比。请学生动手摆一摆，说一说，是怎样比较的。

生：一个对一个比较的。

师：比的结果在哪呀？指一指。

○　○　○
●　●　●　●

3 和 5 比一比。请学生动手摆一摆，说一说，是怎样比较的。

生：一个对一个比较的。

师：比的结果在哪呀？指一指。

○　○　○
●　●　●　●　●

3 和 6 比一比。请学生动手摆一摆，说一说，是怎样比较的。

生：一个对一个比较的。

师：比的结果在哪呀？指一指。

○　○　○
●　●　●　●　●　●

2. "二次比较"比一比，发现新关系，建构"倍"的模型

(1)师提出问题：我们刚才进行了三组数据的比较，请你仔细观察，有相同的地方吗？

预设：①比较的标准都是"3"。

②都是一个一个比较的。

(2)师提出问题：请你再次仔细观察这三次比较，有什么不相同的地方吗？

预设：每次和 3 比较的数不同，一次比一次多 1。

师进一步提出问题：你有没有发现，这三次里，哪个比较有些特殊呢？

讨论：指一指，说一说，哪一组特殊？

学生汇报自己的发现。

老师提出新要求：请你再摆一次，能不能通过你摆的模型，让大家看到这种特殊。

(3)展示汇报。

师追问：为什么这样摆呀？这次比较和刚才的有什么不同？

引导提升：刚才是"一个一个"比，现在是"一份一份"比。

师：你能用"份"说说 3 和 6 吗？

生：把 3 看作一份，6 有这样的 2 份。

设计意图：从"3 和 4 比较"出发，过渡到"3 和 5"、"3 和 6"，都是学生已有的知识经验，都是在比较多少。教师引导学生把这三次比较放在一起看一看，寻找"3 和 6 比较"之中特殊的关系，让学生再摆一摆，把这种"特殊"摆放出来，亲眼看到。虽然没有出现倍的概念，但是，学生正在经历着"倍"的形成。

(4)画一画

师提出活动要求：刚才我们发现了 6 和 3 有一种特殊的比较关系，闭上眼睛，你头脑中有这种特殊的关系了吗？请你把这种特殊的关系画在纸上，用你喜欢的方法，你认为最有用的符号，甚至是一句话，让我们看到它。

展示汇报学生的做法。

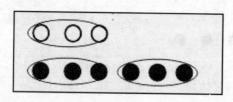

设计意图：让学生在头脑中想一想，再一次加深了"6 里面有 2 个 3"，"6 被分成了 2 份"的表象。让学生画一画，学生有多种方法，再次表示这种特殊关系，有些孩子很自然的在图中加入了集合圈，"倍"概念基本形成。

(5)揭示"倍"的概念

师：同学们的发现和数学家的发现是一样的，在比较的过程中，数学家发现，两个数之间有时会出现这种特殊的情况，这时，我们就说"6是3的2倍"。

讲一讲6、3、2分别在哪呢？

生：6代表黑棋子有6个，3代表白棋子有3个，2是指6里面有2个3。

设计意图：揭示倍的概念，让学生找一找"2倍"的2到底在哪，深化对"倍"的理解。

活动三：自由寻找有倍的数组

活动要求：请你从1～10里面选一选，画一画，比一比，看看还能找到"倍"吗？

学生单独操作。操作之后汇报交流。

课堂实录：

学生选取了不同的表示方法，有的用棋子摆一摆，有的画三角圆圈。

构建了不同的倍数关系：4是2的2倍。

8是4的2倍。

10是5的2倍。

9是3的3倍。

3是1的3倍。

……

教师组织学生汇报时分三个层次：

1. 选取数量不同但都呈现"2倍"关系。

2. 都是和"3"比较，却得到了不同结果。

3. 为什么没有人选"7"？7可以和谁有倍数关系？解决对"1倍"的理解。

设计意图：学生通过前面的学习已经初步建立了"倍"的概念，但是比较单一。本环节为学生提供了一个比较开放的空间，有学生自主选择数量，自由创造倍数关系。在这个活动中学生要再一次理解"倍"，在寻找和创造新的倍数关系的过程中，比较、辨析、调整、思考，一步步地加深对倍的理解，让"倍"越来越清晰，越来越完善。

【教学反思】

"倍的认识"在本学段教学中既是重点，又是难点。"倍"的概念比较抽象，在教学中没有给学生"倍"的概念定义，所以低年级学生要建立"倍"这一概念，应通过大量的感性材料和通过自己观察思考，动手操作、比较，从而得出两数之间的数量关系。这节课有以下几个特点：

一、关注学生的数学现实，在学生原有学习基础上得到有效的发展

对《倍的认识》一课，学生的数学现实是什么？现实是：学生在生活中很少接触"倍"，对倍感到陌生，对倍的认识而言几乎是一个 0 的开始。抽象的意义学生难以理解，那么我们就给学生指明一个学习的方向—摆一摆。借助一系列动手操作的活动，从学生已有的"比多少"的数学经验出发，寻找、发现，给学生充足的时间，让他们静静地观察，慢慢地思考，感受到一种新的数量关系。教师充分利用学生的这些生成资源，因势利导，科学评价，适时点拨，及时梳理，使学生的学习得到有效发展。

二、动手操作，加强理解

有位教育家曾经说过："儿童的智慧在他的手指尖上。"操作是学生动手，动脑的协同活动，是培养和发展思维的有效手段。因此，教师应该努力做到在动手实践操作的基础上，培养学生的自主探索和合作交流的能力。本节课，动手实际操作贯穿于整个教学过程的始终。一开始的摆棋子比一比，摆后说一说，让学生初步体验"倍"的含义；接着进行有针对性的再次摆，使学生进一步体验"倍"的含义；最后安排开放性的拓展练习，依旧是以操作为载体，让学生把自己对倍的理解变成实物展现出来，同时也培养了学生的创新意识。在此基础上，让学生充分地观察、讨论、交流，使学生在探索研究的过程中，理解"倍"的含义。

三、如何面对教学预设和课堂生成

一切教学都是预设与生成的统一体。教师要在预设与生成之间灵动，呈现课堂的真实本色。《倍的认识》其设计是从学生的原始学习状态入手，通过摆棋子等一系列的活动，让学生自己去发现、选择、尝试、探究问题，教学过程是现场生成的，结果是不能完全预测的。因此在教学中教师要做到"心中有案、行中无案"，富有形的预设在无形的动态教学中生成。抓住"倍"这一概念的本质，不断捕捉、判断、重组从学生那里涌现出来的各种信息，见机而作，或及时引导，或适时质疑，或概括小结，对有价值的信息资源及时纳入课堂临场设计的范畴之中，适时调控，充分利用，激活课堂教学，促进课堂有效生成。

《快乐的动物》

赵京吉

【教学背景分析】

一、教材分析

在认识平均分与除法意义的基础上，本节课结合"快乐的动物"这一具体情境，引导学生探究两个数量之间的倍数关系。事实上，"倍"是一个生活中常用的概念，教材没有给它下定义，而是通过"做一做"的具体的数学活动，让学生体会"倍"的意义。

二、学情分析

对于低年级的孩子来说"倍"这个概念是比较抽象的，如果完全让学生自己独立探索，可能达不到教学目标。二年级学生多以形象思维为主，爱玩、好动，接受新鲜事物快，又敢于挑战自己和他人。因此，教学时要创设能够激发学生学习兴趣，激活求异思维的学习情境，引导学生有效地进行学习活动。

三、我的思考

我采取自主探究的教学方法，通过电化教学、实物操作、合作交流等教学手段，创设一定的学习情境与和谐民主的学习氛围，让学生经历将一个具体问题抽象为数学问题的教学过程，在学生解决"求一个数是另一个数的几倍是多少"的实际问题中，经历运用除法含义确定算法的过程，采取多种教学手段使学生初步懂得应如何思考问题，如何用数学方法来处理有关的信息，合理地解决问题。

【教学设计】

一、教学目标

1. 在具体的操作活动中，感受"倍"的含义，结合直观图体会倍与乘除法意义的联系。

2. 在理解"倍"的含义的基础上，会用除法算式表示两个量之间的倍数关系，能根据相应信息提出并解决有关倍数关系的数学问题。

3. 培养初步的观察、分析能力，发展数学应用意识和解决问题的能力。

二、教学重难点

如何让学生比较容易地理解"倍"的意义，并会用除法求一个数是另一个数的几倍。

三、教学准备

多媒体课件、动物图片、学具圆片

四、教学过程

(一)创设情境，激发兴趣

师：这节数学课我们要和一群快乐的动物们交朋友，帮助它们解决它们遇到的一些数学问题。(板书：快乐的动物)

(出示主题图)

师：夏日的一天，森林里热闹极了，小动物们都高兴地来到河边玩耍，有的唱歌，有的跳舞，大家玩得可高兴了。都有哪些小动物来参加聚会呢？请同学拿好笔，边看边数，将小动物的数量记录在小练习中。

师：哪位同学愿意汇报一下数的结果？

设计意图：在创设情境，激发兴趣这一环节中，充分利用教材的主题情境，将教材的静态图片动态化，通过动态呈现各种可爱的小动物，让学生进行数一数、填一填的活动，有意识地培养学生收集信息、整理信息的能力。同时在后续的学习中又将情境系列化，串成一个有趣的故事，帮助学生逐步建立"倍"的概念。

(二)引导探索，学习新知

1. 旧知引导，初步理解 2 倍的含义

师：在这些小动物里就数猴子和鸭子最调皮、最机灵了，它们想比一比它们的只数，谁能帮它们比一比？

师：刚才同学都是从小鸭和小猴的多少方面来比较的，能不能通过摆一摆的方法验证同学的发言呢？摆好后找一找，"多"，多在哪？"少"，少在哪？

谁愿意到前面来摆？(学生上前操作演示)

师：(与演示同学交流)你能说说你为什么这么做吗？

师：用一一对应的方法，清楚、直观，一眼就能看出谁多，多在哪；谁少，少在哪；是不是呀。这就是两个数量在比多少。

2. 引导操作，会摆图理解倍数关系

师：刚才咱们在第一排用 3 个圆形表示了小猴的只数；在第二排用 6 个圆形表示了小鸭的只数。（注意对齐画）

我们把小猴子的只数看作 1 份，我们把这 3 只圈在一起。如果我们把鸭子数也这样每 3 只圈在一起，能圈出几个这样的 3 只来？请你在下面试着圈圈看。6 只小鸭子里有几个 3 只小猴那么多？（圈）（板书：6 里面有 2 个 3）

师：我们就说 6 是 3 的 2 倍。（板书）

师：6 代表谁？　3 代表谁？

所以我们就说小鸭的只数是小猴的只数的 2 倍。这里有两个"的只数"，为了说起来简洁，我们可以将第二个"的只数"省略，大家一起读……

生：小鸭的只数是小猴的 2 倍。

师：谁来说说咱们是怎么知道小鸭的只数是小猴的 2 倍的？

3. 结合图理解除法算式

师：我们之所以能这么容易看出小鸭的只数是小猴只数的 2 倍，就是在画图、摆图的过程中把小鸭的只数按小猴的只数进行平均分，分成了两份，就是它的两倍。你能用一个算式来表示吗？（板书：$6 \div 3 = 2$）

师：6、3、2，分别表示什么意思？

师：2 表示的是 2 倍，也就是表示数量之间的一种关系，所以倍不是单位名称。以前我们在解决问题写算式时要写单位名称，但求谁是谁的几倍时，不写单位。

设计意图：引导操作，结合小猴和小鸭的只数摆图、画图、圈图，初步体会 2 倍的含义。在操作与交流中，学生体会到把小鸭的只数按小猴的只数进行平均分，分成了 2 份，就是它的 2 倍，学生很容易看出，小鸭的只数是小猴只数的 2 倍。然后自然引出除法算式：6 除以 3 等于 2，帮助学生初步体会倍的含义。

（三）独立操作，深入探究

1. 深入理解 2 倍意义

情境 1

师：小猴小鸭觉得这样比还挺有趣，就又喊来了自己的好朋友，（又来了 1 只猴子，2 只鸭子）看看现在有什么变化？一共有几只猴子？几只鸭子啊？请同学记录在小练习中。

同学们，你们能再帮小猴和小鸭比比看，小鸭的只数是小猴的几倍？

情境2

师：请你们模仿刚才摆的过程，先画出圆形代表猴子和鸭子的只数，然后再圈一圈，自己探索鸭子的只数是小猴的几倍。

师：哪位同学愿意将自己的想法分享给同学？说说看（课件）

情境3

师：(指图)同学们，我们刚才一直帮助小鸭和小猴比。小猴有4只，小鸭有8只，我们说……

生：(齐)小鸭的只数是小猴的2倍。

师：小猴有3只，小鸭有6只，我们也说……

生：(齐)小鸭的只数是小猴的2倍。

师：同学们，数都不一样了，我们怎么都说是2倍呢？

师小结：也就是说，不管数是多少，只要小鸭的只数里面有2个小猴那么多，我们就说……

生：(齐)小鸭的只数是小猴的2倍。

师：接下来请大家想想还可以多少只小猴和小鸭之间也是2倍的关系呢？

设计意图：由于情境中小鸭和小猴只数的变化，学生独立尝试用圈一圈的方法，探索并得出小鸭的只数是小猴的2倍，用8除以4等于2表示，引导学生思考，为什么6是3的2倍，8也是4的2倍呢？继而知道只要小鸭的只数里面有2个小猴那么多，我们就说小鸭的只数是小猴的2倍，由此，让学生感悟倍的真正含义。

2. 理解3倍及多倍的意义

师：接下来我们再去看看发生了什么！

这时，又有一只小鸭游了过来，它说小猴家来了一群客人，于是小猴一个翻身跳下了树，跑回家去招待客人了。现在准备参加聚会的小鸭有多少只？小猴呢？数好后记录在第2小题的位置。(生活动)

师：这时，小鸭的只数是小猴的几倍？还是2倍吗？请你赶快画一画，列算式。

(投影展示，鼓励用多种图形表示。)

师：小朋友，刚才我们说鸭子数是猴子的3倍，怎么不是2倍了呢？

师小结：刚才，鸭子数里有2个猴子数那么多，我们说，鸭子数是小猴的

2 倍。有 3 个那么多，我们说鸭子数是猴子的 3 倍。要是有 4 个那么多呢？5 个呢？看来，有几个这样的一份就是它的……

生：(齐)几倍。

师：那有没有 1 倍呢？1 倍是什么意思？

设计意图：独立尝试，理解几倍的含义。通过学生独立操作，教师鼓励，用多种图形表示内心的思考过程，找到小鸭于小猴只数之间的 3 倍关系，延伸出有几个这样的 1 份就是它的几倍，多倍与 1 倍的难点随之迎刃而解。

(四)大胆提问，尝试解决

1. 改编教材情境，提出新问题

师：那么现在我们就用刚才的小发现来解决数学问题。

同学们看，现在参加聚会的这些小动物，它们之间还有没有倍数关系呢？请你从中任选 2 种小动物，提出一个与倍数有关的数学问题？写在小练习中。

(小鸭 6 只；松鼠 2 只；孔雀 1 只；小猴 3 只；小鸟 12 只；小鸡 8 只)

师：谁愿意汇报一下你的问题和算式？

师：刚才老师发现有的同学提完问题后又擦掉了，能说说为什么改了呢？

其实这些数之间不是没有倍数关系，只是我们现在学的知识太少，还不能准确地表示出来。随着知识的积累，以后类似这样的问题我们也都能算出来。

2. 应用新知，解决问题

师：同学们的表现真不错，下面老师想邀请同学到智慧岛上去闯关，勇夺智慧花，你们愿意吗？

师：幻灯片出示："第 1 关：帮小猴来招待客人"

师：像这样已知信息都是以图的形式呈现时，可以数，可以圈，也可以算。

师：幻灯片出示："第 2 关：帮小鸭子招待客人"

师：如果图中是直接给的数据信息或者数太大时，我们可以直接通过计算解决。

师：幻灯片出示："第 3 关：淘气、机灵狗比身高"

师：淘气和机灵狗想比身高，大家知道淘气的身高是机灵狗的几倍吗？那你们能估计一下吗？说一说你是怎样估计的吗？他俩找了半天也没有找到尺子，只看到了南瓜，那下面咱们一起来看看。机灵狗有多高？淘气有多高？如果用算式表示，同学们能完成吗？

成长在课堂

淘气和机灵狗比完后,学生会发现其实自己身上也有倍数关系。其实不同的人头和身长之间有着不同的倍数关系:1 岁儿童时身长大约是头长的 4 倍,老师的身高大约是头长的 7 倍,八九岁儿童的身长大约是头长的几倍呢?(让学生估一估)

师:一些资料上说,10 岁儿童的身高大约是头长的 6 倍。你们知道模特的身高与头长的关系吗?

设计意图:大胆提问,深入理解"倍"的意义。通过完整的展现主题图,让学生从中找到新的倍数关系,在应用新知,解决问题这一环节中,为学生创设"闯关智慧岛,勇夺智慧花"这一活动,逐步深化对"倍"的意义的理解。

(五)引导总结,延伸课后

师:同学们,像这类倍数问题生活中还有很多,希望同学们都做个有心人,找找生活中的倍数问题,下节课我们继续研究。

设计意图:引导总结,延伸课后,使学生感悟到数学就在我们的身边,以及学数学的价值。

【板书设计】

快乐的动物

小猴　　○○○

小鸭　　○○○　○○○

6 里面有 2 个 3

小鸭的只数是小猴的 2 倍

$6 \div 3 = 2$

【教学反思】

在认识平均分与除法意义的基础上,本节课结合"快乐的动物"的具体情境学习两个数量之间的倍数关系。教材没有给"倍"下定义,而是通过摆一摆、圈一圈、画一画这些具体的数学活动,让学生体会"倍"的意义。从课堂教学来看学生学得充实、快乐,本节课教学活动遵循了学生的认知规律,符合学生心理特征,反思这节课的教学,我有以下几点思考:

1."引导学生自主参与学习活动"是《数学课程标准》中重要理念之一。遵循二年级学生以形象思维为主,好奇、好动的特点,课初,我以"小动物们举行一个盛大的聚会"的情境导入新课,使学生乐于参与到学习中来,改变了"学习

22

枯燥乏味"的思想。在探究性学习里强调学生通过自主参与的学习活动，获得亲身体验，逐步形成善于质疑、乐于探究、勤于动手、努力求知的积极态度，让学生感觉非常有趣，在一种兴奋、积极的心态下学习数学，激发他们探索、创新的欲望。此外，重视学生认真观察、选择信息、提出并能完整地描述数学问题的意识和能力的培养。

2. 教学评价方式游戏化得到体现。在教学活动中，通过创设"闯关智慧岛，勇夺智慧花"这一活动进行有效的教学评价，这种评价方式的使用既可以激发学生的兴趣，又是对学生的一种促进，它将培养学生的小组合作意识和集体荣誉感。课上，我通过及时地组织教学和多次的激励性评价，整节课学生的秩序井然有序，即使在活动中也没有出现混乱状态。通过教学本节课，我深深地感受到：给学生一些思维发展的空间，就能收获无穷的教育信息！

《4 的乘法口诀》

姚 静

【教学背景分析】

一、教材分析

《4 的乘法口诀》是北师大版二年级上册乘法口诀的第四课。学生在认识了乘法意义，掌握了求几个几列乘法算式的方法的基础上学习乘法口诀。是对乘法意义的巩固和再提高。教材中先学习了 5、2、3 的乘法口诀。例如：5 的乘法口诀学习时可以利用直观形象的手指及借助已有的生活经验。这样的安排使教材更加的生活化，更贴近学生的生活实际，有助于他们自觉进行自主性的探究学习，更便于学生运用方法的迁移来学习其他口诀。

二、学情分析

大部分学生已初步了解了乘法的意义，掌握了连加的计算方法，他们已能根据情境列出乘法算式，并结合情境用数数或连加的方法算出乘法算式的得数，这些知识储备都为学生在本课进行自主编制口诀奠定了一定的基础，而且有一部分学生对乘法口诀已经有了初步的认识，有的甚至可以背出部分的乘法口诀。

三、我的思考

在我以往教学 4 的乘法口诀时，发现大部分学生已经把口诀背得滚瓜烂熟了，而且前面已经有了 5、2、3 的乘法口诀的知识积累，大部分学生已经掌握了乘法的基本意义。如果还是按部就班的一句一句地教，学生没有多高的兴趣。那么，怎么才能既让学生们把知识学会又能提高他们的学习兴趣呢？于是，我尝试用自学互学的新模式进行教学。目的是尊重学生已有的生活知识，让学生展现自己的本领。提高学生的学习兴趣和自信心。

基于学生学习了 5、2、3 的乘法口诀，我尝试设计了下面两个表格。

表 1

画图：		
表示几个几	列式	口诀

表 2

推导过程	列式	口诀
		二四得八
		三四十二
		四五二十

表 1 借助我们学习过的 2、3、5 的乘法口诀，利用你喜欢的事物边画图边探索 4 的乘法口诀。

表 2 利用我们学习的 2、3、5 的乘法口诀想办法推导出 4 的口诀，并且把推导过程试着写出来。请你选择一张自己感兴趣的表格来试着探索 4 的乘法口诀。

一句一句地教，学生没有多高的兴趣。如果用这样探索的方式，能充分发挥学生们的想象力，调动他们的积极性。让他们在愉悦的氛围中学习、探索知识。于是，我将学习的经历还给孩子。并且，通过汇报交流，使每个学生不仅可以有自己的方法，还能够获取别人的好方法。这样将教材的有效整合，给学生提供了更大的自由选择学习方式的空间，而且更能够适用于各个学习层次的学生。

【教学设计】

一、教学目标

1. 经历独立探究、编制 4 的乘法口诀的过程，体验从已有的知识出发探索新知识的思想方法。

2. 掌握 4 的乘法口诀，解决一些简单的实际问题。

3. 培养学生初步的观察能力和分析能力。培养自学互学能力。

二、教学重难点

经历独立探究、编制 4 的乘法口诀的过程，体验从已有的知识出发探索新知识的思想方法。

三、教学过程

活动一：自主探索

师：我们学习了2、3、5的乘法口诀。这节课我们继续用表格的形式来探索4的乘法口诀。(板书课题)。现在大家每人都有两个表格。一会儿，你选择其中一个表格来探索学习4的乘法口诀。表1中4的乘法口诀中有几句口诀我们已经学过了。它们是哪几句？又分别在学几的口诀中学过呢？这几句我们就不用再探索了(PPT表格中划掉)。借助你喜欢的事物边画图边探索4的剩余乘法口诀。你打算画什么，表示几个几呢？表2中利用我们学习的2、3、5的乘法口诀想办法推导出4的剩余口诀，并且把推导过程试着写出来。你采取任何形式都可以，但一定要让人明白。

注意：在你的探索过程中如果发现问题，自己先想一想，解决不了就悄悄地求助身边的同学，如果还解决不了，就举手求助老师。

设计意图：孩子的天性喜欢探索。我设计了借助你喜欢的事物边画图边探索4的剩余乘法口诀。让学生通过画画，表示几个几。探索4的乘法口诀。在探索之前，先给孩子一点儿静静思考的时间，并提醒学生有问题可以求助身边的同学或老师。逐步培养互助习惯。

活动二：汇报启发

表1和表2各选一人的作业到台前展示，你看懂了什么？有哪些看不懂的随时可以提问。之后把你刚才的探索过程跟周围的同学说一说。

学生边汇报边总结：表1通过形象的画图帮助他解决了4的其他几句口诀；表2通过旧口诀来推出新口诀。利用我们学过的旧知识来解决没学过的新知识也是一种不错的方法。

设计意图：课上，我努力营造师生互动、生生互动的学习氛围。培养学生敢于发现问题，敢于提出问题的能力。努力让学生在互动交流中碰撞出思维的火花。并注意随时交给学生一些解决问题的方法。

活动三：复习巩固

1. 对口令

2. 用口诀填得数 $9×4=$ ？ $7×4=$ ？(根据算式想口诀)

3. $4×4+4=$　你怎样解决？

方法一：先算乘再算加

方法二：利用乘法意义

$4 \times 4 + 4 = 20$

$4.9 \times 4 - 4 = 32$

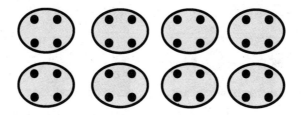

5.$4 \times 13 = ?$ 你能解决吗？

生 1：10 个 4＋3 个 4

生 2：9 个 4＋4 个 4

生 3：6 个 4＋7 个 4

……

6.$3 \times 4 + 4$ 与 $3 \times 4 + 3$ 你能试着用今天乘法的意义来解决这道题吗？这两道题的得数为什么不一样？你能从乘法意义上解释吗？

生：同样都是 3×4 它既表示 3 个 4 相加，又表示 4 个 3 相加，所以要具体问题具体分析。

设计意图：这是对新知识学完后的应用和提高。$4 \times 13 = ?$ 表内乘法口诀只到 9，那么 13 个 4 怎么办？这就需要学生利用原来的旧知识进行梳理与再提高。这也是对知识的灵活掌握。并且，用旧知识来解决新问题。这也是一种不错的学习方法。逐渐渗透学习方法，并用幻灯片动画演示，辅助学生用直观模型加深理解。

活动四：课堂小结

这节课我们学习了 4 的乘法口诀。我们用观察和善于发现的眼睛学会了 4 的乘法口诀并找到了它的许多规律。在我们的生活中还有很多用 4 的乘法口诀解决的实际问题。回家以后请你和你的爸爸、妈妈一起找一找，说一说。

【教学反思】

由于我给孩子创造的情境是：利用你喜欢的事物边画图边探索 4 的乘法口诀。这样就不局限在课本上的“糖葫芦”的主题图。

画图

表示几个几	列式	口诀
1个4	1×4=4 4×1=4	一四得四
2个4	2×4=8 4×2=8	二四得八
3个4	3×4=12 4×3=12	三四十二
4个4	4×4=16	四四十六
5个4	5×4=20 4×5=20	四五二十
6个4	6×4=24 4×6=24	四六二十四
7个4	7×4=28 4×7=28	四七二十八
8个4	8×4=32 4×8=32	四八三十二
9个4	9×4=36 4×9=36	四九三十六

画图

表示几个几	列式	口诀
1个4	1×4=4 4×1=4	一四得四
2个4	2×4=8 4×2=8	二四得八
3个4	3×4=12 4×3=12	三四十二
4个4	4×4=16	四四十六
5个4	5×4=20 4×5=20	四五二十
6个4	6×4=24 4×6=24	四六二十四
7个4	7×4=28 4×7=28	四七二十八
8个4	8×4=32 4×8=32	四八三十二
9个4	9×4=36 4×9=36	四九三十六

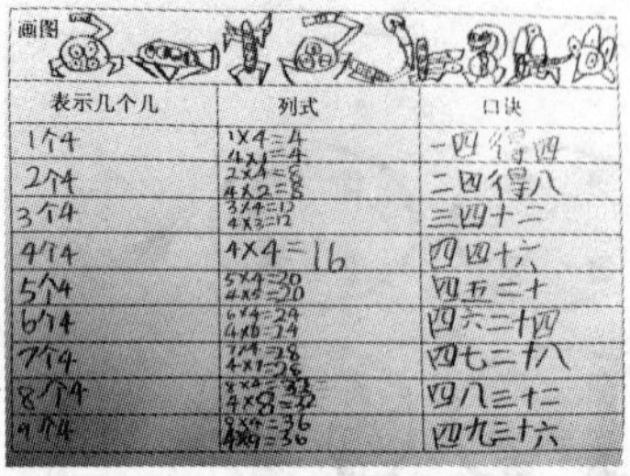

孩子展开想象。可以像左图一样画四只眼睛的小怪物表示一个 4；有的学生画一朵花有四个花瓣表示一个 4；有的画一辆小汽车有四个轮子表示一个 4……体现了 7 岁孩子的童趣。在右图中，这个学生用长方形的四条边表示一个 4，这也是班里很多学生用的表现形式，体现了画图的想象性和简洁性。而且，图中学生在列式时都体现了“有序性”如：第一组列式都是 4 打头。4×1、4×2、4×3……避免了写算式的杂乱无章。这也是在我们平时的数学课堂教学中注意培养学生的数学基本素养。

推导过程	列式	口诀
1个4是4	1×4=4 4×1=4	一四得四
2个4是8	2×4=8 4×2=8	二四得八
3个4是12	3×4=12 4×3=12	三四十二
4个4是16	4×4=16	四四十六
5个4是20	5×4=20 4×5=20	四五二十
6个4是24	6×4=24 4×6=24	四六二十四
7个4是28	7×4=28 4×7=28	四七二十八
8个4是32	8×4=32 4×8=32	四八三十二
9个4是36	9×4=36 4×9=36	四九三十六

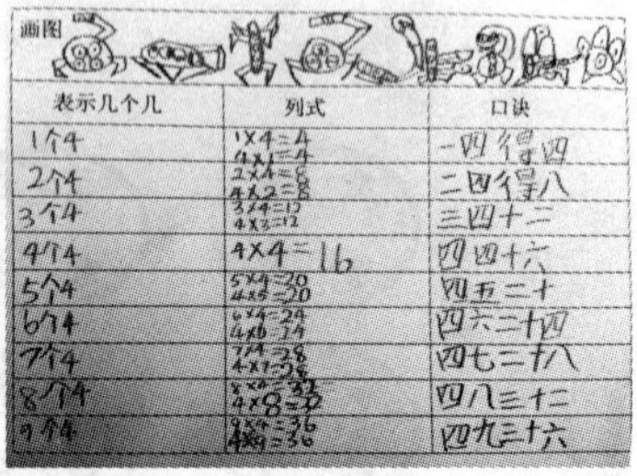

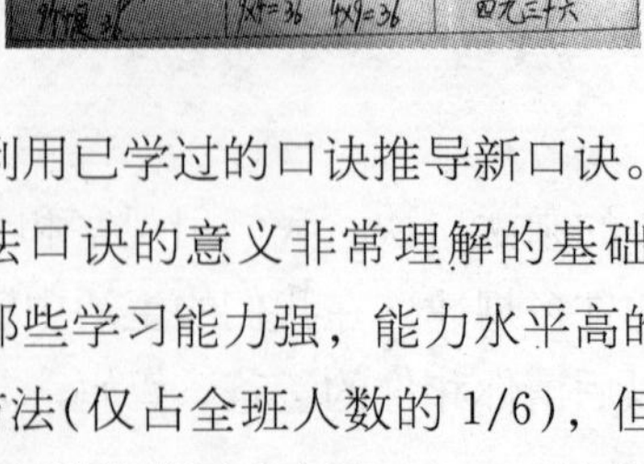

这张作品，学生是利用已学过的口诀推导新口诀。这对于学生来说是一个挑战。它是在学生对乘法口诀的意义非常理解的基础上对知识的提高和再认识。这张表格就是留给那些学习能力强，能力水平高的学生们。虽然班里只有 6 个学生尝试用了这种方法(仅占全班人数的 1/6)，但是他开启了学生思考的又一种方法。即：当我遇到没学过的新知识，可以尝试用学过的旧知识来解决。培养知识的迁移能力。

在这节课最后，我出了这样一道题：3×4＋4 与 3×4＋3 你能试着用今天乘法的意义来解决这道题吗？主要目的是让学生进一步体会乘法意义 3 个 4 和 4 个 3 在不同算式中的不同应用。

整节课学生的兴趣很高，在不断地挑战自己，并学会了合作和互相学习。在数学课上，我还鼓励学生大胆地问问题，师生互动、生生互动使课堂真正活了起来。

《六的乘法口诀》

黄　鸿

【教学背景分析】

一、教材分析

本节课的教学主要内容是：通过创设的问题情境，引导学生独立探索、编制 6 的乘法口诀。教材编写特点：

①每一部分口诀都是紧密联系学生生活情境引入

以 5 的口诀作为起始内容进行编排，在编制口诀的设计上，逐步扩大学生探索的空间。

②运用多种形式帮助学生熟记乘法口诀

在本节课的学习过程中，学生经历独立探索、编制 6 的口诀的过程，体验从已有的知识出发探索新知识的思想方法。同时还体现了"数行结合"和"算法多样化"的思想。

二、学情分析

本课是北师大版小学数学二年级数学上册，第八单元乘法口诀(二)的第一课时。在此之前，学生已经学习了乘除法的意义，经历了 2～5 的口诀的编制过程，并能够运用 2～5 的口诀求商及其应用。在学习此项内容之前，我对孩子们进行了简单的前测，题目如下：

(1)直接写出得数：$6 \times 6 =$　　　$6 \times 7 =$　　　$6 \times 8 =$　　　$6 \times 9 =$

(2)计算"$6 \times 6 =$"你有几种方法，试着写一写。

测试结果是：第一题口算的正确率达到 97.3%。第二题计算 6×6 时，仅有个别学生直接运用口诀，其余 90% 以上的孩子都会想到运用 6 个 6 连加和 $5 \times 6 = 30$　$30 + 6 = 36$ 的方法。随后我又对学生进行了访谈，结果发现即使是用了连加的方法，也没有真正做到"连加"，还是直接运用口诀写出得数；即使用了"$5 \times 6 = 30$　$30 + 6 = 36$"的方法，当我问到"为什么 30 还要加 6？"时，也仍然有一部分孩子会回答我"不加 6 就不得 36 了！"由此可见，对于 6 的口诀可以说几乎所有的孩子都已经会背了，并且能够用它来准确计算。但只是"会背",至于口诀是怎样编制出来的过程不愿意去探索。学生虽然已经经历了编制 2、3、5 的口诀的过程,掌握了一定的方法,但对于计算方法的多样性以及计算方法本质的理解还有所欠缺。

三、我的思考

新课程背景下的计算教学绝不再是教师直接给出算式,通过程序化的叙述算理,在最短的时间内给学生一个最简便、最优化的计算方法,通过大批量的机械训练达到"熟能生巧"!面对孩子们"知识目标在课前已经实现"的状况,我们该如何定位我们的教学目标?如何设计我们的教学活动?如何让孩子们有进一步的发展?我想不应该仅仅定位在会算上,更重要的是培养学生的估算意识和提出并运用相关知识解决数学问题的能力,甚至是如何学习数学的一些方法!

对于编制 6 的口诀,我们要相信孩子能够"发明、创造"!在算法上,我们应尊重每一个学生的想法,并且提供时间与空间让孩子们在充分交流的基础上,通过观察、比较,感受算法的多样,进一步反思、评价自己和别人的方法,从中选择适合自己的计算方法。另外,在整节课的教学过程中,要让学生感受到,自己在利用已有知识经验尝试解决新问题,体验成功和喜悦,不仅树立学好数学的信心,更重要的是养成将新旧知识相联系的意识,感受新知识往往是旧知识的引申和扩展!

在情境的创设上,我利用了孩子们很熟悉、很喜欢的雪花图片,以一种 6 的"原型"状态呈现在学生面前,建立直观的表象。

【教学设计】

一、教学目标

根据以上分析我确定了本节课的教学目标:

1. 经历独立探究、编制 6 的乘法口诀的过程,掌握 6 的乘法口诀,体验从已有的知识出发探索新知识的思想方法。

2. 结合解决问题的过程,感受算法的多样性,体验估算的策略及它对计算的作用,培养估算意识。

3. 经历与他人交流各自算法的过程,获得成功体验,树立信心。

二、教学重难点

借助已有的知识和经验编出 6 的乘法口诀,并能熟练掌握。理解 6 的乘法口诀相邻两句之间的关系，掌握并能熟练运用。

三、教学用具准备

课件、雪花图片

四、教学过程

活动一：创设情境，引入问题

1. 每到冬季，伴随着刺骨的寒风，天上美丽的使者——雪花就会飘落人间，雪花轻舞飞扬，舞白了树梢，舞白了大地，更是给我们带来了无限的欢乐。

2. 一位科学家曾在显微镜下观察了5000多片雪花，竟然惊奇地发现没有两片雪花是完全相同的！雪花不仅美丽，而且还蕴含了奇妙的数学知识呢！如果我们用数学的眼光来观察一片雪花，你会发现什么数学信息？（一片雪花有6个花瓣）

设计意图：通过课件的播放和教师的语言叙述，孩子们不仅受到美的熏陶，而且在无形中感受到生活中处处有数学。

活动二：自主探索、合作交流、解决新知

（一）根据发现的数学信息，提出问题

1. 根据一片雪花有6个花瓣你能提出哪些乘法问题？

（教师随着学生提的问题把算式写在黑板上，这里学生也许会提出大于9的数与6相乘的数学问题，教师要给予肯定。）

2. 课件演示：屏幕上一下出示9朵雪花。

师：你能估计一下这些雪花一共有多少个花瓣吗？你是怎么想的？

（如果学生一下就说出用口诀算出有54个，教师提问：有些同学可能不太熟悉这句口诀，能帮助他们想办法估计一下吗？）

生1：根据$6 \times 10 = 60$，估计大约有50多个

生2：利用$5 \times 9 = 45$，45再加10，也能估计大约有50多个

3. 小结：看来口诀不仅能帮助我们计算得数，还能帮助我们进行估算，今天咱们就接着来研究口诀的知识。

设计意图：估算在日常生活中有着广泛的应用，培养学生的估算意识和能力是发展学生数感的重要方面。在这里要帮助学生了解估算的目的和方法，克服盲目性，提高自觉性。要进行估算数学信息的收集，列出算式，进行估算。

（二）运用已有知识，解决问题

1. 在这些问题中哪些可以利用我们已经学过的口诀马上解决？说一说你

用哪句口诀解决了哪个问题？

2. 根据学生回答的顺序，教师提出这样三个问题：①这句口诀是什么意思？②这句口诀又是什么意思？你能像小老师一样到前面边摆雪花图片边说吗？③在这个问题中，这些数分别表示什么意思？

3. 这几句口诀你们不仅能脱口而出，而且小老师当得还那么出色，看来对已经学习过的知识你们掌握得非常好！真了不起呀！

设计意图：在解决前5个问题的过程中，通过教师的提问实际达到复习旧知识的目的，包括了口诀的意义，以及动手操作的演示。在学习了2～5的乘法口诀后，再次学习口诀的知识，这些旧知识的再现是十分必要的，它会为后面学生自己独立编制口诀奠定一定的基础。

(三)独立探索、合作交流编制6×6的乘法口诀

1. 如果是6片雪花一共有多少个花瓣呢？（课件演示6片雪花形成的过程）

2. 你会计算6×6这个算式吗？你能想出几种方法？试着写一写。

3. 学生自己独立计算。

4. 如果让你来当小老师，把你的计算的方法讲给同学听，你行吗？桌上有雪花的图片，你可以用它边摆边讲，也可以在纸上画一画，写一写。

5. 谁愿意把你的方法讲给我们大家听听？汇报：可能有的方法：

(1)6+6+6+6+6+6＝36

(2)5×6＝30 30+6＝36 追问：为什么还要加6？

(3)3×6＝18 18+18＝36 追问：这种方法挺新奇，不懂的快问问。

谁听明白了？能到前面当一次小老师吗？（摆学具后教师再小结）

6. 我们用这么多的方法计算了6×6＝36，又可以编出一句新的口诀。

设计意图：算法多样化是新课程计算教学的一个新的亮点。在这个环节上，首先要给学生充分的独立思考的时间，鼓励他们独立探索计算方法，在此基础上进行交流，学习澄清自己的思路，运用多种方式(自然语言、图等)进行表达，同时学习倾听他人的方法。

(四)全班交流，反思算法

1. 我们再一起来看看这些计算方法，你喜欢哪一种？为什么？

随着学生的汇报，教师将几种算法的过程用直观图显示。

2. 它们有一样的地方吗？

3. 学生自己观察一会儿后，全班交流。可能会发现。

(1)这几种算法的得数都是36；

(2)这几种算法都是先乘再加。追问：先乘的是什么？为什么乘完了还要再加？

引导发现：虽然是不同的计算方法，但是都是在算6个6是多少。

4. 教师小结：看来，在解决一个新的问题的时候，我们可以利用已经学过的知识想办法解决。

活动三：选择合适自己的算法，独立编后三句口诀

1. 还有三道题，你能自己计算并编出口诀吗？选择最适合你自己的一种算法，计算、编口诀，写在练习本上。

2. 全班交流汇报。

3. 今天我们一起又编出了这些新的口诀，赶快读一读、记一记。

设计意图：将不同的计算方法呈现后，有必要让学生再次回味、反思自己以及别人的方法，最终选择并逐步掌握适合自己的方法。在此过程中，学生获得的不仅仅是知识技能，还在数学思考、解决问题、态度情感等多方面得到发展。

活动四：尝试解决新的问题

1. 如果是12片雪花一共有多少花瓣呢？你会计算 12×6 吗？

2. 给学生思考的时间后提问：你打算怎样计算？

3. 学生汇报自己的方法，可能有：

(1) $10 \times 6 = 60$ $2 \times 6 = 12$ $60 + 12 = 72$

(2) $6 \times 6 = 36$ $36 + 36 = 72$

4. 那有没有同学打算用6加6，再加6……一直加到12个6呢？

5. 看来，在面对一个新的问题的时候，你们不仅能利用已经学过的知识想办法解决，而且还会选择比较简便的方法！这一点，如果用"聪明"来夸你们我觉得都不够了，就连老师都要向你们学习了！

【教学反思】

一、改变学生的学习方式，让学生"会学"数学

新课程改革最根本的是要求教师改变课堂教学形式，就数学学科而言，就是要变传统的计算应用教学为一种新型的数学教育。施瓦布："如果让学生学

习科学的方法，那么有什么学习比得过积极地投入到探究过程中去更好呢?"因此我在设计时力求改变原有单一，被动的学习方式，建构和形成有利于发挥学生主体性的多样化的学习方式，促进学生主动地，富有个性地学习。

对于编制 6 的口诀，我们要相信孩子能够"发明、创造"! 在算法上，我们应尊重每一个学生的想法，并且提供时间与空间让孩子们在充分交流的基础上，通过观察、比较，感受算法的多样，进一步反思、评价自己和别人的方法，从中选择适合自己的计算方法。另外，在整节课的教学过程中，要让学生感受到，自己在利用已有知识经验尝试解决新问题，体验成功和喜悦，不仅树立学好数学的信心，更重要的是养成将新旧知识相联系的意识，感受新知识往往是旧知识的引申和扩展!

二、创设情境，进入良好的学习氛围

本节课在情境的创设上，我利用了孩子们很熟悉、很喜欢的雪花图片，以一种 6 的"原型"状态呈现在学生面前，建立直观的表象。创设生动有趣的问题情境，营造了良好的学习氛围。让学生从上课的第一秒钟起就被课堂所吸引。激发学生的学习兴趣，使学生从生活经验和客观事实出发，在研究现实问题的过程中学习数学，理解数学。

三、转换教师的角色

在课堂中我努力调动学生学习的积极性，以高涨的热情投入数学学习过程中，改变以往的交流形式，形成生生，师生互动的交流、发展过程。本着以学生为主体的理念，创设了更多的机会，让更多的学生展示自我，给学生更多的鼓励，欣赏学生的成果。培养了学生的主体意识，竞争意识。同时在整个教学活动中，更重要的是我关注了他们在活动中表现出来的情感态度。看学生是否能积极投入合作交流过程中，想了没有，参与了没有，能否从数学角度去提问题，思考问题。

四、赏识激励，促进终身学习能力

在本节课教学中，我能较灵活把握《课程标准》的精神，充分关注学生情感态度变化，采取赏识性评价，较多地运用激励性语言，如：说得真好! 你懂得真不少! 你想象力非常丰富! 我也挺佩服你的! 等。调动了学生的积极探求知识的欲望，激发了学生学习的情感，让每个学生增强自信心，体验成功，为他们终身学习的可持续发展奠定了良好的基础。

《乘法的意义复习课》

林　妍

【教学背景分析】

一、教材分析

北师大版教材二年级上册数学中的"认识乘法"属于"数与代数"领域中"数的运算"。本册教材通过一单元"数一数与乘法"，让学生经历从具体情境中抽象出用乘法算式表示的模型，让学生体会乘法的意义。四单元"分一分与除法"中"倍"的概念的建立是"乘法的意义"这一概念的知识点的延伸。乘法的意义是学生后续学习乘加、乘减两步混合运算，一位数乘两、三位数的乘法及两位数乘两、三位数的乘法的基础。

二、学情分析

6 的乘法口诀练习中有这样一道题，$6×8=6×7+($　$)=6×9-($　$)$

为了了解学生是如何解题的，我们对学生进行了前测，36 人中有 23 人是通过计算找到了答案。有 13 人看不到计算过程，我们对 13 个没有写过程的学生进行了访谈，看他们是怎样想的？其中有 5 个学生还是通过计算的方法，只是没写出过程。另外 8 个学生中，只有 5 个学生是根据乘法的意义灵活解决问题的。3 个学生是根据算式的特点，知道这是应用 6 的乘法口诀，根据相邻口诀之间相差 6 得到，进一步询问为什么相差 6，他们也不能清楚地用乘法的意义进行解释。

三、我的思考

在练习中我们经常能遇到这样的算式，很多孩子习惯用先乘除后加减进行计算，但是数学基本技能离不开思维的参与，一旦有思维的参与，掌握技能就不能单纯地依靠模仿、练习，更重要的是对技能背后的数学概念的理解，在理解基础上的有意义训练，技能才能逐步内化为学生的能力。

乘法算式是抽象的，怎样才能让学生深刻地理解这一"运算"？作为教师，我们需要让学生在各种不同情境中逐步辨别抽象出"数学模型"。

在《国际视野下的小学数学教育》和《如何培养学生的数感》中都有格里尔指出的几种乘法现实情境模型：

(一)等组　　　例如，3 张桌子，每张桌子围坐 4 个孩子。

(二)矩形队列　　例如，4 个孩子一排，共 3 排。

(三)倍数比较　　例如，男孩数是女孩数的 3 倍。

(四)配对问题　　例如，将 3 个女孩和 4 个男孩进行组合，共有几种可能。

以上这五种模型中，最基本的是第一种模型，其他几个模型都可以转化为第一个模型。

本学期，二年级上册数学学习了前三种乘法模型，三年级上册《搭配的学问》将涉及第四种模型。本课，我们就想将学生这学期认识的前 3 种乘法模型做整理，借助"4×5"的化装舞会，让学生进一步理解乘法，体会乘法的多个模型。

【教学设计】

一、教学目标

1. 进一步理解乘法的意义，利用乘法的意义解决问题。

2. 学生经历探索乘法意义的过程，体会数形结合，转化的思想。

3. 学生在活动中感受数学价值，激发数学学习兴趣。

二、教学重难点

在活动中进一步体会乘法的意义，体会乘法的多个模型。

三、教学过程

(一)口算，揭示课题

老师这里有一些算式，请你读题说答案，再说一说你用了哪句口诀。

3×7　　8×5　　4×9　　6×3　　2+2+2+2　　4×5

设计意图：口算导入，在口算中隐藏着乘法的意义的简单应用，为乘法意义的理解埋下伏笔。

(二)借助乘法模型，理解乘法意义

1. 用图形表示"4×5"

圣诞节快到了，数学王国要举办一个化装舞会，我们数学王国中有很多的图形朋友和数字朋友，你们能用图形帮 4×5 打扮一下，让它变个样子吗？想好了，就在纸上试着画一画吧。

2. 交流汇报

(1)呈现"等组"模型

□□□□　　□□□□　　□□□□　　□□□□　　□□□□

每份是 4 个，有这样的 5 份，是 5 个 4，就是 4×5。

□□□□□　　□□□□□　　□□□□□　　□□□□□

每份是 5 个，有这样的 4 份，是 4 个 5，就是 4×5。

小结：原来 4×5 既可以表示 4 个 5 相加，也可以表示 5 个 4 相加。

(2)呈现"矩形队列"模型

□□□□□
□□□□□
□□□□□
□□□□□

横着看，每行有 5 个，有这样的 4 行，是 4 个 5，竖着看每列有 4 个，有这样的 5 列，是 5 个 4，可以用 4×5 表示。

小结：从不同的角度观察，这一幅图既表示 4 个 5，也表示 5 个 4。

(3)呈现"倍数比较"模型

△△△△
○○○○　○○○○　○○○○　○○○○　○○○○

有 4 个小三角形，圆有 5 份三角形那么多，是 5 个 4，所以是 4×5。

小结：在两个量比较的时候，我们把三角形作为标准，看成一份，圆和三角形比，有这样的 5 份，也就是有 5 个 4。

设计意图：这一环节将乘法意义的 3 个模型——等组、矩形队列、倍数比较模型一一呈现，并将数与形进行结合，不仅加深了学生对不同模型的理解，也让学生在变与不变中深刻理解乘法的意义。

(三)借助"数"，进一步理解乘法意义

你们能用数字给 4×5 化妆吗？4×5 还可以写成什么样的算式呢？下面大家交流汇报。

1.4＋4＋4＋4＋4

小结：他把 5 个 4，拆成了这样的 5 份，每份是 1 个 4，写成了这样的一个连加算式。

2.5＋5＋5＋5

小结：他把 4 个 5，拆成了这样的 4 份，每份是 1 个 5，写成了这样的一个连加算式。

3. $5 \times 2 + 5 \times 2$

2 个 5 再加上 2 个 5 就是 4 个 5。

4. 预设：$5 \times 1 + 5 \times 3$，$5 \times 5 - 5$，$5 \times 6 - 5 \times 2$，$5 \times 7 - 5 \times 3$，$5 \times 8 - 5 \times 4$……

$4 \times 1 + 4 \times 4$，$4 \times 2 + 4 \times 3$，$4 \times 6 - 4$，$4 \times 7 - 4 \times 2$，$4 \times 8 - 4 \times 3$……

小结：我们把 4×5 变成了这么多不同的样子，有连加，有乘加，还有乘减，这些算式虽然不同，但 4×5 还都是表示 5 个 4 或 4 个 5。

设计意图：用数字朋友给 4×5 化妆，让学生借助矩形模型进行思考，应用乘法的意义创造出新的表示 3 个 4 或 4 个 3 的算式。

(四)在应用乘法意义的过程中感受数学思想方法

1. 比眼力

在化装舞会上，很多算式都化了妆，他们是几个几，你能不计算，就火眼金睛一下子认出他们吗？一起来看一看吧！

$2 \times 3 + 3 =$　　　　　　$3 \times 5 - 5 =$

$4 \times 5 + 4 =$　　　　　　$6 \times 4 - 6 =$

2. 比较大小

在舞会上，还有一些小算式玩起了比大小的游戏，你们能很快比出他们的大小吗？小苹果表示相同的数，你们看一看谁大啊？

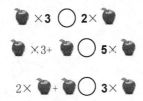

(五)总结

今天我们进一步认识了乘法的意义，利用乘法的意义，解决了不少的问题，在以后的学习中你们还会发现乘法的意义还有更大的作用呢！

【教学反思】

乘法的初步认识是北师大版教材二年级上册的内容。乘法的意义本身很抽象，孩子理解起来有一定的困难，而复习课还要让孩子在认识上有所突破，怎样设计才能上得简单而不重复呢？回顾我以往的教学，曾不自觉地把目标定在乘法的应用上，于是进行了大量的机械练习，忽略了孩子对乘法本质的理解。所以我把理解乘法的意义作为这一章节的重点。我们要留给孩子的不是一道道乘法题，而是为孩子们展现乘法作为一种运算方法本身的价值。

通过学习，我知道了乘法主要有四种现实情境模型：等量组的聚集，倍数问题，配对问题和矩形模型。在上复习课之前，我为学生设计了这样的前测题：生活中，哪些问题可以用算式 3×4 解决？得到的结果是这样的，全班 35 个孩子，有 32 个孩子，写的都是等量组的聚集，有的孩子写了三四个问题，但是无一例外都是等量组的聚集。只有 3 个孩子，写到了每行有 3 个方块，有 4 行，一共有几个方块？这是矩形的模型。通过这次前测，我了解到孩子对乘法的几种情境模型没有概念，都是通过以前的学习经验随意写出来的。于是我想，在这节复习课中我首先要给孩子呈现出乘法的情境模型。这几种情境模型的呈现，我自然想到了数形结合的方法。在教学新课时，图形的介入就对孩子的理解起了重要作用，它帮助孩子把抽象的乘法意义赋予了具体的直观的型，帮助孩子理解。

在这节复习课中，数与形再次实现了完美的结合，乘法意义的几个模型一一体现，活泼的教学情境中不失浓浓的数学味道，使学生从不同的角度充分认识了乘法，再次理解了乘法的意义。

《加法初步认识》

赵 靖

【教学背景分析】

一、教材分析

纵观教材在这一内容上的安排，之前只认识 10 以内的数，本单元学习加法意义和解决实际问题。后续学习 20 以内和 100 以内的加减法。由此看出本节课起着承前启后的桥梁作用，尤其为以后的学习加法以及应用奠定了重要的知识基础和活动经验。

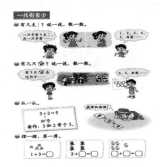

这节课是学生第一次认识加法运算，也是整个小学阶段四则运算的初始。通过"几支铅笔?"情境提出研究的问题，并呈现了学生解决问题的不同方法。从数一画图一列式，使学生经历了从具体到抽象的过程。

二、学情分析

课前，我对孩子们进行了调研，题目是 5 以内的口算，全班 43 个同学全部正确。在进一步的访谈中发现全班 20 以内的加减法都会做(只是熟练程度不一)有的甚至 100 以内的加减法都没有问题。这种结果引发了我的思考。

三、我的思考

是不是计算、能算就行了呢? 这是否意味着孩子们对于加法的含义的理解也没有问题了呢?

人们常说，孩子们头脑中天生就有数学，在他们看来加法到底代表着什么？

通过这节课的学习，孩子们还可以获得哪些发展？带着这些问题我又一次进行了学前调研。

调研内容：

1. 你知道加法吗？你认为什么是加法？

调研结果：95％以上的孩子列出了加法算式，剩下的孩子认为加号就是加法。看来，在孩子的眼中加法仅仅停留在计算上，认为计算就是加法。

2. 树上一共有几只鸟？你是怎么想的，写一写，画一画。孩子出现以下情况：

(1)虽然老师让孩子们把想法表示出来，但还是有一多半的孩子用数来表示结果。

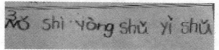

看来他们还在运用之前数的经验，关注的是事物的结果，而加法算式不仅仅要体现结果，更强调了得到结果的过程。这是学生以前的学习中从未接触的，这恰恰是本节课新知识的生长点。教师需要什么方法把静态的画面用动态的方式表现出来，引导学生从关注结果转变到关注过程。

(2)

将近20％的孩子有表示过程的形式但没有抽象成算式。他们对"合起来"有丰富而不同的理解。

(3)当然也有30％的孩子直接用算式表示，这些孩子就真正理解了吗？我对他们进行了进一步访谈：说说你是怎么想的？更多的回答是："妈妈教的。""因为是一共所以用加法。"看来即便是列式的孩子也没有真正理解加法运算的意义，只是停留在机械模仿上。

而前两种情况表现出的恰恰是孩子自己原有认知的一个呈现，我应该充分借助孩子们之前的学习经验，给予孩子充分的展示空间。逐步的完成经历加法算式的形成过程，把具体的实物于抽象的算式建立对应关系。从而使学生达到从关注结果到关注过程，从只会计算到理解意义。

【教学设计】

一、教学目标

1. 情境活动中，经历加法算式形成的过程，感受加法含义。

2. 在动手操作的过程中使学生逐步建立算式与具体实物间的联系，进一步体会加法的意义。

3. 让学生在合作交流中学会倾听、获得成功体验，感受学习的快乐。

二、教学重难点

经历加法的形成过程，理解加法的意义

三、教学流程：

1. 创设情境　感受加法的意义

2. 描述情境　理解加法的意义

3. 动手操作　体验加法的意义

4. 练习反馈　巩固加法的意义

四、教学过程

(一)创设情境，感受加法的意义

1. 用不同方式表示"合起来"

教师出示一只手上拿了 3 支铅笔另一只手拿了 2 支铅笔，请同学找出数学信息。提出数学问题一共有几支铅笔？

要想求出一共有几支铅笔就要把 3 支铅笔和 2 支铅笔合起来。这个过程你怎么把它表示出来呢？

设计意图：教师通过动作和语言以及问题使学生从关注结果转移到关注 5 的形成过程。

预设：

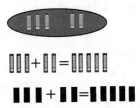

$$3+2=5$$

让学生进行比较，用什么表示合起来？（抽象出加号表示合起来）。

几种表现的方法有什么不同？它们都可以用一个算式来表示。

对照着上面的图说一说这个算式的意思。

设计意图：使学生经历从具体到逐渐抽象的过程。初步建立图与算式的联系。

2. 初步感知加法意义

出示图，观察说一说图中知道什么信息？能提出什么数学问题？能用哪个算式来解决？对照图说说算式表示什么意思？

设计意图：引导学生丰富算式的表达。再一次认识加法的意义。

(二)描述情境　理解加法的意义

让学生说一说生活中还有哪些问题可以用 $3+2=5$ 这个算式解决？为什么这么多问题都可以用同一个算式解决？

设计意图：让学生从抽象的算式返回到具体的情境，加深对加法意义的认识。

(三)动手操作体验加法的意义

你还知道哪些得数是5的加法算式？

设计意图：在前面学习 $3+2=5$ 的基础上丰富了加法算式的内容，帮助孩子整理5的组成。

请学生选其中的一道加法算式想一想它可以帮助我们解决什么问题？可以用学具摆一摆或者画一画。

设计意图：进一步帮助学生把图与算式之间形成对应关系，建立紧密的联系。加深对加法意义的理解。

(四)练习反馈　巩固加法的意义

出示情境图，根据图中的信息你能提出哪些数学问题？并列出算式。

设计意图：把抽象的算式回归生活开放的活动中进行应用，巩固加法的意义。如果有学生提出3个梨加5个椅子列出 $3+5=8$ 的算式，教师也不要急于纠正，让学生们进行讨论，学生会提出8既不是8个椅子也不是8个梨，从而使学生知道加法要把同类的合在一起。

【板书设计】

加法的初步认识

$$|||+||=|||||$$

$$|||+||=|||||$$

$$3+2=5$$

【教学反思】

加法的认识位属于数与代数领域中数的运算部分。新课程理念下的运算教学不再仅仅局限于掌握计算，而是将它与解决问题紧密结合，来体现运算的意义和价值。通过计算对运算概念进一步理解。对学生而言，也不再是单纯的依赖模仿与记忆，而是在自己原有的知识经验基础上，通过动手操作、自主探究与合作交流的方式，经历将数学问题抽象为数学模型，并加以解释和应用的过程。在形成计算技能的同时，在思维能力等方面都得到发展。

对于多数一年级学生来说，由于在前面的学习中学生具有大量数的经验。所以当解决一共有多少的问题时，将近一半多的孩子还是习惯于表示结果的数量。而加法算式不仅仅要体现结果更强调了得到结果的过程。这是学生以前的学习中从未接触的。是新知识的生长点。有一部分孩子在学前接触过加法算式，他们知道可以用算式计算出结果，但是我们还看到学生的这种经验仅停留在对加法计算的认知上，对图意蕴含的加法意义缺乏准确的解读，算式和意义是分离状态，没有建构起紧密的联系。有一部分孩子可以根据图意列出正确的算式，但是再继续让孩子解释算式的意思，孩子还是针对这一道题来叙述，不能从抽象的加法试题外化列举更丰富的具体化的生活原型。也就是说学生对加法含义的认识是模糊的、不明确的、不深刻的，加法结构并没有真正建立。

我认为，只有当学生亲身感受到加法算式的形成过程，把具体的实物与抽象的算式建立对应关系。才显示学生对加法含义有了正确认识，对加法结构有了初步建构。

　　本节课，我力求关注学生从现实情境逐步到抽象的算式再把抽象的算式还原到现实情境的认识过程，呈现学生主动思考通过数的过程，实物演示的过程，图像表征的过程一步步抽象开始认识数的计算。重视孩子发现问题、描述图意以及解决问题能力。不断发展学生的思维。

《有几支铅笔》

梁瑞云

【教学背景分析】

一、教材分析

《有几支铅笔》是北师大版一年级上册第三单元加减法的第一课时，教材创设了孩子们熟悉的情境唤醒他们已有的经验，通过解决"有几支铅笔"的问题，来学习正确计算 5 以内的加法。经历提出简单的加法问题并进行解答的过程逐步体会加法的实际意义。在说一说、算一算中发现自己身边的加法问题，让他们在学习的过程中随处都能感受数学与生活的密切联系。

二、学情分析

在以往的教学中，对于"2＋3＝?"这样一个内容，虽说是才入学没几天的孩子，但做老师的心里都很明白：这绝不是个问题！我们常说："教学活动必须建立在学生的认知发展水平和已有的知识经验基础上"，"教学中我们要解决真问题，要让每一个孩子在原有基础上获得不同程度的提高"。了解学生的学习困难，是我确定教学目标的依据。为此，我对班上的 37 名同学进行了前测调研。结果发现孩子们不但 5 以内的加法计算正确，甚至于 20 以内的加法都没问题，而且发现孩子们计算方法多样。说明孩子们凭据生活经验机械性地模仿，在大量的练习中已经达到了一定的熟练程度。但在访谈中却发现，居然有 69％的同学不能建立起事物与数学的一一对应关系。可见他们不能顺利从图中提取有效信息，更不能把计算的技能运用到解决问题中去。

三、我的思考

新课程理念下的计算教学不再是为了算而算，而是将它与解决问题紧密结合，来体现运算的意义和价值；通过计算对运算概念进一步理解。对学生而言，也不再是单纯的依赖模仿与记忆，而是在自己原有的知识经验基础上，通过动手操作、自主探究与合作交流的方式，亲身经历将数学问题抽象为数学模型，并加以解释和应用的过程。在形成计算技能的同时，在思维能力等方面都得到发展。根据孩子的年龄特点，这节课我从学生熟悉的事例出发，创设问题情境，引导学生提出问题、解决问题。在教学过程中重视学生对图画的深入观察和学具的拼摆，引导学生亲身经历观察和操作活动的过程，让他们在活动中探究，理解加法的意义，提高学生的思维能力和语言表达能力，感受学习数学的乐趣。

【教学设计】

一、教学目标

1. 引导学生在具体的情境活动中，感受体验加法的含义，并学会 5 以内数的加法。

2. 在动手操作的过程中进一步体会加法的含义，能提出并解决相关的简单实际问题。

3. 通过动手操作理解算法、算理，经历从实物图的直观演示到图形表征、再到抽象出算式的过程，不断丰富学生的认识，发展思维。

二、教学重难点

重点：在已有经验的基础上认识加法的含义。

难点：理解从具体事物抽象到算式的过程。

三、教学过程

(一)创设情境，感受加法

师：你们瞧这是什么？（铅笔）

师：老师左手拿着几支铅笔？

生：2 支。

师：用数字几来表示呢？（板书 2）

师：老师的右手里也拿着几支铅笔，又可以用数字几来表示？（板书 3）

师：请你仔细观察老师的动作。（把两部分铅笔合起来）

设计意图："兴趣是最好的老师"，上课伊始我便选取孩子们熟悉的事物——铅笔，作为教具，创设了"数铅笔"的情境。将静态的情境动态化，把两部分合起来就是数学加法的雏形。为学生更好地理解加法的意义提供了直观形象的素材。

(二)描述情境，理解加法

1. 描述情境，提出问题

师：老师的这一动作是什么意思呢？你能根据它来提一个问题考考大家吗？

生:"一共有几支铅笔?"

师:他提出来的是一个非常好的数学问题,谁也能像他这样再来说说。

设计意图:《数学课程标准》指出"能在老师指导下,提出简单的数学问题。有与同伴合作解决问题的体验。初步学会表达解决问题结果的大致过程"。由于刚入学的学生缺乏学习活动经验和学习方法经验,在引导学生提问题时,首先让学生充分感受情景,产生提问题的欲望。

2. 理解加法的含义

师:一共有几支铅笔呢?谁能解决这个问题?

生1:2+3=5

师:同意他这一方法的同学把手举得高高的。就请你把你的想法写在黑板上。

师:2表示什么意思?3表示什么?那么2+3又表示什么呢?(贴铅笔图)

设计意图:在这里,让孩子们充分的去说,去研讨,去交流。引导孩子理解这一生活情景,可以用这样简洁的算式来表示,并找到算式中的各部分与图中一一对应的关系,进一步理解加法的意义。

师:评价,你们真了不起,刚才写出的就叫加法算式。你们的这个加法算式表示的就是2支铅笔和3支铅笔合起来是5支铅笔。

师:那这个算式还能表示什么呢?

预设:1. 2只小兔子和3只小兔子合起来是5只小兔子。

2. 2辆汽车和3辆汽车合起来是5辆汽车。

……

师:刚才你们所说的这些事情都可以用一个算式来表示,就是2+3=5。

设计意图:在这里,我把孩子的思维引向了新的高度,在两次追问中,让孩子体会到所举例子中的共性,都表示的是2个物体和3个物体和起来是5个。这样又更深一步地理解了加法的含义,让孩子们体会到了数学在生活中的广泛应用和简洁美。

3. 动手操作,体会加法

师:2+3=5你们是怎么算出来的?快来动手试一试吧!你可以用你的小铅笔算一算,或用小手指数一数,当然也可以用桌上的三角形、圆形等小学具摆一摆。汇报交流。

预设:1. 有的孩子先摆出2支铅笔,再摆出3支铅笔。2. 用数手指头的方法左手伸出两个手指头，右手伸出三个，逐个去数。3. 还有的孩子用接数的方法……

设计意图： 在汇报交流时充分利用学生的资源，让孩子们展示不同的计算方法。在这里不但培养了学生的语言表达能力，也在倾听同学的发言中，培养他们的倾听习惯。

（三）巩固练习，拓展加法

1. 出示停车场的图，这幅图的意思谁看懂了，谁来提出一个数学问题？

$$\Box + \Box = \Box$$

2. 口算练习

1+4=	3+2=	1+1=
2+2=	2+3=	2+1=

设计意图： 看图列式，进一步巩固孩子的读图能力，让学生在相互交流中感受到加法可以有不同的列式方法，初步体会加法交换律。第二题是基本题，目的不是巩固计算，而是让孩子们能用不同的方法进行计算，计算有困难的孩子还可以利用学具摆一摆或者利用自己喜欢的方式来解决。使不同层次的孩子都能得到发展。

（四）课堂小结

这节课我们一起认识了加法（板书课题），你有什么收获？

【教学反思】

《有几支铅笔》是北师大版教材一年级上册第三单元的第一课时。本单元是学生学习加减法的开始。通过前测和访谈，发现孩子们的计算没有问题，而部分同学不能建立起事物与数学的一一对应关系，更不能把计算的技能运用到解决问题中去。因此我把这节课的重点放到了对加法意义的理解上。

一、创设情境，感受加法

"兴趣是最好的老师"，上课伊始我便选取孩子们熟悉的事物——铅笔，作为教具,创设了"数铅笔"的情境。将静态的情境动态化,把两部分合起来就是数学加法的雏形。为学生更好地理解加法的意义提供了直观形象的素材。

二、方法多样,理解加法

在学生列好算式 2+3=5 后,请他们来观察算式,到底是不是 5 支铅笔呢?你们是怎么算的呀?当然了你也可以利用手中的小学具摆一摆,或亲自动笔画一画。在汇报交流时充分利用学生的资源,让孩子们展示不同的计算方法。在这里不但培养了学生的语言表达能力,也在倾听同学的发言中,培养他们的倾听习惯。孩子们有的是这样想的:1. 他先拿出两支铅笔或其他的小学具,摆出 2 个,再摆 3 个,这里孩子们用累加的操作,借助直观操作来理解加法。2. 用数手指头的方法左手伸出两个手指头,右手伸出三个,逐个去数,这里用了点数的方法来计算。3. 还有的孩子用接数的方法……

在这一环节中,把探究的主动权交给学生,让孩子们根据已有的知识经验和生活经验去研究、探索、交流。在自我探索和合作交流的过程中,开阔了学生的思维,在相互碰撞的过程中,学会了倾听和接纳,促进了每个人的发展。

三、动手操作,体验加法

我出示算式 4+1=?你能看着算式编题吗?那你能一边说一边用学具摆一摆,或者动手画一画吗?在学生交流拼摆的过程中,再次深入体会加法含义,在孩子的心中建立起了具体事物与算式的联系。

当学生汇报到添加类型的加法题时,充分让孩子用动作来表示。出示学生画的作品时,提示孩子怎样就能知道我们要用加法来解决呢?你能想办法来做一个什么样的标记让我们看得更清楚?在我的引导下把孩子们原始的东西规范化。可以是画大括号,或集合圈,或打手势……

请孩子们说说这些方法的相同之处,其实它们表示的形式不一样都表示加法的意义"合起来",在算式当中,我们就用一个"+"表示,之后问学生:你想说什么?"数学真神奇"!

回顾本节课,没有把落脚点放在单纯的计算上,而是把教学的重点放在了对加法意义的理解上,关注从具体到符号再到抽象的数学化过程,重视孩子发现问题、描述图意以及解决问题能力,从而经历从实物图到图形表征、再到抽象出算式的过程,不断发展学生的思维。

《角的初步认识》

闫宜端

【教学背景分析】

一、教材分析

《认识角》属于"空间与图形"领域。这一教学内容是在学生已经初步认识了长方形、正方形和三角形的基础上学习的。角是一个抽象的图形，小学阶段学习角主要是为了学习构成平面图形的一个基本要素。纵观教材对"图形认识"编排，遵循了从生活中的实物抽象出图形到应用于生活，先整体直观认识图形，再到细致关注结构要素的线索。二年级侧重静态——关注形状特征，四年级侧重动态，丰富对它的认识。

二、学情分析

在学习本课之前，学生对角的认识来源于大量的生活经验，桌角、墙角、书角、笔尖……这些已有知识、经验对"角"的概念形成有积极影响，但生活中的角和数学中的角不能进行区分也对"角"的概念形成具有一定的干扰。学生心中的角就是尖尖的一点或是一个立体的棱角。例如笔尖、墙角他们都认为是角，学生缺少从具体图形中抽象出角的过程。对于角的大小，认识也是不清晰的。通过以上分析发现，在学生原有认知结构中很多原有知识、经验对角的认识具有副作用。

对于比较角的大小，如

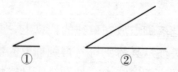

不少学生认为角②大，原因如下：

A：角②边线长所以角大

B：转化成三角形，角②面积大所以角大

C：角②最外面的张口大所以角大

从学生反馈的信息看出，他们对"角的大小"主要有两种比较方法：一是比边的长短。二是比面的大小。

三、我的思考

面对学生生活经验与数学知识产生混淆的特点，怎样从生活中的角层层剥离出数学中的角呢？怎样让学生认识到什么叫角的大小？排除"边的长短""面的大小"对学生的干扰？教师在课上需要让学生在活动中感受什么是"角的大小"，借助生活原型，直观理解角的大小。

【教学设计】

一、教学目标

1. 初步认识角，知道角各部分名称；初步认识到角的两边张开大角就大，角两边张开小角就小。

2. 让学生经历从实物中认识角，辨析角，最后抽象角的过程，培养学生观察、操作、抽象、概括的能力，发展初步的空间观念。

3. 结合生活情境认识角，感受角与生活的密切联系，在探索角的过程中体验成功。

二、教学重难点

建立数学中"角"的正确表象。认识角，知道角各部分的名称，学会比较两个角大小的方法，并感受角的大小与两边张开的大小有关，与边的长短无关。

三、教具学具

教具：课件、三角板、大正方体

学具：一张白纸、2个图钉、一段毛线、一根吸管、2个硬纸条

四、教学过程

活动一：认角

1. 同学们，让我们一起走进美妙的数学课堂，认识一个新的图形"角"。

（板书：角）

2. 你在生活中见过角吗？能举例说明吗？（2人）

3. 看，这是什么？（大正方体）它的上面有角吗？谁来指一指？（1人）他指的到底对不对呢？别着急，今天的这节课我们就来解决这个问题。

4. 我也搜集了几个角（出示课件）你找到了吗？（1）剪刀张开的两个刀刃夹成一个角。（2）钟面上两根指针夹成一个角。（3）扇子张开形成一个角。

5. 这是什么?(老师上课用的三角板)这上面有角吗?谁愿意来指一指?谁能把这个角请到黑板上来?

(学生画出来的绝大多数是沿着边描,所以两条边相交处会是弧线)

6. 跟这个三角板上的角长得一样吗?(圆——尖尖的)可以怎么办?

指导学生调整

7. 我们把这尖尖的一点叫作角的顶点,把这两条直直的边叫角的边。

师:由一个顶点两条直直的边组成的图形就叫作角。谁听清了什么叫角?

8. 角有自己的符号——小弧线,在角里面写上1,就记作:∠1,读作:角1。

设计意图:强化感知,初步建立"角"的表象。从生活中的角逐步抽象出数学意义上的角,知道角长什么样。

活动二:指角、做角、判断角

1. 一般情况下我们这样指角(教师示范),谁愿意来指一指这个角?

2. 指三角板上的角;指数学书上的角。

3. 认识了角,想不想自己做一个角?

用老师提供的学具,选择适当的材料做一个角(小组合作)

4. 展示(说清选择了什么材料,哪里是顶点那里是边)

课堂实录:

学生组1:我们组选用图钉,把两个红色的纸条钉在一起,就成了角。

教师:那你们指指,你们做的这个角的顶点和边。

学生组1:图钉是角的顶点,边在这里(红色纸条)。(学生边指边说)

教师:还有用这种方法做成功的吗?请举手示意一下。有跟他们不一样的吗?

学生组2:我们用的是线和吸管,把这两个对着的地方扎上,就形成了一个角。这是边,这是顶点。(边指边说)

老师:他们两个真会合作!为什么还用一个手捭着这根毛线,不捭着行不行?

学生组2:不捭着线就变弯了,这个吸管是直的,这边的线要不直就不叫角了。

师:挺好!还有不一样的想法吗?

学生组3:就用吸管折一下,也能出现一个角。顶点是折的地方,边是两根吸管。

老师：可以吧？挺好！还有吗？

学生组4：我们只用一个图钉、一根毛线就能做出角来了。（演示一个图钉钉在纸板上，毛线沿图钉折出一个角）

师：他们做的是角吗？而且他们两个人特别会合作，一个人怎么样拉着一根线，他们不拉行吗？

学生：松手就弯了，就不是角了。

5. 判断角（课件）

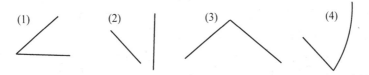

设计意图：操作感悟，进一步建构"角"的特征。做角、展示环节，不断渗透角的特征，不断积累数学活动经验，发展空间观念和想象、推理能力。

活动三：画角、比角

(1)我们认识了角，会指角、做角了，想不想画一个角？

(2)让我们来看看怎么画角？（课件）

(3)谁能指导老师画一个角？

(4)你愿意自己画一个角吗？（纸上）

你能再画一个比刚才你画的角大得多的角吗？

(5)采样、展示。

说说你认为角的大小指的是什么？（找一位认为两边越长，角就越大的展示）

用钟面体验：角的大小与边的长短没有关系

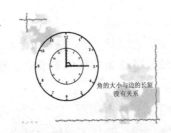

角的大小与边的长短没有关系

6. 既然角的大小与边的长短没有关系，那会与什么有关系呢？

用钟面体验：角的大小与两边张开的大小有关。两边张开越大，角越大；两边张开越小，角越小。

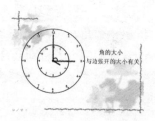

设计意图：亲身体验，理解角的性质。比角环节，借助时钟这个生活原型，使学生在活动中感受什么是"角的大小"，正确理解角的大小与边的长短没有关系，角的大小与两边张开的大小有关。

活动四：练习提升

1. 数角：数一数下面的图形中有多少个角？（课件）

2. 回应正方形(体会数学意义上的角)

课堂实录

师：记得上课时×××说，这个正方体上有一个角，现在你能重新再审视一下它吗？这个顶点上还有角吗？

学生边指边说：因为它是一个立体图形，它(顶点)向这两边延伸，就是一个角。然后你再接着找，这点朝这边延伸，还可以向这边走，还能找到一个角。从顶点出发再向这边走，向这边走，又能找到一个角。

老师：在×××的帮助下，最开始咱们找到的这一个点，实际上它是由几个角结合在一起的。

学生：三个。

老师：看来上了这节课咱们同学特别有收获，大家对角有了重新的认识。课前的时候我还听有的同学说过桌角，那你看看咱们桌子角，摸摸看，是不是数学意义上的角？

学生：角的顶点是弯的，不是角。

老师：虽然我们叫它"桌角"，但并不是数学意义上的角。工人叔叔在做桌子的时候，就想到了，如果把这个角做得尖尖的，小朋友碰到了就容易受伤，所以他们特意把这个角做成了弯曲的，就对小朋友的安全起到了保护的作用。

3. 欣赏(课件：角在生活中的应用)

4. 小结：只要你有一双善于发观察生活的眼睛，你一定会发现角就在我们的身边，我们的生活处处都有数学。

设计意图：回归生活，澄清认识。对于大正方体(生活中的墙角)这种立体意义上的角在最开始找到的这一个角基础上，可以看到一个顶点是由几个角结合在一起的。

【板书设计】

【教学反思】

角的认识是在学生初步认识长方形、正方形、三角形的基础上学习的，角对于二年级学生来说是一个比较抽象的概念，尤其是学生排除生活干扰，建立数学中"角"的正确表象，特别是感受角的大小与两边张开的大小有关，与边的长短无关这一教学难点时，学生理解起来比较困难。几次修改，才有了这一版教案，一节课上下来，感觉学生参与积极性很高，本课有如下亮点：

一、充分暴露学生的原认知，准确找到学生学习困难，从"生活中的角"层层剥离出"数学中的角"，逐步清晰、完善。

二、学具的准备，为学生合作探究提供了丰富的材料。比角环节尊重学生的原认知，由于没有学过射线的知识，理解起来相对困难，所以教学中借助生活中的原型——钟面，用放大再放大指针和动态角的方法，帮助学生直观感受，把握角的大小概念的本质。

三、注重发展学生的空间观念。抽象角时让学生想角的形状；在让学生体验角的大小与边的长短无关时，让学生充分的展开想象，突破教学难点。

四、对问题的回应。从最初学生在教师带来的大正方体上从一点出发找到一个角，到对课前问题的回应环节中，有学生能够发现从一点沿三个不同方向能找到三个角，这就是一个非常大的进步，是学生认知上的一个提升。

《买文具》

李晓丽

【教学背景分析】

一、教材分析

本节课是北师大版教材二年级上学期第二单元第一节的内容。本节课教学内容认识人民币以及知道元、角、分的十进关系。人民币是我国法定的货币，它是价值的一般代表，在人们的生活中起着重要的作用。让二年级的学生结合自己的生活经验来认识人民币。一方面使学生初步知道人民币的基本知识和懂得如何使用人民币，提高社会实践能力；另一方面体会数学与现实生活的密切联系。还有一方面是为后面的学习，尤其是小数的学习做些铺垫。

二、学情分析

教材结合具体操作帮助学生掌握各种面值的人民币之间的关系。二年级孩子年龄虽小，但对于要用钱来买东西这种等价交换的意识是有的。对二年级的学生来说，本节课是学生首次接触有关人民币的知识。对于人民币，学生并不陌生，在生活中经常接触，有一定的生活经验。大部分同学都认识人民币，有的孩子还有过买文具的经历，但对各种币值之间大小关系还没有认清。为了突出人民币的商品功能和在社会生活中的重要作用，在教学设计中，我充分利用原有的生活经验，为学生创设熟悉的情景，从而使学生对人民币的认识落到实处。

三、我的思考

学生在生活中经常看到人民币，有时还使用人民币。数学知识要加强与社会生活的联系，培养学生对数学的兴趣，使人人学有价值的数学。本节课充分利用学生已有的生活经验，让学生在活动中初步认识商品的价格，学会简单的购物，并了解元与角、分之间的进率关系。同时培养学生思维的灵活性，与他人合作的态度以及学习数学的兴趣，并进行爱护人民币、勤俭节约的教育。适当调整教材的呈现方式，力争体现《数学课程标准》的理念，激起学生学习的兴趣。

【教学设计】

一、教学目标

1. 认识人民币的单位元、角、分，知道 1 元＝10 角，1 角＝10 分。

2. 培养学生的观察能力、创新意识和解决实际问题的能力。

3. 结合教学内容对学生进行文明礼貌、勤俭节约和爱护人民币的思想教育。

二、教学重难点

认识人民币，知道元、角、分之间的进率，并练习使用人民币。

三、教具、学具准备

多媒体、人民币、学习用品。

四、教学过程

(一)创设情境，导入新课

师：你们瞧这是哪儿？到这里买过东西吗？买东西最需要什么？

生：买东西最需要的是钱。

师：在每个国家都使用着不同的钱，知道我们国家使用的钱又叫什么吗？

生：我们国家的钱又叫人民币！

师：对了！就叫人民币！认识它吗？真的？

设计意图： 由超市买东西引入，帮助学生回忆生活中使用人民币的经历，让学生感受人民币的商品功能和在社会生活中的重要作用，唤起学生的共鸣，调动积极的认知情绪，激发学生学习的兴趣。

(二)自主探索，合作交流

1. 小组内初认"人民币"，并进行分类。

师：今天，老师为每个小组都准备了一些钱，就放在桌上的这个小盒子里。在小组内认一认并进行分类。

2. 小组汇报分类的方法，并认识人民币。

师：这么快就分好了？哪个组愿意和我们大家说一说你们都认识哪些钱？是怎么分的类？(学生以小组为单位到前面边说出每一张钱是多少，边说出是怎么分的类。)

(1)纸币和硬币分

(2)按单位(元、角、分)来分。

(3)按数字分

师：好办法！提起了数字我可发现这个(5元和5角)上面都有5，它们都是一样的吗？

生：不一样，它们一张大，一张小！

生：它们一个是5元的，一个是5角的，一个多，一个少！

师：没想到，这么多大大小小、花花绿绿的钱，你们居然认得这么清楚，简直太棒了！在森林王国里的故事，小动物们在钱上就遇到了困难！你们想不想帮帮他们？

设计意图：通过给人民币分类的活动，引导学生自主探究出人民币的单位有元、角、分，同时在学习过程中有意识地培养学生注意观察、细心观察的良好习惯和动手操作的能力。

(三)教学进率

小动物们工作非常出色，狮子大王决定奖励他们。

1. 小猪和小狗每人都得到了一个红包，小猪很得意，它有好多张。小狗却哭了，只有一张，小朋友帮助数一数。

出示课件：小猪红包里出示一张一角，问：猜一猜小猪红包里一共有几张一角？一起数一数：一角、两角、三角……一共10角。师：小猪高兴极了，有10张钱呀！小狗却难过地哭了：我里面才有一张钱(课件：是一张一元的)

师：你想对小狗说什么？

板书：1元＝10角

2. 小猫也得到了一元。(出示信封)里面的纸币是相同的，抽一张认认。

(是5角)一共几张呢？为什么？师全部抽出确认。

3. 小兔也得到了一元钱，(出示信封)里面的纸币是相同的，一共5张。都是几角呢？为什么？确认。(是2角)一共几张呢？

师：你们可真帮了小动物们一个大忙！找到了元角之间的关系。现在老师就来考考你们：

4. 小练习

1元 ＝( )角　　　　　2元 ＝( )角

10角 ＝( )元　　　　40角 ＝( )元　　　　1角 ＝( )分

太棒了！那你们猜猜1角＝( )分？

有一天，森林里举行运动会。兔妈妈参加了，兔宝宝决定用1角钱买1面小红旗为她加油,于是回家赶忙把储蓄罐拿出来,打开一看,全是1分、2分、5分的硬币,带着多不方便呀!于是,兔宝宝找熊妈妈想个带着方便的方法,熊妈妈帮兔宝宝数了数罐子里的钱,并将兔宝宝的钱换成了1角的。

猜猜看:小兔的一角零钱可能有哪几种情况?(自己先来思考用自己喜欢的方式表示一下,然后组内交流一下)

投影出示:10个1分硬币　　　板书:1角=10分

5个2分硬币、2个5分硬币……

师:我现在要用1元钱换1分钱的硬币能换对少个?你是怎么想的?

师:你们真了不起在给小动物们解决问题的同时还发现了元和角、角和分之间的关系。

师:小朋友在课前搜集钱时,哪种钱不好找?随着生活水平的提高,1分、2分、5分的人民币不常用了,但可别小看它们日积月累,积少成多。

设计意图:通过换钱活动,学生自主探究出人民币单位间的进率,1元=10角,1角=10分。同时理解了面值相等的人民币才能够交换,培养了学生的动手操作能力和思维能力。

(四)巩固练习

师:下面我们做一个买文具的游戏,好吗?

齐:好。

师:我来扮演售货员,你们来购物,好吗?看谁表达得清楚、准确。

生:售货员阿姨,我想买1把尺子,给您1元钱,您找我2角钱。

师:为什么找你2角呢?

生:因为1元是10角,尺子8角一把,10-8=2(角)。

师:你真棒,尺子卖给你了!如果你也买尺子你会怎样付钱?(谁还能像他这样棒?)

小组活动:现在就请你们组内来购物,组长是售货员。看看你在购物中,买了什么文具?付了多少钱?怎样付的钱?

小组汇报。

设计意图:在这一应用环节中,充分创设情境,在活动中激起学生的兴趣,体会数学的实用价值和"做数学"的乐趣。让学生高高兴兴地进入数学世界。体现了数学来源于生活,运用于生活,密切了数学与生活的联系。

(五)总结延伸

师:学习了人民币,你知道其他的国家用的钱叫什么?什么样子吗?(课件)欣赏。

师：这节课你有什么收获？

设计意图：*通过学生对自己学习过程的回顾，使学生对本节课学习的知识形成一个完整的知识体系。*

【教学反思】

二年级孩子年龄小，缺乏社会经验，购物的机会也少，对人民币只是初步的认识，对于要用到钱才能买到东西这一等价交换的原则只有初步的意识。本节课的教学使学生对人民币有进一步的认识，了解元与角、分之间的进率关系，使学生在简单的活动中感知人民币的币值和人民币的商品功能，同时培养学生思维的灵活性，与他人合作的态度以及学习数学的兴趣，并进行爱护人民币、勤俭节约的教育。

人民币的分类环节中，放手让学生自己去操作、去感知、去实践，通过小组合作，把人民币进行整理分类，看看有几种不同的分类方法？各组学生经过讨论后，想出了多种不同的分法，他们有的找，有的摆放，分出一种后，又试着另一种分法……在汇报时，学生的思维非常活跃，每个小组都有几种不同的分类方法，学生在学习中互相交流，提高了观察、分析及解决问题的能力，对进一步认识人民币有很大的帮助。同时也提高了学生合作学习意识。虽然大多数学生已经知道 1 元＝10 角，但对其应用是本课的难点，针对这一难点，我通过大象伯伯给小动物发奖金，让学生发现问题、解决问题，进一步加深了对元、角、分进率的理解，掌握元、角、分之间的换算关系，突出了学生的主体地位。

《前后》

鲁金咏

【教学背景分析】

一、教材分析

《前后》是北师大版一年级上学期数学五单元"位置与顺序"的启蒙知识，也是学生在生活中辨认方向的起点。学生在生活中已经初步具有了前后、上下、左右的生活经验，这是本单元教学的基础。学习前后、上下、左右这部分知识的价值不仅在于学生能准确地确定物体的前后、上下、左右的位置，更重要的是在这个过程中发展学生的空间观念。空间观念的建立不是靠教师一节课的传授就可以获得的，而是要靠在生活场景中体验后获得。学生在二年级下学期还要学习"方向与位置"，在"辨认方向"，"认识路线"的教学中也要用到"上下、前后、左右"的知识，所以《前后》这节课对于学生在小学阶段初次感受、发展他们的空间观念尤为重要。

二、学情分析

一年级的孩子绝大多数在学前已经初步明确前、后的位置关系，有了一些实际经验，尤其是在具体的情境中，基本上能确定前、后的位置与顺序。比如某某同学的前面是谁？后面是谁，他排在从前往后数的第几个等。但是，在课前调研中发现，孩子所理解的前后只局限于相邻的一个人，而对于那种"只要在他前面的都叫前……"孩子不太能理解，也很少想到。其次，有生命的人或动物比较好确定前后，而对于那些静止的事物，尤其是和自己相对摆放的事物，学生头脑中的前后就开始混淆，有些拿不定主意了。再有，一年级的孩子年龄小，注意力集中时间短，口头表达能力也不是很强，所以在描述物体位置时，经常会说不全或遗漏表示方位的关键词。所以在本节课上要结合孩子的年龄特点，安排他们感兴趣的活动，在具体情境中感受"前""后"，还要指导孩子用数学语言完整地表述物体的前后位置关系。

三、我的思考

"前后"是学生接触较多的确定物体位置的概念。在教学设计中，我充分利用学生已有的生活经验，从师生互相介绍中，自然地引入课题。学生在帮助老师解决困惑的过程中，理解了"前后"位置是如何确定的，在亲身体验中体会前后与人站的方向有关系。

根据一年级学生的学习特点：活泼好动，喜欢游戏和活动，思考问题时常以"直观形象思维"为主等，我特意设计了一些游戏和活动，制作了精美的课件，让学生在具体的情境中感受"前后"的概念及"相对性"。在"排队买票"的活动中，学生体会到了由于笑笑的位置变了，她的前后的事物也会发生变化。在"百米赛跑"中，通过对小松鼠跑在前面还是后面的思考，进一步使学生理解前后的相对性和群体性。在"卡丁车比赛"的情境中，学生逐渐把提取、分析信息和动手操作结合在一起，通过拼摆、思考，小组讨论等活动，使学生最终确定比赛的顺序，这对发展学生的思维能力是很有裨益的。学习的最终目的是应用于生活，在"坐车"环节中，使学生体会到了"前后"知识在生活中的运用，更让学生体会到了数学就在我们的身边。

【教学设计】

一、教学目标

1. 使学生能在具体的情境中，认识前后的位置与顺序；体会前后的相对性，能用数学语言准确表达。

2. 培养学生关于前后的空间观念。

3. 使学生在活动中体验到学习数学是有趣的，有用的，获得良好的情感体验。

二、教学重难点

使学生在活动中能确定物体前后的位置与顺序，体会前后位置关系的相对性。

三、教学准备

教具：赛车图片、课件

学具：赛车图片

四、教学过程

（一）认识我的前后，初步建立"前""后"的概念

在自我介绍中感知：面朝向不同，前后也不同。

1. 谁能向大家介绍一下你自己？

2. 我发现你这样介绍，只能让大家认识你一个人，能在介绍自己的同时，把你的前后桌同学也一起介绍一下吗？

3. 老师自我介绍。

我是一年级 6 班的鲁老师，我的前面是一(6)班可爱的同学，我的后面是黑板。今天我们在这里一起上一节数学课。板书"前后"。写完"前后"这两个字，我发现刚才我向大家介绍错了。我前面是黑板，我的后面才是同学们。这是怎么回事？

4. 学生发表自己的意见。

5. 根据学生的意见，与学生交流。

当我面向着你们站，我的前面就是同学，我背对着的方向是我的后面就是黑板。如果我面向着黑板站，我的前面就是黑板，我的后面就是同学们。我还可以面朝什么方向站呢？我的前面是什么，我的后面是什么？看来，我们面对的方向就是我们的前面，背对的方向就是我的后面。(建立"前后"概念，面对的是"前"，背对的是"后")

6. 我的前后明白了？你们的前后是什么呢？

全体起立，面向老师，说一说，你的前面是什么，后面是什么？向后转，看一看前后有变化吗？换个方向再说一说你的前后是什么。

7. 说说你有什么新的发现？

8. 这回我想请一个组的同学上来，用"前后"的知识重新介绍一下你和你们组的成员？

师：看来，你的前面和后面不只有一个人呢！

设计意图： 一年级的孩子特别喜欢游戏和活动，通过学生、老师作介绍这一活动，使学生们初步建立了"前后"的概念，(即面朝的方向就是前，背对的方向就是后)，初步体会面朝向不同，前后也不同。

(二)初步体会"前""后"的相对性

通过排队买票的情境，体会相对性。

1. 今天动物园要举行一场动物运动会，笑笑要去现场做采访报道。让我们跟着她一起去看看吧！

2. 笑笑正在排队买票，让我们看看她前面有几个人，她后面有几个人？笑笑排在第几个？

3. 这时淘气跑来了，他说他今天是百米赛跑的裁判，比赛马上就要开始

了，要迟到了，他想挤在笑笑这里买一张票，你们认为可以吗？讨论（渗透遵守公共秩序，最公平）

4.笑笑到底是怎么做的呢？（让淘气排在自己那儿，自己上后面）。让我们看看笑笑的位置又有什么变化吗？（开放说）

设计意图：通过笑笑前后两次位置的变化，使学生体会到"前""后"是相对来说的，而不是固定不变的，位置变了，前后的次序也会发生变化。

（三）深入探究"前""后"的相对性

"前""后"不是固定不变的，而是相对的。

1.同学们，紧张的百米赛跑就要开始了。请同学们看一看，有哪些运动员参加了比赛？

2.比赛正在激烈地进行着，你能介绍一下他们目前的比赛情况吗？

3.这里面有老师最喜欢的小动物，你们想猜猜他是谁吗？我最喜欢的小动物在小鹿的后面，（猜）在蜗牛和乌龟的前面（猜），他目前排在第二名。（确定是小松鼠）

4.下面请同桌也用这种方法介绍你最喜欢的小动物？

5.谁能介绍一下小兔的位置？（多种形式）

6.你们一会儿说小兔在前面，一会儿说小兔在后面，这到底是怎么回事？（看和谁比？）

设计意图：通过"百米赛跑"这一情境，激发学生的学习兴趣，在猜"最喜欢的小动物"这一环节中，逐渐使学生意识到：逐渐缩小范围，才能确定唯一的答案。在用多种方式介绍小兔的位置时，重点渗透了前后的相对性（即前后不是固定不变的，而是要看和谁去比）。

（四）动手操作、巩固新知

体会根据信息，确定位置。

1.紧张的百米赛跑刚刚结束，更加激烈刺激的卡丁车大赛就要开始了。笑笑赶快来到卡丁车赛场准备进行现场报道。忽然信号不好，没有画面了。我们没办法看到比赛的情况，怎么办呢？

2.笑笑用手机给我们发来这样一条短信："2号车排在最前面，1号车在3号车和4号车的后面。"你能根据这些信息，用手中的图片摆出比赛的画面吗？

（1）自己摆

（2）交流：集体反馈。说一说你是怎么摆的。

　　2431　　　2341

　　3. 别急，笑笑还有一条短信呢？再摆2431。

　　设计意图：通过学生喜欢的赛车情境，让他们根据笑笑的信息提示摆出比赛的画面，使学生体会到当信息不够时，不能确定先后位置，不断训练、提高学生的思维能力。

　　（五）联系实际，拓展延伸

　　体会"前""后"知识在生活中的运用。

　　1. 淘气和笑笑结束了在动物园的工作，想和我们一起回到五一小学。他们上了一趟车，你认为这趟车是开往五一小学的吗？你是怎么知道的？

　　2. 从动物园往前坐几站就到了五一小学？

　　3. 来到五一小学，笑笑想问一问同学们，今天这节课你开心吗，你有什么收获？

　　设计意图：结合坐车的生活情境，使学生把前后的知识运用到生活中，渗透一些有关站牌的生活常识，使学生体会到数学就在我们身边。

【教学反思】

　　《前后》是北师大版一上数学五单元《位置与顺序》的起始课，本课在设计上充分体现了以下特点：

一、让学生在具体的活动和情境中去体验和理解数学

　　课的伊始，通过"介绍自己前后桌的同学"来引出"前后"的概念，即"面朝的方向就是前，而背对的方向就是后"，学生明确了"前后"的概念后，在"排队买票"的环节中，由于笑笑位置的变动，使学生体会到了位置变了，你前和后的事物就发生了变化，次序也变了，前后不是固定不变的。在"百米赛跑"中，通过猜最喜欢的小动物这一环节，使学生体会到了前后的不确定性和根据信息，如何确定唯一的答案的方法。"卡丁车大赛"是孩子们喜欢的游艺活动，在这个环节中所有同学都通过给定的信息、动手摆当时比赛的情景和顺序，再次巩固了根据信息来确定前后位置的方法。在具体活动和情境中，学生们动口、动脑、用心，多种感官参与学习，学得很快乐！

二、注重拓展学生的思维

　　本节课不仅关注学生对"前后"意义的理解，还更多关注学生发现问题的意识和解决问题的能力。如在"排队买票"这一环节中让学生思考"笑笑怎样做最

合适?"让学生在思考中体会解决问题的最佳策略，还渗透了遵守公共秩序的教育。在"坐公共汽车回学校"这一环节中，能够让学生利用已学的前后的知识，运用到实际生活中，解决实际问题，并渗透了"怎样看站牌"，"怎样确定到哪个目的地还有几站"等生活常识。学生的思维在碰撞中得到了提升。

　　本节课真正体现了数学源于生活而又应用于生活，学生们学得轻松、开心！

《分苹果》

刘　靖

【教学背景分析】

一、教材分析

这是学生第一次接触到除法——孩子们的起始课。本单元安排了三次分物活动：让学生在动手操作中，理解除法的意义，认识平均分。第一次分物游戏，旨在帮助学生初步理解平均分，会表述"分"的过程；第二次分苹果(即本节课)，认识平均分的两种原型，进一步体会平均分的意义；第三次分糖果，大数目物品平均分，感受有剩余及分法的多样与合理。这节课，认识平均分的两种情况，为后续的除法学习与认识数量关系"倍"，建立了实物模型。

本节课，教材中安排了三个教学活动：一是把 12 个苹果平均分成 3 份；二是 12 个苹果，每袋装 4 个；三是观察两次分苹果有什么相同的地方。以往在教学中，我们总是关注这两种平均分的不同，而现在，明确提出发现相同。我想，这也是我们淡化两种平均分的原因所在。我们应该关注平均分的本质，每份一样多。

二、学情分析

基于对教材的理解，我对学生做了学情调研。

任务一：平均分的任务：9 根小棒，平均分成 3 份。请你用小棒分一分。对此，学生感到很容易。有的是一根一根地分，有的利用口诀 3 根一份。任务二：8 根小棒，每 2 根为一份，怎么分呢？学生们很快摆出了结果。看来明确了要求，他就会了。那么在这节课上，我要关注什么？

基于以上的思考，我再次对学生进行了深入访谈。感觉到，学生在分之前很想知道总数与分的份数。可是，平均分必须要知道总数、份数？在分的过程中，孩子们是否关注了分的过程呢？"一份一份地分，你能在生活中找个例子吗？"通过追问，发现学生对于"一份一份地分"很陌生。

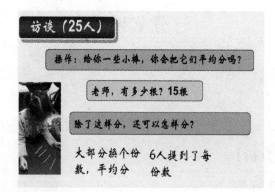

三、我的思考

通过以上的分析，我感受到：这节课就像是实物操作与理解除法意义的媒介。让孩子在具体的情境中，通过动手操作，体会平均分的本质(理解除法的意义)。这样的教学过程符合孩子的认知规律：让这些操作在相同或类似的情景中不断地重复，模型不断地丰富起来，孩子头脑中的表象逐步建立，从而得到迁移与概括。

在教学活动中，我开放了总数与份数，帮助学生剥离非本质的属性，找到学生知识的生长点，即让学生明白"每份一样多，就是平均分"，进而理解除法的意义。

【教学设计】

一、教学目标

根据以上分析我确定了本节课的教学目标：

1. 结合"分苹果"的具体情景与操作过程，体会"每份同样多"就是平均分。

2. 在具体操作中，认识平均分的两种现实原型。

3. 经历与同学交流、合作的过程，感受分享的愉快。

二、教学重难点

通过操作、表达、思考，体会"每份同样多"就是平均分，并通过操作、表达，认识平均分的两种现实原型。

三、教具准备

制作PPT；空白学具6套，磁扣若干

四、教学过程

(一)平均分 12 个苹果

1. 出示苹果,按份数分

今年,果园中的苹果丰收了。

你们看,小熊维尼收获了好多又大又红的苹果。

他想把其中的一些,平均分给小伙伴们,你觉得他会分给几个人呢?

就按你的想法,把这些苹果平均分。请你画一画,分一分。

学生动手分。

2. 采样,汇报(2、3、4 份)

老师收集了这么多的做法,看一看你还有不一样的吗?

现在请你认真地看一看这些做法,你还能看懂吗?

能挑一个讲讲吗?(规范语言)。

这还有几种做法,请你和同桌两个人分别说一说是怎么分的。

3. 小结

这么多的做法,都符合小熊的要求吗?

小熊的要求是什么?(平均分)

他们都做到了平均分,能具体说说吗?(如果没人说,同步思考:帮助梳理。)我们一起来看看,都是平均分吗?这是 2 个,这是 6 个,不一样多啊。

对,像这样分完后,每份同样多,就是平均分。

设计意图:在这个活动中,通过开放份数——份数不确定,促使学生思考想象分的模型。同样是 12 个苹果,有的平均分成了两份,有的平均分成了三份,还有 4 份的,甚至 5 份的(有剩余)。通过操作、表达、比较,感受到平均分就是每份同样多。

(二)15(或 12)苹果装盒

1. 出示苹果,按每份数分

咱们班的同学爱动脑筋,愿意思考。我们一起努力,帮小熊解决了分苹果的难题。可是现在,又有一个新的问题出现了,我们一起来看一看。

提出问题:这有两筐苹果,小熊想把这些苹果装在一些盒子中储藏起来。一盒装几个呢?

学生:2 个。

老师:哦,有 2 个就装一盒,可以。你呢?

学生：3个、4个、5个……

老师：老师为大家准备了一些苹果装在了袋子里。请你一盒一盒地装，想好你每盒装几个。一边装，一边画出那个盒子(装一次，画一个盒子)。现在听明白了吗？开始。

老师：下面，我们迎接一个挑战，谁也不倒出来数，就这样一边装，一边画盒子，你能行吗？

学生动手操作。

2. 采样，展现不同的"分"

(1)实际操作，展现分的过程

这么多的想法，我特别想看看你分的过程。谁愿意把自己分的过程再为大家展示一下，讲一讲。

他是怎么分的？(学生：4个装一盒)

哦，有4个就装一盒，又有4个，再装一盒，正好分完。

(2)手势演示

黑板上还有一些做法，你再选一个，和你的同桌用手势表演一下分法，一边做，一边说。

(3)判断

这么多的做法，我们已经知道是怎么分了，那都符合要求吗？

真是这样吗？咱们一起看看。

关注有余的/错例

他是不是忘圈了，我能帮他圈起来。

看来，这个圈划的不合适，擦掉。

(4)小结

看来，这样一份一份的分，我们也可以得到每份一样多，这也是平均分。

设计意图： 在这个活动中，由单一的总数变为不确定的。而且放在袋子中，使得学生不能确定一共有多少个。在这个情景下，促使孩子"一份一份"地分，体会分的过程与上一次分苹果是不同的。同时，"一份有几个"是由孩子自己决定了，这也让结果丰富起来，利于学生发现平均分的核心——每份同样多。

(三)对比与发现

老师：我们帮小熊分了两次苹果，回顾一下(PPT)，我们都是怎么分的呢?

老师:请你思考,对他两次分的过程和结果你有什么发现?和你的同桌说一说。

老师:谁想好了,愿意和我们大家说说?(都是平均分,每份一样多)。真的是这样吗?我们一起看一看。

老师指一个:是这样吗?他是平均分吗?喔,看来这两种情况是平均分。

设计意图:通过多次的分物活动,学生已经积累了一定的实物模型,到此发现"每份同样多就是平均分"水到渠成。

(四)调整,再次认识平均分

我这也有一袋苹果,我想4个装一盒,怎么做?

学生叙述分的过程,教师呈现结果。发现:每份四个,还余两个。

可我也想这些苹果正好分完,你能帮我想想办法吗?

算出总数,重新分。

调整

从每盒中拿出1个,再加上2个盒子,变成6个3。

把两份的8个,补入其他的盒子里,变成3个6。

把一个盒子的4个和剩余的2个,补入其他盒子,变成3个6。

把两份的8个与剩余的2个,共10个。补入其他的盒子里,变成2个9。

现在正好分完了,还是平均分吗?

平均分里还藏着许多奥秘,以后我们会继续学习。

设计意图:在调整的过程中,再次体会平均分。同时,培养孩子解决问题策略的多样化选择。

【教学反思】

通过前测,体会到让学生在课堂上有所收获,前提是了解学生。了解他们的头脑中,现在有什么知识,更应该知道他们现在需要知道什么知识,为此,我们可以为孩子们做什么。在这节课中,需要让活动贯穿始终,一直在放手地让学生动手操作。在分的过程中、在表达的过程中,帮助学生体会平均分就是每份一样多。

在第一次"按份数分"的活动中,开放了份数,学生通过实际的分,进一步体会到,平均分与份数无关,我们要关注的是"每份一样多"。在这个过程中,看似无意地开放,其实是在充分了解学生的基础上探索的。在第二次"按每份数分"的活动中，进一步开放了总数与每份数，这无疑又是一次挑战。孩子们没有让我失望，丰富的结果呈现在大家眼前……这再一次让我感受到学情分析的重要，学生才是课堂的主体。

　　一次次地分，就像把一件礼物的包装一层层剥离……逐步让孩子体会到平均分的核心"每份一样多"！学习、探索的方式是多样的，同一节课，我们每个人都会有自己的见解，但是"殊途同归"；我们的目的都是为了学生，守得云开见月明。

《左右》

李　铁

【教学背景分析】

一、教材分析

教材设计了课堂发言举哪只手的情境，让学生感知自身的左和右，接着借助文具的摆放，使学生学会确定物体左右的方法。又在"练一练"中呈现小朋友上下楼的图画，使学生初步感知相对的两名同学的左右方向相反。各种活动的开展，便于训练学生的反应能力及身体的协调性。

二、学情分析

学生年龄小，集中注意的时间短，持久性差，注意的范围也有局限性，根据学生的这种心理特点，教师应多开展活动和游戏，让学生在活动中体验左右的相对性。相对于以前学过的"前后"和"上下"而言，学生对于"左"和"右"的区分，有时易混，教师应心中有数，循序渐进地开展活动。

三、我的思考

本节课让学生充分体验自身的左右，通过游戏、摆一摆、说一说等活动，让学生充分参与到知识形成的全过程，由认识自身的"左右"扩展到认识空间的"左右"。教材中是摆学具，考虑到可操作性和所占空间，所以让学生摆水果学具，来准确表述物体位置，再到利用"左右"的知识解决生活中的问题。在学习知识、获得技能的同时让学生体验学习数学的乐趣，分享合作学习的愉悦，提高学习数学的积极性。

【教学设计】

一、教学目标

1. 使学生在活动中确定物体左右的位置与顺序，并能用自己的语言表达。

2. 通过教学活动培养学生的观察能力和简单的推理能力。

3. 通过有趣的具体活动激发学生学习兴趣，使学生在学习活动中获得积极的情感体验。

二、教学重难点

使学生在活动中确定物体左右的位置与顺序，并能用自己的语言表达，并在活动中体会左右的相对性。

三、教学准备

幻灯片　课件　水果图片

四、教学过程

(一)创设情境，引出课题

(上课铃响，师生问好)

向后转，问听课的老师们好！(后转问好。预设有部分学生从左边后转。)

同学们请坐！老师发现刚才有同学是从左边转的，这样转正确吗？应该从哪边转呢？(应该从右边转。)

这说明我们对左右还不是很熟悉，这节课我们就再来学习左右，争取和左右成为好朋友。(板书：左右)

设计意图：通过创设情境，引出左右，让学生发现其中的问题，自然导入新课，为下面的学习做了铺垫。

(二)熟悉左右

1. 利用自己的身体熟悉左右

实际上我们的身体上就有左右，比如发言时要举……？(发言时要举右手)

右手还可以做哪些事情呢？(吃饭时用右手拿筷子；写字时用右手拿笔……)

那另外一只手就是左手。左右手是一对好朋友，它们经常互相配合完成一件事情。如吃饭时右手拿勺，左手端碗。左右手还能配合着做什么事，你能说一说、演一演吗？(全班同学注意力集中，认真听同学发言并积极评价。)

你身体上还有这样的好朋友吗？谁能指一指、说一说？(学生积极性高涨，边说边找。)

小游戏：举左手　摸左耳　抬左腿……

我发现××同学特别会学习，他先听清老师的要求，经过思考再做动作，所以他能每次都能做对！

静下来再来想一想：哪面是我们身体的左面，哪面是我们身体的右面。

2. 由自身到空间

过渡语：经过刚才的学习你能很快地分清身体上的左右了。能不能用我们身体上的左右，帮助你找一找左面的同学是谁，右面的同学是谁？

谁愿意给全班同学介绍你左右分别是谁？请被叫到名字的同学站起来，其他同学注意听他说的对不对。

你的左面只有和你挨着的这一个同学吗？还有谁？除了有同学还有什么？（学生又接着边说边找。我的左面有××……）

看来，我们的右面不只是和我们挨着的这一块儿，还包括更远更大的范围。

设计意图：首先让学生从自己的身体入手来学习左右。再由自身延伸到教室，空间上拓展，由相邻的左右延伸到更远。了解生活中要用到左右，让学生体会到数学知识的实用性。

（三）运用左右确定物体位置，练习表述

1. 解决生活中的问题

刚才同学们对左右有了更深入的了解，那你们能用左右的知识帮小猫解决一个问题吗？它想去小兔家做客，该怎么走呢？（幻灯打出数学书 P66 做一做，玩一玩）

还可以怎么走呢？（可以先向上走 3 格，再向右走 2 格；或者先向右走 2 格，再向上走 3 格……）

2. 摆一摆，说一说

小兔子准备了一些水果来招待小猫，快看看都有什么？（有苹果、梨、草莓、香蕉。）

我们能按照它们的要求把水果摆整齐吗？指两名同学到黑板上摆。其他同学摆水果图片。

（学生边听边摆：先摆一个梨；梨的左边摆一个苹果；梨的右边摆一个草莓）

你能用我们今天学过的知识介绍一下梨的位置吗？（练习表述。如学生回答在中间，引导用今天学的知识来介绍位置）

还有一种水果呢！快看看是什么？香蕉摆在这三个水果的最右边。看看大家摆的一样吗？这里面有李老师喜欢吃的水果，它的左面有三个水果，从左数它排第 4 个，猜猜是哪种水果？（学生观察后再次确定水果的位置。）你能像老师这样介绍你最爱吃的水果的位置，让大家也猜猜吗？（同桌之间介绍，猜一猜）

设计意图： 通过这个环节的让学生动手摆和说，既让学生进一步熟悉了左右，又增加了练习表述的积极性。

（四）体会左右的相对性问题

1. 体会方向不同，左右位置变化

课上到这儿，我们休息一下，来玩个拍手游戏吧。谁会玩儿？指名两人到前面做。（两名学生玩游戏，其他学生观看）

你发现了什么？（都是右，拍右手，怎么不在一边呢？）

这是为什么呢？（我们是面对着的。如果他们转过去，我们就一样了）是的，我们面对的方向发生变化，左右也会发生变化。

2. 解决实际问题

知道了这个知识，我们快去帮帮淘气吧！（出示课件 P67 第 6 题）

他们都是靠右边走的吗？

（学生小组内讨论，之后集体汇报：学生之间会有争论，认为有一队不是靠右走的。这时请一名同学到前面表演：我上讲台的时候靠我的右边走，我下讲台的时候也是靠右走，因为我转过来了，所以我的右边也转过来了，所以他们都是靠右走的）

他说得多明白呀，我们给他鼓鼓掌吧！如果我们把自己当作走路的同学去想，就能发现他们都是讲文明的好孩子，上下楼梯都知道靠右行，我们也应该向他们学习。

设计意图： 通过玩冰板游戏和解决实际问题，让学生对问题的认识由模糊到清晰，体现出知识生成的过程。过程中的合作学习，也促使学生对知识理解得充分到位。

（五）应用

小猫在小兔家玩儿得很愉快，现在它也要回家了。在楼下，它看到停车场停了许多车。请你仔细观察画面，能知道一共有几辆车吗？（P67 第 4 题）

指名读题。

你对这个题目还有什么不明白的地方吗？（如：哪辆车是大客车？……）小组内讨论，看能不能解决你的问题。如果需要，还可以在纸上画一画。学生讨论情况预设：一共有 3 辆车。不对，树后面藏的还有呢！（学生思考后出现争执……最后意见统一）

哪个小组愿意把讨论的结果给大家汇报一下？（我知道了，一共有 7 辆。

从右数大客车是第 5 辆，再往下接着数就知道一共是 7 辆了。同时出示画的图。或者：从右数大客车是第 5 辆，说明大树后面还有 4 辆车，再加上看到的 3 辆车，就知道是 7 辆车了……）

设计意图：给出这样的题，就是考虑到学生应用的问题。学生刚开始对题目理解出现偏差，这时给学生讨论的时间，并给出画图的方法，既体现了学法的指导，又突出了合作学习的作用。

（六）小结

同学们，这节课你学会了什么？（我能分清左右了。我能用左右解决问题了……）

这节课就上到这儿！下课，后转向老师说再见，注意从……右边转！（学生右后转说再见）

设计意图：除了回顾本课学习的内容外，还安排了说再见的环节，不只是教育学生有礼貌，也呼应导入部分，体现本节课学习效果。

【教学反思】

"左右"这节课是在学生学习了上下、前后的基础上进行教学的。能用"左右"来描述物体的位置，是本课的教学重点。体会左右的相对性是本课的一个难点。本节课我能从一年级学生的认知规律出发，以游戏贯穿整个教学，让学生在轻松、愉快的氛围中学习新知识。

在认识"左右"时，我让学生从找自己身体上的左和右进入，如哪只是右手、哪只是左手，找身体上这样成对的好朋友，之后又进行了我说你指的游戏，使学生在玩中学，玩中悟，获得了大量感性材料，体会到了自己身体上的数学，知道了如何确定自己的左右。接着又从学生身边的同学入手，来介绍一下某个同学的右边都有谁，让学生用左右来描述。在"摆水果"环节中，通过 4 个小练习，让学生摆一摆，说一说，在应用环节中感受左右，也训练了学生的语言表达能力和反应能力。

在教学左、右相对性问题时，我设计了玩冰板游戏，让两个同学到前面来表演，表演过程中其他同学判断他们举的是不是右手，一下子抓住了学生的注意力，引起学生的思考。接着我提出问题："他们俩拍的都是右手吗？谁错了？"多数同学都说是右手，俩人都没有错。"你们有什么方法证明吗？"学生纷纷发表自己的见解，还有性急的到前面把其中一位同学扭转过身，结果得到了验证。从中学生明白了：面对面站着，方向不同，左右也不同。最后通过看书上学生走楼梯的图片，帮助了学生进一步体验左右的相对性，训练了学生左、右的方向感，突破了难点。

本课的不足之处是学生的语言表达能力还有待提高，今后还应加强训练。

《神奇的四巧板》

张　薇

【教学背景分析】

一、教材分析

《四巧板》这节课隶属于我校数学校本课程——《灵动数学》中灵动游戏板块。下面我就简单为大家介绍一下我们的校本课程——灵动数学和《四巧板》这节课。

2012年，我校有幸参与到北京市课程改革自主排课实验项目中，通过对前期校本课程开发的经验进行梳理总结反思，我们确立了专属于五一小学数学学科的校本拓展课程——灵动数学课。无论对数学的兴趣如何，无论是数学方面的能力水平如何，我们希望每个孩子找到自己感兴趣、能参与的内容，让每个孩子都能在这个丰富多彩的数学世界中学习、实践、交流，每个孩子都能从它里面汲取到对自己有益的东西，并由此获得各自不同的成长！因此，围绕我校数学课程改革目标的五个关键词："兴趣""视野""思维""探究""创新"，我们构建了灵动数学的课程体系，开设了四大板块："灵动思维""灵动游戏""灵动探究""灵动文化"。本节课《神奇的四巧板》就属于"灵动游戏"这一板块。这一板块主要目的就是通过做各种数学游戏激发学生学习数学的兴趣，培养好奇心、求知欲。在游戏的探究过程中，引导学生从不同角度思考问题，在培养观察、判断、推理等数学能力同时，进一步发展学生的数学思维；这个板块不仅是学生最喜爱的板块，也是我们老师特别喜爱的一个板块。除此之外，我们还开发了很多中国传统的游戏，例如：华容道，九连环，七巧板……在提高兴趣，锻炼思维的同时也进行了中华传统文化教育。

二、我的思考

灵动数学中灵动游戏板块是老师和孩子们都非常喜欢的一部分内容，在课堂上，学生和老师一起探索研究，和好伙伴们一起快乐游戏，欢声笑语充满我们的课堂。本节课的教学内容是经典数学游戏"四巧板"，为了在游戏中提高学生的学习兴趣，开阔学生的数学视野，同时能够让孩子们在玩儿游戏的过程中训练学生的思维，我们设计了本节课。课堂伊始，我们从学生们熟悉的七巧板引出四巧板，接下来通过几次不同形式的拼摆活动，学生在一次次的动手实践中，不断总结经验，探究着拼摆图形的规律。整节课孩子们在老师的肯定和鼓励下，在不断探索、尝试四巧板拼摆的过程中，提高数学思维，发展空间观念，积累活动经验的同时，体验数学课堂带来的快乐。

【教学设计】

一、教学目标

1. 初步认识四巧板并了解它的拼组规律，掌握几种基本图形的拼组方法。

2. 在观察、思考、实践的过程中，不断领悟数学思想方法、积累数学活动经验，发展空间观念。

3. 在游戏中激发探索的热情，体验学习数学的快乐。

二、教学重难点

在游戏中不断领悟数学思想方法，积累活动经验，发展空间观念同时，体验探究数学游戏的快乐。

三、教学准备

四巧板

四、教学过程

（一）欣赏图案，引出课题

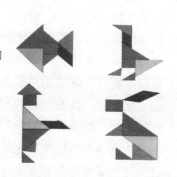

师：瞧！老师给你们带来几个漂亮的图案，如果你看出来是什么，就大声地说出来！

回顾七巧板拼摆的有趣图形。

师：你们觉得今天应该有思考、讲方法、有目标的拼，对吗？

引导学生总结拼图游戏的思考顺序：

看——观察

想——思考

摆——尝试

师：今天这节灵动数学课我们就和四巧板交朋友。

设计意图：通过对七巧板拼图的回顾，带领学生回忆七巧板拼摆的过程及方法，为本节课的学习做准备。

（二）认识四巧板

师：四巧板的家族中都是什么形状呢？我们来认识认识他们。

生：三角形，大梯形，小梯形，五边形。

师：调换位置也要认识他。

教师操作黑板上的演示教具，将每一块图形分别进行旋转和翻转，让学生看到图形不同方向时的样子。

设计意图：打破学生头脑中的定式：图形只能正着放。让学生看到图形有顺序地旋转，并且是可以进行翻转的，为下一个环节的拼摆做准备。

（三）拼摆四巧板

活动一：拼摆长方形

教师为每位学生发放一套"四巧板"，包装完整，装在一个长方形纸盒中。

师：猜猜四巧板在盒子里面拼成是一个什么形状？

想想看，这四块板怎么摆就能拼成长方形了呢？（看黑板上的展示教具，想象一下，他们四个怎样运动起来，谁和谁接在一起，就能拼成了）

为了更好地验证你的想法，你能做到闭眼取出倒在操作台上吗？

现在请你拼回长方形。拼时记下困难的地方。

生：学生拼摆长方形。

生：展示拼摆方法。

设计意图：要求学生看着黑板上的展示教具，想象拼摆过程，意在培养空间想象能力。同时训练学生先思考，再有目标地去操作。在真正打开盒子，亲自动手拼摆长方形的过程中，逐步体会边与边的关系，角与角的关系。初步掌握拼摆最基本图形的方法。

活动二：魔幻世界：变一变

1. 变三角铁

活动要求：仔细观察手里的长方形只移动一块板子变成三角铁。

师：一定要先想一想移动哪块板子，然后再动手。

互相说说怎么想的，怎么做的？

学生试拼。

展示。说一说是怎么想的。

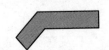

2. 手枪

要求：还是移动一块板子把三角铁变成手枪。

生：操作

说说你是怎么想的。

展示：变好了吗？谁能直接在展台展示自己的想法！

总结：这个四巧板就移动一块板子就变出了这么多图案，你感受到什么了？

设计意图：在基本图形已经掌握的基础上改造新的图形，迫使学生自然而然的进行新旧图形的对比，从而发现图形之间的关系。提高分析、想象、类比等数学能力。

（四）挑战游戏

1. 教师演示一个轮盘游戏：各种各样的有趣图形快速闪现在屏幕上，由学生叫"停"，静止在哪个图形就拼那个图形。学生比赛，看谁的速度快。提供随机出示的两幅图案，请学生试拼。

游戏共进行两次。

拼摆的过程中，先完成的同学，可以做小老师去教一教没有拼成功的同学。

每次拼摆结束后，都要邀请学生利用投影屏幕展示正确的拼法。

请学生说一说自己的想法，拼摆方法，帮助学生总结经验。

2. 生两人合作，小组 PK。

利用手中图集，自由比赛。

设计意图：为学生提供更加自由的空间和更加丰富的游戏内容，让孩子真正"玩"起来。

3. 自己尝试

这四块板子能拼出 T 你信吗？自己动手试试，开始吧！

生：操作

观察 T 字的外形，想一想再尝试摆一摆。学生说一说。

设计意图：通过"T"字的拼摆，了解到五边形的特殊使用方法。丰富拼摆经验。

【教学反思】

四巧板这节课是以学生活动为主的一节游戏课。本节课的目的，是通过学生动手拼摆各种图形的操作过程，提高学生的观察能力，形象思维能力和图形的辨识能力。同时，更加希望学生们在愉悦的课堂上体会探索的乐趣，感受成功的喜悦，从而激发学习兴趣。在设计本节课的过程中，我也在不断思考：

一、学与玩

"游戏课"必然是以玩为主，但是只停留在玩上肯定是不够的，学生应该通过游戏活动拓展视野，发展思维，提高能力。因此，每一个教学环节的设计都是"学与玩"的结合。开始入课时，请学生回忆已经学习过的游戏课程"七巧板"，不仅仅是回忆有趣的图案，更重要的是回忆拼摆的方法：观察—思考—尝试，为本节课的学习做准备。第二个教学环节，是学生第一次动手拼摆四巧板，教师要求孩子们"看着黑板上的四巧板模型，让他们在头脑中运动起来，想象谁会和谁拼在一起"，锻炼了孩子们的空间想象能力。在汇报演示的过程中，教师抓住时机提取出观察的维度"边和角"，提升学生的思维水平。在拼摆完基本图形"长方形"后，进行了第三个环节"变一变"，教师提出的要求是"你能只移动一块板子，就把它变成 L 形吗？""想好的开始。"这样的设计就要求学生把基本图形和目标图形进行比对，寻找它们之间的区别与联系，确定自己的解决方案，思考在前，行动在后，既提升了学生的思维能力，又锻炼了学生的空间想象力。在 L 形拼摆活动结束后，教师又提出了一个更高的要求："你能用一条线把你的方法表示出来吗？"应到学生对目标图形进行分割，让孩子们的想法外显，又是一次思维能力的提升。这样的设计贯穿着本节课的始终，玩是载体，学是目的，学生们在老师精心设计的游戏中不断收获着。

二、教与不教

灵动数学课是我校课程改革自主排课衍生出来的特色课程，意在提升学生思维，培养多种能力，有很高的预期目标。所以，本节课也承载着"教学任务"，于是在最初的教学设计中，每个教学环节结束时，教师都会带着学生总结："想一想，你这次拼摆时先思考了什么？"由教师带领学生总结经验，意在提升。可是每每上下课来，总觉得与预期的"游戏课"效果差之甚远，孩子们没有热情，没有全身心的投入，没有"嗨"起来。"四巧板"应该是非常有意思的，课堂为什么不"热闹"呢？反思之后发现，问题出在教师身上。教师总把自己放在主导地位，总是牵着不肯放手，在孩子们游戏的最高潮，总要站出来说"你想想"，学生的每次玩都带着"任务"，这就成了学生的负担，游戏也就不再是"游戏"了。找到了症结所在，教师果断的调整了教学设计，取消了任务似的总结性提问，结果，出现了意想不到的效果。学生在没有压力的情况下，全身心地投入到游戏中，思维的火花不断闪现，表达的欲望也被调动起来的，发言积极，不让说都不行。比教师带着总结，效果要好多了。再次反思，"教与不教"，教师一定要找准自己的定位，适时地退出课堂，把课堂放心地交给孩子，有很多东西"不教"反而"水到渠成"。

三、真正的收获

每位教师在教学结束时都会问自己"本节课，学生的收获是什么?"这节课结束后，让我们听听孩子们是怎么说的吧："四巧板太神奇了!"，"老师，我还想玩!"，"四巧板能送给我们吗?"……这就是孩子们的收获，他们不会总结教学目标，不会概括活动经验，但他们表达出了自己："我喜欢"。这不就是我们想要的吗？做自己喜欢的事，比做自己不喜欢的事，快乐两倍。本次数学课程改革目标的五个关键词："兴趣""视野""思维""探究""创新"。"兴趣"排在第一位，学生喜欢就是成功。

本次"四巧板"的教学是成功的，孩子们在玩中体会数学游戏带给他们的快乐，让兴趣引领着他们在不断的探索中，拓宽数学视野，提升思维能力。同时，随着课程改革的推进，对教师提出了更高的要求：让教学不留痕迹，让学生引领课堂，让孩子爱上数学。教师要不断丰富自我，提高自我，学生才能在课堂上收获更多。

《游园》

李全博

【教学背景分析】

一、教材分析

本教材是在学生认识了三角形、平行四边形、长方形、正方形等平面图形及其特征，并了解了一些测量单位，对周长有所认识的基础上进行教学的。后续，还将学习圆的周长计算。而周长又是一个比较特殊的概念，因为长度是属于一维空间范畴的知识，而它的出现却是依托在二维的图形中的。可以想象，学生在二维的平面图形中研究一维的长度，这本身就是一件难事儿。因此，这节课的学习，不仅为后续研究圆的周长打好基础，同样也会为将来在三维的立体图形中研究二维的表面积和在三维立体图形中研究一维的棱长积累很多有价值的经验。本课的学习在空间与图形部分占有十分重要的地位。

本单元一共四课时，首先是"什么是周长"，通过描图形一周认识周长；然后是"游园"，通过多边形周长的计算对周长进行再认识；最后是"花边有多长"和"地砖的周长"两课，是研究边有一定特征的图形的周长计算，仍然是通过周长计算巩固周长定义。聚焦四课，对于周长的深刻认识将是这一单元的重中之重。

二、学情分析

既然教材是这样安排，学生现在的起点和理解又在哪里呢？于是我走进了学生。课前我对找校的一个址进行了调研，首先给出两个图形(五角星和一片叶子)请同学描出它们的周长，结果 39 人 100％正确；第二题请同学们试着算一算长 6 厘米宽 4 厘米的长方形的周长，结果 39 人 97％的同学正确，其中有 32％的同学能够一题多解，只有 1 名同学出错，但思路正确只是因为抄错数。由此可见，学生们对于周长认识了，对于周长计算也没问题了。真的没问题吗？

于是，我又对学过周长的一个班学生进行了测试：下图中 A 和 B 谁的周长长？

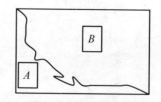

全班 38 人则有 32％的学生选择了 B，面对如此多的同学出错，我继续对这些同学进行追问："为什么你觉得图形 B 的周长长呢？你是怎么想的?"回答："因为 B 明显比 A 大(面积大)，所以周长就长。"通过学生的回答我们不难发现，孩子们在判断一个图形的周长时很容易受到面积的干扰。原因很简单，就是因为学生没有意识到，或者说我们没有让学生经历过将一维的周长从二维的图形中剥离的过程，所以学生很容易将一维的周长和二维的面积混淆，这样的错误直到六年级学习圆的周长和面积时仍然出现。

三、我的思考

看来从二维图形中还原周长一维的本来面貌对学生而言是很难的。虽然很难，但是我们也要让孩子经历这个过程，因为这是孩子们第一次接触到周长的计算，再学周长就要等到六年级圆的周长计算了，由此看出这部分知识的重要性，必须为今后的学习奠定坚实的基础，积累探究的经验。所以在这部分想办法让孩子们认清周长并将周长和面积彻底分开十分必要。

【教学设计】

一、教学目标

基于对教材和学生的分析我确定了本课的教学目标：

1. 掌握多边形周长的计算方法，完成对周长的再认识。

2. 在操作活动中，通过从"面"上剥离出"边线"，体会"一周"，发展空间观念。

3. 在学习活动中体会探究的乐趣，成功的喜悦。

二、教学重难点

通过计算再次感知"周长"的含义，能从"面"上剥离出"边线"，体会"一周"，发展空间观念。

三、教学过程

(一)找叶子周长，复习周长概念

1. 找出叶子的周长

谁能找到这片叶子的周长？你们能想办法将这片叶子的周长请下来吗？(可能出现的情况：将叶子的边框描一遍；借助绳子围一圈)

2. 请下叶子周长

想象一下叶子的周长请下来会是什么样呢？并借助于毛线请下叶子的周长。

设计意图：复习周长概念，让学生想象将叶子的周长请下来会是什么样，多数同学头脑中仍是一片叶子；当借助于毛线请下周长拉直后，使学生们初步感受到周长原来是一条线段。

(二)剥离周长，对周长进行再认识

1. 将几何图形的周长剥离出来

你能找到手中几何图形的周长吗？并想办法把它的周长也请下来。同时可以在周长上标一标、画一画，争取能让大家看出来这个周长与原图形的关系。(长方形、正方形、五边形、扇形)

2. 全班汇报交流

(1)介绍方法

谁来给大家介绍一下你是用什么方法把周长请下来的？

可能出现的方法：将图形转动一周描出每条边的长度，从而得到周长；测量图形各边的长度之后连成一条线段；还有的图形用毛线围了一周，学生直接将边线揭下来拉直也可以得到周长……

(2)发现异同

看来不同图形在周长请下来时使用的方法也各不相同，但是我们发现什么却是一样的呢？(不管什么图形周长请下来都是一条线段)

(3)完善作图

在这些周长中，哪些周长能让我们清楚地看出它与原图形的关系呢？(分段并且标出每段长度)

请你将自己的作图照此进行完善。

(4)建立周长与图形的联系

现在谁能清楚地给大家介绍一下周长中的每段都是图形中的哪部分呢？

看着这个周长你还能想象出它原来的样子吗？

设计意图：将四种平面图形的周长剥离出来，对周长进行再认识。深刻地认识到不论什么图形的周长都是一条线段，以免今后与面积再次混淆；最后孩子们看着线段图想象它之前的样子，也就是再将一维线段图形还原到二维平面图形的过程，培养了学生初步的空间观念。为今后学习圆的周长奠定了基础，提供了方法。

(三)探究算法，巩固周长意义

1. 探究算法

这些图形的周长到底多长呢？大家试着算一算，并把你的方法写在小卷子上。

2. 沟通图形、周长和算式之间的联系

谁来给大家介绍一下你是怎么想到这样列式的，并结合图形和线段图说一说算式中的数字都是图中的哪部分呢？

3. 梳理算法，巩固周长定义

这么多算法你能发现它们的相同点吗？（都是在求各边之和）

看来不管什么样的图形在计算周长时的通用方法就是各边累加，这也正是周长的定义。

设计意图：通过计算图形的周长，沟通算法之间的联系，使学生知道不论什么图形只要求周长，就是在求所有边长之和，为今后学习各种图形的周长计算奠定基础，同时再次巩固周长概念。

(四)总结

今天这节课，哪儿给你留下了深刻印象？有关周长你还想知道什么？

设计意图：回忆本课各环节，加深对周长概念的理解，激发继续探究的愿望。

【板书设计】

周长

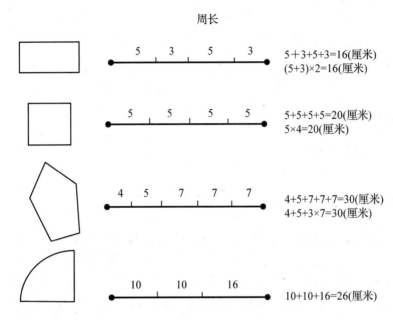

5+3+5+3=16(厘米)
(5+3)×2=16(厘米)

5+5+5+5=20(厘米)
5×4=20(厘米)

4+5+7+7+7=30(厘米)
4+5+3×7=30(厘米)

10+10+16=26(厘米)

【教学反思】

一、知识层面

重视学生知识结构的系统化，既关注已有经验，又为今后的几何知识学习奠定坚实的基础。

二、能力层面

重视空间观念的培养。多数人会认为只有到了三维立体图形才会有空间观念的培养，认为这是一个认识上的飞跃。但是二维空间到一维空间的理解也是培养空间观念的绝佳机会，我们没放过这个契机。就像在教学中让学生将周长从二维平面图形中剥离出来，再从一维线段中还原到二维平面的过程，就是充分培养了学生的空间观念，并为今后在三维立体图形中研究二维图形表面积的计算，和在三维图形中研究一维图形棱长的计算奠定了坚实的基础，提供了探究的方法和思路。在我看来，一节课中操作经验的积累和思维方法的运用更重要。

《图形中的规律》

李全顺

【教学背景分析】

一、教材分析

《图形中的规律》是在学生学习认识图形、数图形中的学问、字母表示数的基础上，综合运用所学的知识解决实际问题。建立模式、寻求规律是数学学习的重要内容，本课是这一内容的素材呈现。国际数学课程发展的趋势表明，对变化规律和模式的探索，形成丰富的经历十分重要。本课设计了两个探索规律的活动，尝试多角度寻求并解释数、图形所蕴含的数量关系和变化规律，利用表格、图像、符号来刻画简单的变化规律。发现规律比描述规律更重要。

本课引导学生经历直观操作、探索的过程，体验发现摆图形的规律的方法。在积累数学活动经验的过程中，使学生感受到数学归纳法；在发现图形规律的过程中，向学生渗透极限思想、函数思想，初步建立数形结合的思想。

二、学情分析

学生在一年级下册，《动手做》已经出现了这样的题目，学生已经有了初步摆图形的方法，并且能够初步感受到其中蕴涵的规律。

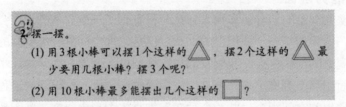

2.摆一摆。
(1) 用3根小棒可以摆1个这样的△，摆2个这样的△最少要用几根小棒？摆3个呢？
(2) 用10根小棒最多能摆出几个这样的□？

调研发现100%的学生有发现图形规律的意识，但是缺乏寻求规律的方法。因此，本节课的教学要通过探究活动，增强学生寻求规律的方法，积累探究规律的经验，掌握探究规律的基本策略。

三、我的思考

学生一定要摆图形。既然学生在一年级已经摆过这样图形，也初步探究过规律，四年级的下册又有这样的活动，有没有必要呢？怎样安排活动才能使学生有兴趣探究图形中的规律？这是我备课时最大的困惑。通过对教材、学生的调研分析，我认为本节课的教学活动，一定要让学生亲自动手实践，因为在摆的过程中，是学生丰富探究经验最直接、最有效的手段。

初步形成科学的探究方法是本课最主要的目的。《图形中的规律》探究到什么程度才到位？教学参考中提到："图形中的规律"这个专题旨在让学生经历一个直观操作、探索发现的过程，体验发现规律的方法，对于具体所涉及的规律是什么，在此不作要求。规律既然不作要求，学生探究规律时到什么程度才合适呢？经过慎重思考我把这节课定位在：初步体验"不完全归纳法"，初步形成"猜想—验证—应用"的探究意识。

【教学设计】

一、教学目标

根据以上分析我确定了本节课的教学目标：

1. 经历直观操作，探索发现的过程，初步形成"猜想—验证—应用"的探究意识。

2. 在描述规律的过程中，发展抽象概括能力。

3. 积累探索规律及解决问题的经验，增强解决问题的策略意识，获得解决问题的成功体验，提高学好数学的自信心。

二、教学重点、难点

体验不完全归纳法的应用。

三、教学过程

(一)生活中的图形欣赏

课件出示：

1. 自然界中的图形。

2. 人类生活中的几何图形。

谈谈自己发现的规律。

引导学生发现基本图形与整体图形的关系。

设计意图：激发学生探究兴趣，感知很多图形中蕴含着规律。

(二)初步探究图形中的规律

1. 动手摆图形

用 12 根长度相等的小棒摆三角形，可以摆出多少个呢？(强调三角形的大小要完全相等)学生独立动手摆三角形。学生可能出现的情况：

生：4个

生：5个

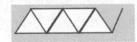

生：6个

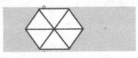

2. 展示学生摆出的三角形的各种情况

教师注意引导学生观察这三种情况的异同点。这三种情况的整体图形各不相同，但是它们的基本图形都是等边三角形。第二、第三种情况摆三角形的个数比第一种情况多的主要原因是巧用公用边。

设计意图：初步感受到探寻图形的规律时，不仅要关注整体图形，而且要关注局部——基本图形。

（三）探究摆三角形的规律

1. 独立探究发现规律

（1）明确探究课题

师：像这样"一字"排开地摆三角形，有什么规律呢？你准备怎样探究？把你的探究思路清晰地记录下来。

学生可能会回答：

①摆一摆；②画一画；③算一算。

（2）学生独立探究

（3）学生可能会出现的探究情况

一是，能从简单的情况开始探究，通过边摆边进行记录，初步发现摆三角形的小棒根数是奇数，并且依次多2。

二是，能通过摆、画、算的方式，初步猜想出摆三角形的规律，只停留在具体数据的层面，对规律的描述不够数学化，探究规律缺乏验证、抽象、运用过程。

三是，能通过表格的方式记录探究过程，初步建立了图像、数据之间的联系，有数形结合的意识，关注三角形个数与所摆图形所用小棒根数之间蕴涵的规律，能用数学抽象化、符号化的语言描述规律。没有验证规律、运用规律的意识。

2. 汇报探究成果，描述规律

学生可能发现如下规律：

· 3＋2＋2＋2······＋2(2 的个数比三角形的数量少1)

· $3n-(n-1)$ （运用包含与排除的思想）

· $2n+1$

三角形个数	摆成的图形	点的个数	小棒很数

教师追问：

(1)你摆了几个三角形？是怎样找到规律的？

(2)规律中的数字、字母表示什么意思？在图中描一描，画一画。

(3)你怎样证明你的猜想是正确的？怎样验证？

教师在追问的过程中适时课件演示：

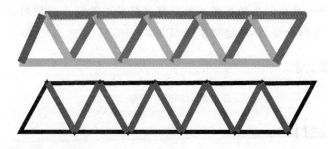

比较规律的异同。

师：我们观察的角度不同，探究的规律也不尽相同，但是都得到了相同的结果。最重要的是我们在探究规律的过程中，都是从最简单的情况开始研究，初步发现规律后，进行猜想、验证、并加以运用。

设计意图：在摆三角形的活动中，体验探究规律的方法。在积累数学活动经验的过程中，使学生感受到数学归纳法；在发现图形规律的过程中，向学生渗透极限思想、函数思想，初步建立数形结合的思想。

（四）拓展提升

师：摆三角形，我们发现了许多奇妙的规律，你还想用小棒摆出哪些图形，探究它们的规律呢？

生：正方形、五边形、六边形……

1. 深入探究图形中的规律

(1)学生可以动手操作摆一摆、画一画，并探究规律。

(2)学生谈谈自己发现的规律。

师：你是怎样验证你的猜想的？

思考：如果摆 10 个正方形要用多少根小棒？

(3)课件演示摆正方形的规律。

(4)猜想摆五边形的规律。

(5)验证摆五边形是否具有这样的规律？

(6)猜想摆其他图形会有怎样的规律？为什么？

2. 积累探究活动经验

通过摆三角形、正方形、五边形、六边形、八边形……你发现了什么共同的规律吗？

师总结：大胆猜测，小心验证

设计意图：激发学生的探究兴趣，建立猜想、验证、应用的探究意识；再次体验"不完全归纳法"，渗透极限的思想。

【板书设计】

从简入繁、猜想、验证、运用

【教学反思】

在实施《图形中的规律》这一教学设想时，以学生现有的学习经验为基础，不是以教师的思维代替学生的思维。"12 根等长的小棒，最多可以摆几个这样的等边三角形？"让学生充分发挥想象，学生摆出三种不同情况，体现出学生的不同层次的思维(有的学生想到摆成立体图形，说明学生的思维很活跃，只不过需要辅助工具，因此把这种情况排除。)在此基础上引导学生分层思考："一字排开""首尾相连"各自有怎样的规律。学生从不同的角度发现图形中所蕴含的规律，通过引导学生分析各种方法的不同点与相同点，提升学生的抽象思维能力。学生普遍认可的规律是：先将每个三角形看作 2 条边，这样 n 个三角形就有 $2n$ 条边，再加上开始边，即 $2n+1$。

　　知识迁移能力的渗透得以体现。当学生已经找到摆三角形的规律以后，启发学生思考"如果把各个三角形的公共边去掉，这些图形就会成为平行四边形。5 个平行四边形需要多少根小棒？n 个平行四边形呢？"学生很容易由三角形的规律迁移到平行四边形的规律，并初步感悟到它们的共同特点。再引导学生说说看到平行四边形，想到了什么特性？学生能顺畅地说出"容易变形"。此时出示正方形，学生很自然地联想到正方形是特殊的平行四边形，所以摆正方形的规律与平行四边形的规律相同。再引导学生思考"一字排开"地摆五边形、六边形、八边形……使学生的思维是开阔的、灵活的，为渗透数学归纳法提供了平台。

　　转化思想的渗透得以体现。当学生面对首尾相连的五边形时，学生首先想到的是把这个图形从一条边剪开，这样就是刚刚研究过的"一字排开"摆五边形的情况。当学生遇到新问题后，立即想到用已有的知识去解决，转化思想正在初步形成。

《方程》教学设计

田桂梅

【教学背景分析】

一、教材分析

"方程"是数与代数领域中"式与方程"的教学内容，是刻画现实世界中相等关系的重要模型。方程的教学有助于发展学生的代数思维。本节课内容是在学生学习了"字母表示数"的基础上进行的，是学习等式性质、解方程、用方程解决生活中简单数学问题的重要基础。

教材中方程的认识分为三部分：第一是借助天平平衡找出等量关系，并用式子来表示，接着是从数量关系中抽象出方程，最后是在较复杂的关系中找等量关系，进而用等式表达。第二是说一说，学生在讨论等式特点后揭示方程的含义。第三是练一练，结合天平模型、线段图等列方程。无论是哪个环节都是依托"天平平衡"的特性找等量关系、列方程。紧密结合生活实际，使学生感受到方程来源于生活，方程有用、有趣。

二、学情分析

学生在以往的学习中对"＝"有了一定的认识，掌握了一些数量关系，会用字母表示数。根据以往的教学经验，多数学生习惯用算术方法来解决问题，不喜欢用代数方法，为什么？于是我设计了如下调研内容：

调研目的：学生不喜欢用方程解决问题的原因是什么？

调研题目：回忆你在刚开始学习"方程"时有哪些不适应吗？

调研形式：访谈

调研对象：随机抽取五年级 20 名学生

学生的典型回答	分析
题目太简单，没必要列方程	算术思维占主导
不习惯把"x"当成已知数来用	
等量关系找不准	对"＝"含义的理解片面

学生认识了方程后，在利用等式性质解方程时，会出现哪些错误呢？

第一种：$x+3=5$

$\qquad x+3-3=5$

分析：方程模型的建立不清晰

第二种：$x+3=5$

$\qquad x+3-3=5+3$

分析：算术思维定式，左边减右边就要加

三、我的思考

方程这个抽象的模型如何在学生头脑中真正建构起来？让学生在理解方程含义的基础上感觉方程有用、有趣呢？

首先，我把方程放在大量的生活情境中学习，让学生感觉有亲切感，体会到数学与生活的密切联系。

其次，在调研中发现，有近三分之一的学生对于"＝"的认识局限于：它只是算式与结果的连接符号而已，而对等号自身所反映的"左右两边完全相等"这一关系的认识相对薄弱，需要加深和丰富学生对此内涵的理解。因此，要依托"天平平衡"这个直观的模型寻找题目中的等量关系，并用等号连接起来，通过对等号的重新认识提升学生对方程含义的理解，为学生算术到代数思维的飞跃铺好路，搭好桥！

学生在近四年的学习中，算术思维方式已经非常熟悉，甚至可以说是根深蒂固了，而方程思想却是学生由算术思维到代数思维的转变，这种思维上的转变需要教师长期培养。

【教学设计】

一、教学目标

1. 借助天平平衡的直观模型，结合具体情境，了解方程的含义，会用方程表示简单情境中的等量关系。

2. 经历获取信息、语言表述、字母表示的学习过程，抽象方程模型，发展学生的抽象概括能力。

3. 在具体情境的学习中，体会方程的简洁美，感受方程的作用。

二、教学重点

借助天平的直观模型，了解方程的含义，会列方程。

三、教学难点

感受等号是连接相等关系的符号。

四、教学过程

（一）借助"天平平衡"初步构建方程模型

1. 借助天平认识相等与不等

（1）教师在天平图片的左边放 30 克和 50 克的砝码，右面放 80 克的砝码。

师：在数学中可以怎么表示呢？

预设：$30+50=80$　追问：凭什么说是相等呢？

师生共同用动作和语言表示天平的左右两边的平衡关系。

（2）教师调整天平：左边拿掉一个 50 克，放上一个鸡蛋的图片，天平仍然平衡。

师：请用数学语言表达，写在纸条上。

预设：生 1：$30+$鸡蛋$=80$

生 2：$80-30=$鸡蛋

生 3：$30+\square=80$

生 4：$30+x=80$

师追问：这些关系相等吗？用哪个符号连接的？等号连接的是什么？（充分体会等号连接相等关系）

（3）再一次调整天平：若把鸡蛋换成一个苹果可能出现什么情况？（用动作表示，写出式子）

预设：左边下沉，苹果$+30>80$；右边仍然低于左边，苹果$+30<80$；天平平衡，苹果$+30=80$。

师：正像我们刚刚在天平活动中发现的，当左右两边不相等时，我们可以用"<""＞"来连接，它们称为"不等式"；而当两组量用"="连接时，说明左右两边相等。

2. 对上面这些式子进行分类

（1）我们写出了这么多式子，请你把它们分分类。

预设不同的分类标准：等式与不等式；是否含有未知数；是否含有汉字。

预设：学生可能会在"$30+$鸡蛋$=80$"这个问题上产生争论。引导学生得出：鸡蛋的质量也是未知数，用字母表达比用文字表达简洁。澄清有些学生片面认为：含有字母的等式叫方程。

(2)在比较中揭示方程的含义。

设计意图：借助天平平衡的直观模型，构建出等式与不等式，通过分类，使学生在观察中更加关注概念间的联系和特点，初步构建方程的模型，引导学生用动作表示天平的平衡，肢体参与活动，感受"＝"表示的是相等关系，对建立模型、建立等价的关系是非常有意义的。

(二)密切联系生活，借助"隐形天平"建构方程模型

(1)课件出示

想一想：从图中你能找到"隐形天平"吗？预设：找相等关系。

每块月饼质量×4＝380克　抽象出方程：$4y＝380$克

语言表达关系：两个热水瓶的盛水量＋200毫升＝2000毫升

抽象出方程：$2x＋200＝2000$

(2)选一名学生和老师站在一起，此时，你能找到"隐形天平"并列出方程吗？(给出一条信息：老师比学生高20厘米)

设计意图：密切结合生活实际，经历获取信息——语言表达——抽象出方程模型的过程，深化对方程的理解和建构。

(三)在练习中感受方程有用、有趣

(1)我们对方程有了进一步的认识，请你判断下面的式子是不是方程。

$A＋20$　　$20＋30＝50$　　$4x＝16$　　$x＋6<9$

(2)你能用 $x＋20＝100$ 编个故事吗？(学生结合实际编故事)桃子的质量＋20＝100

(3)课件出示：我心中有一个数，这个数乘2，加5等于25。

师：这个题我们以前是怎么解答的？能写出一个方程吗？方程和还原的方法有什么不同呢？

设计意图：学生对方程的认识在逐步深化，从对方程的判断到方程还原到生活中编故事，最后把方程法和还原法进行对比，使得方程这个模型在学生的心中构建得越来越清晰，初步感受到方程法是顺向思维，而还原法是倒着想

的，初步体会到方程的优势。

（四）总结

回顾本节课，我们是怎样认识方程的？

获取信息——→分类比较——→抽象出数量关系——→列方程——→回归生活、解决问题。

设计意图：通过对学习过程和方法的回顾，培养学生进行反思的习惯。

（五）教学效果评价

1. 看图列方程

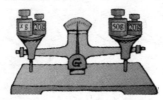

2. 写一写、画一画，你心目中的"＝"表示什么意思

3. 请你对自己这节课的表现进行评价

很满意(　　)　　　　满意(　　)　　　　不满意(　　)

【教学反思】

一、依托"天平平衡"构建方程模型

学生对方程的认识，始终依托"天平平衡"这个直观模型。开始通过有形的天平能让学生感受到"＝"可以表示左右相等的关系。然后引导学生联系情境构造"隐形的天平"。学生"构造天平"的意识逐渐增强，他们受算术方法的影响也随之减少。从而实现方程模型的建构。

二、结合生活情境构建方程模型

从生活实际中寻找等量关系、列出方程，是一种建立数学模型的过程。数学源自生活，又回归生活。这就告诉我们，建立数学模型应该是提取加还原的过程。因此，我搜集、提供较为丰富的生活事件，引导学生不断地经历提取等量关系、列方程的过程，然后让学生面对方程，赋予它更多现实含义。当学生能够在模型与生活间建立联系时，他们才真正接受了这个模型。

《24 时计时法》

张 娜

【教学背景分析】

一、教材分析

本课内容是北师大三年级上册"年、月、日"单元中的一课。本课是在学生认识了钟面、学习了和时、分、秒有关知识的基础上进行的。教材充分联系了学生的生活实际，利用学生熟知的、感兴趣的素材进行教学，唤起学生已有的生活经验，从而主动探索 24 时计时法的规律，帮助学生理解和发现普通计时法和 24 时计时法之间的联系和区别，并能在两者之间进行互换。通过解决一些实际问题，帮助学生理解所学知识在生活中的应用，也达到巩固知识的目的。通过鼓励学生收集相关知识的内容来培养学生课外阅读的兴趣和多渠道收集信息的能力。

二、学情分析

学习 24 时计时法之前，学生已经学习了有关时间，时、分、秒和时间的相关知识，他们对钟面、经过的时间等问题均有所了解和掌握。在日常生活中，比如看电视和乘车的过程中或多或少的与 24 时计时法有过交道，不会一点都没有接触到，这就构成了学生学习本课的知识基础。

但是学生对于时间的认识存在着模糊的印象，对于时间没有明确的概念。教学时应该通过直观的感受，以及科学知识的渗透、理解 24 时计时法。

三、我的思考

学生在日常生活中每天都会运用到时间，都要经历 24 小时。但是由于中国特定的 12 小时计时法的习惯，学生对于运用 24 时计时法来表示时间存在着一定的困难。因此要运用一些科学知识帮助学生理解，并通过大量的生活现实，来体会和理解 12 时计时法与 24 时计时法之间的关系和联系。因此，要让学生在数学活动中学习数学，必须调动学生原有知识的生活经验，发现问题，创造新知识，并在这个过程中培养学习兴趣，发展智慧，增长才干。在教学中，我注意实行启发式、讨论式、活动式的教学模式，现实生活中到处有数学，到处存在着数学思想，关键是教师能否善于结合课堂教学内容，去捕捉生活数学实例和学生已有知识经验，也激起学生的学习兴趣，为课堂教学服务。

【教学设计】

一、教学目标

1. 通过学习，使学生知道 24 时计时法，掌握 24 时计时的方法及其与普通计时法相互转化的规律。

2. 培养学生的动手操作能力和观察思考的能力。

3. 培养学生的时间观念。

二、教学重难点

使学生会用 24 时计时的方法表示时刻。

三、教学过程

(一)激发兴趣，引入课题

谜语引入：生活中什么东西就像流水一样，只能流走不能流回？(时间)一天几小时？为什么是 24 小时呢？

看视频了解。

在这 24 小时内又发生了什么现象(昼夜交替)，所以一天我们还称为一昼夜。

设计意图：通过观看视频，激发学生的学习兴趣。在学生原有认知的基础上，再次加深对一天有 24 小时的理解，为学习 24 时计时法做好铺垫。

(二)探究新知

1. 初步感知 24 时

(1)你认为一天是从几点开始的呢？

生 1：0 点、1 点。

师：究竟是怎么样的呢，让我们从视频当中寻找答案。(播放春晚倒计时视频)

(2)标时间

老师还为大家准备了一张小纸条。请将 0～24 小时标在这个纸条上。

自己独立完成，班内交流，学生发表自己的看法。

A：0、1、2、3、4、5、6、7、8、9、10、11、12、1、2、3……

B：一段线段表示 1 时

师：你能看明白吗？你同意哪一种，为什么？

2. 24 时计时法与普通计时法的换算

C：0、1、2、3、4、5、6、7、8、9、10、11、12、13、14……

师：这么标也是一个不错的方法。通常我们称 0～6 点为凌晨、6～12 称为上午、12～18 称为下午、18～24 称为晚上。

师：看一下第一种，你知道这是什么计时方法吗？第三种呢？

设计意图：通过动脑思考，动手操作，让学生将自己的想法写出来。不仅积累了数学经验，同时数学知识也在互相交流和碰撞中越来越明确。

3. 生活中的 24 时计时法

生活中你在哪里见过 24 时计时法？（电子表、手机……）

（三）结合实际再次理解

1. 新闻联播

师追问：新闻联播是几点开始的？

晚上七点还可以怎么表示？（19 点）

2. 邮筒取信

邮筒取信在什么时间？如果我上午 10 点投进去一封信，那么最早的取信时间是几点？

3. 营业时间牌

营业时间 OPEN 07:00-22:00

餐厅在什么时间段内营业？几点关门？还可以怎么表示？

设计意图： 数学源于生活，利用现实生活材料，了解了这一全新的知识在生活中的应用，初步感悟到数学的应用价值。课上学生通过交流与思考，不仅加深学生对24时计时法的认识，而且尝试了两种计时法的互换，进而激发学生浓厚的探究兴趣。

（四）回顾总结，巩固提升

1. 总结回顾

24时计时与普通计时是怎么转换的？

用钟表演示。一天时针要转动两圈，在第二圈的时候，24时计时法与普通计时法产生不同，所以在第二圈的时候24时计时法要在普通计时法的基础上加上12。

2. 理解时间的延续性

师：我们的生活中不只有今天，还有昨天。我们怎么能用刚才我们用的小纸条来表示昨天和今天呢，快和你的同桌动手做一做吧。（纸条首尾相连）

设计意图： 利用钟面的模型，让学生感知一天中不同的时间段，时针在钟面上转两圈。结合学生的生活实际，动态演示两种计时法的对应关系，充分调动学生多种感官参与学习的过程，提高了学习效率。再次理解24时计时法与普通计时法之间的区别与联系，加深对24时或者0时既是一天的开始，也是前一天的结束的理解。

【教学反思】

为了让学生更好地认识一天的时间是24小时，在导入时我就为学生播放了地球自转的视频，让学生从科学的角度来了解一天的时间定为24小时的原因、在这24小时中所发生的自然现象。通过清晰的讲解、绚丽的画面，与学生的生活实际相联系，使学生在感同身受的同时加深对24小时的理解。同时，让学生意识到，学习知识是没有界限的。在学习数学知识时，也可以借助科学知识来帮助我们解决问题。生活当中处处有科学、处处有数学。

在了解一天的时间后，又让学生运用手中的纸条表示0～24小时。在课堂当中给予学生展示的机会以及理解多种表示方式。在学生汇报自己的想法时，培养学生认真倾听和敢于质疑。在对不同表示方式的质疑、争论和认同的过程中找到24时计时法与普通计时法之间的关系和联系。

在小学教育中，教育往往更偏重于学生对学科知识的掌握，而忽视了科学素养的培养。作为一名小学数学教师，我们应充分利用数学教材中的科学教育因素，注重学生的科学教育。培养学生在数学课堂中，敢于质疑、敢于表达，在争论过程中探究真理、问题实质和运用科学的方法解决问题的能力。

《三角形边的关系》教学设计

李志芳

【教学背景分析】

一、教材分析

（一）对"三角形认识"研究脉络的梳理

本课教学内容隶属于空间与图形领域。纵观教材在这一领域的编排，我们不难发现这样的研究脉络：从立体到平面再到立体。低年级，学生通过直观感知形成对图形特征的初步认识，建立表象，积累活动经验，为后续学习打下良好基础；中高年级对图形学习经历由平面回到立体，使学生在以前的直观感知基础上尝试对图形进行更为细致的刻画。随着研究的步步深入，学生对图形的认识也得到不断地丰富与加深。

在对教材进行进一步细致梳理的过程中，我们看到，学生对三角形的认识也是遵循这一脉络层层深入的。

一年级，学生通过从三棱柱上得到三角形的操作活动，感知面在体上，使学生头脑中初步建立起"三角形"这个几何图形的表象；在二至四年级的学习中，学生不仅认识了角，而且了解了各种不同的角，为后续从"角"这一维度认识三角形提供了认知基础；同时，学生对于线的认识不断丰富，再加上学习长、正方形过程中积累的学习经验，使学生在研究图形时自然产生了"边"这一重要的关注维度。四年级下册，学生在经历了三角形因观察视角不同而出现的不同分类，并探索认知了三角形内角以及三边的关系；进入五年级上册，学生将进入三角形面积的探索学习；在后续学习中，学生会尝试将静态的三角形运动起来形成丰富的立体图形。此时，面又回到了体上。

108

$$
三角形
\begin{cases}
角
\begin{cases}
关注单个内角：锐角、直角、钝角 \\
关注各个内角：锐角三角形、直角三角形、钝角三角形 \\
关注三个内角之间的关系：内角和 180 度
\end{cases} \\
边
\begin{cases}
关注图形各边：不等边三角形、等腰(等边)三角形 \\
关注三边之间的关系：任意两边之和大于第三边
\end{cases} \\
面积 \\
位置变换：旋转…… \\
……
\end{cases}
$$

而本节"三角形边的关系"的学习，无疑为学生更加深入地认识三角形提供了很好的研究角度。

（二）对"探究活动"编排脉络的梳理

教材中赋予本课的定位是"探索与发现"，这是北师大实验教材特有的一个板块。在对这个板块的教材进行梳理的过程中我们发现：这个板块第一次正式出现是在四年级上册，分别是《有趣的算式》《乘法结合律和交换律》《分配律》《商不变的规律》，涉及的内容全都是数与代数领域；第二次出现是在四年级下册，分别是《三角形内角和》《三角形边的关系》以及一个与这个板块极为相似的《图形中的规律》。如果说前两个内容是空间与图形领域的话，那么第三个内容则是体现数形结合思想的一个很好的研究素材；五年级上册，这个板块的名称变为"尝试与猜测"，教学内容分别是《鸡兔同笼》和《点阵》；到了六年级，没有一个明显的板块名称了，但是我们能够大致找到相应的内容，如《比赛场次》《起跑线》……当我们把这些内容放在一起认真对比思考之后发现，"探索与发现"板块非常重视培养学生主动探究问题的意识和能力，基于学生的认知基础、活动经验为他们提供了一个个富有研究价值，具有一定挑战性的问题，引导学生将自己前期积累的学习、活动经验有效提取出来并进行综合应用，从中主动地经历发现问题，不断思考、大胆实践、反思调整。这样的探究活动对于激发学生的好奇心和求知欲，积累研究问题的经验与方法都是大有益处的。而这些积淀都为学生后续的学习和发展积累了宝贵的财富。

因此我们认为，本课的教学不能以三角形边的关系知识本身为唯一教学目标，而应当借助研究三边关系这个素材，让学生亲身经历探索的全过程，充分利用原有认知基础以及数学活动经验，提出问题，大胆设想，小心验证，进而发现规律，进一步培养学生的空间观念，提升各方面的素养。

二、学情分析

我的研究专题是"学生学习路径的研究"，那么什么样的学习路径更有利于孩子们的真正主动经历探究的全过程，从中得到丰富、有益的收获呢？对此，我先后进行了三次调研。

(一)针对学生的学习路径

1. 第一次调研

调研目的：了解学生对三角形三边关系的认知程度

调研对象：五一小学四(3)班全体学生(37人)

调研题目：

(1)你知道三角形三边长度有什么关系吗？

(2)三条线段具有什么特点一定能围成三角形？

调研结果：

(1)知道：2人(1人能基本表述正确，另1人不能表述。)

不知道：35人

(2)学生的猜测：

①三条线段一样长：26人次　　②两条短，一条长：4人次

③三条线段长度不相等：6人次　④三条线段的长度差1：2人次

⑤两条一样长：22人次　　　　⑥两线段的长度有倍数关系：1人次

⑦两短边的长度加起来比剩下的长：4人次

⑧两边之和大于第三条边(1人次)

调研分析：

学生虽然对三角形边的关系知之甚少，但是对这个图形很熟悉，因此，在猜测的时候会有相对比较丰富的想法。但是如果我们认真比较孩子们这些猜测，就会发现还是相对比较零散的，这样会给学生进一步的筛选、实践探究以及提炼规律造成不必要的困难。

我的思考：

如果给孩子们提供一些三角形。他们的猜测有了一个大致的方向，是不是就不至于太盲目了呢？

2. 第二次调研

调研目的：探索学生研究三边规律的学生学习路径

调研对象：五一小学四(8)班全体学生(37人)

调研题目：

(1)下面是笑笑用线段围成的三角形。认真观察下面三角形各边的长度。

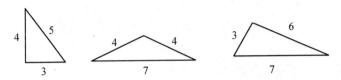

你推测：具有什么特点的三条线段一定能围成三角形？（想到几个就写几个）

(2)有什么办法能够验证你的想法？

(3)下面三条线段首尾相接，一定能围成三角形吗？能的画"√"，不能的画"×"。

①4厘米、4厘米、4厘米（   ）　　②5厘米、5厘米、2厘米（   ）

③3厘米、3厘米、7厘米（   ）　　④4厘米、5厘米、6厘米（   ）

⑤1厘米、2厘米、3厘米（   ）　　⑥7厘米、4厘米、11厘米（   ）

(4)对你刚才第二小题中的推测有修改吗？如果有，怎么修改？

调研结果：

推测三边关系：

①两边之和大于第三边：18人次　　②两条一样长：12人次

③三边相等：5人次　　　　　　　　④三条不等：4人次

⑤只要有三个角就行：2人次

调研分析：

有了三角形的支撑，学生对三边关系规律的猜测立刻就聚焦了！但是仔细分析孩子们的想法就会发现，他们的"猜想"更多的是针对给定的图形，"就图猜想"。

我的思考：

为学生提供三角形，一定程度上局限了学生的大胆想象。如果让他们自己在围图形的过程主动发现呢？

3. 第三次调研

调研目的：探索三角形三边规律的学生学习路径

调研对象：五一小学四(9)班全体学生(39人)

调研题目：

(1)将任意长度的三条线段首尾相接,(　　)围成一个三角形。

① 一定能　　　　② 一定不能　　　　③ 不一定能

(※ 可以用手里的学具纸条试一试)

(2)你推测:具有什么特点的三条线段一定能围成三角形?

(3)有什么办法能够验证你的想法?

(4)下面三条线段首尾相接,一定能围成三角形吗?能的画"√",不能的画"×"。

①4 厘米、4 厘米、4 厘米(　　)　　　②5 厘米、5 厘米、2 厘米(　　)

③3 厘米、3 厘米、7 厘米(　　)　　　④4 厘米、5 厘米、6 厘米(　　)

⑤1 厘米、2 厘米、3 厘米(　　)　　　⑥7 厘米、4 厘米、11 厘米(　　)

(5)对你刚才第二小题中的推测有修改吗?如果有,怎么修改?

调研结果:

(1)选择一定能:6 人;选择一定不能:1 人;选择不一定能:32 人

(2)学生的推测:

①三边相等:25 人次　　　　　　　②两边相等:11 人次

③两边相等,但是这两条都要比另一条长　④两短一长:1 人次

⑤任意两边之和大于第三边:1 人次　　⑥两边之和大于第三边:3 人次

调研分析:

学生有了一次动手探究,再结合自己对三角形的已有经验,针对三边关系的猜测有了一定的思考,使后面的实践探究有了正确的大方向。

同时,我还发现,在后两次的调研题目中都有的一道题:"你对当初猜测有修改吗?"两个班的学生表现出截然不同的面貌:给三角形的班只有 2 人提出需要修改,并且补充了"三边相等"的情况;让学生进行一次初步探究的班级有13 人提出需要修改,并对原猜测进行了认真的完善。虽然改后仍存在问题,但是学生表现出来的探究热情令人鼓舞。

(二)针对学生验证方法的调研及分析

我们在后两次调研中针对学生验证猜想的方法进行了观察与分析。两个班学生共计 76 人。在验证方法中,有 55 人次提到了画图的方法,有 19 人次提到了动手操作的方法。一开始,我们没有感觉到有什么特别的:这两种方法都是学生前期的活动经验,特别是研究图形问题,画图的方法是最正常不过的选择了。但是,后面的一道题引发了我们的思考。"4 厘米、5 厘米、6 厘米"能

否围成三角形，两个班居然有 40 人出错！特别是其中一个班此题的错误率居然高达 70％。而与它紧挨着的"1 厘米、2 厘米、3 厘米"能否围成三角形的错误率却远远低于这道题。这是为什么呢？我们对学生进行了访谈，原来学生们就是在用画图的方法进行判断！画成了就能围成，4 厘米、5 厘米、6 厘米的情况没画成功，所以就不能围成。

由此我们深深体会到，研究三角形边的关系，必须要关注动手操作的方法，如果学生一味地只想画图，会造成不必要的困惑，影响孩子们做出正确的判断。

三、我的思考

基于以上的认识，我将本课教学定位于：以"三角形边的关系"为载体，引导学生主动地投入到探究活动中，体验数学研究的全过程，在思考与实践中不断自我调整，在获得知识的同时提高分析问题、解决问题的能力，感受探索与发现的乐趣。

【教学设计】

一、教学目标

1. 知识与技能：通过探究活动，探索并发现三角形任意两边之和大于第三边。

2. 过程与方法：引导学生在提出问题、大胆猜想、小心验证的主动探索中，经历研究过程，体验研究方法，积累活动经验，同时进一步培养学生的空间观念。

3. 情感态度与价值观：在主动研究的活动中培养学生主动探究的意识和科学的研究态度，提高合作交流能力。

二、教学重难点

探索三角形三边关系，理解三角形任意两边之和大于第三边。

三、教学过程

(一)初次尝试

将一条线段任意剪两刀，用得到的三条线段首尾相接围成三角形。你能做到吗？同桌两人一小组，利用你们手中的学具试一试，把围的结果留在操作板上。

(同桌合作完成)

师：围成了吗？是不是只要有三条线段一定能够围成三角形呢？

这节课我们就来一起研究三角形边的关系。(板书课题)

设计意图：让学生动手操作，既能激发学生的兴趣，又能增强学生的动手操作能力，同时促使学生思考怎样的三条线段可以围成是三角形。

(二)大胆猜想

师：结合你对三角形的感觉和刚刚操作的体验，你能不能推测一下，怎样的三条线段一定能围成三角形？

生1：三条边都是一样的，就有可能围成三角形。

生2：两个短边加起来比一条长边长的时候就可以围成。

生3：有两条边是一样长的，剩下的那条边跟它不一样也行。

生4：我觉得三条边都差不多长肯定围成三角形。

生5：三角形不等边，三边不相等，也能围起来三角形，但是能围的概率不大。

设计意图：放手让学生大胆想象，调动学生的积极性和求知欲，为后续的教学提供探究的问题。

(三)小心验证

1. 讨论方法

师：同学们的这些猜测哪个是正确的？哪个有问题？有什么办法能够帮助我们进行判断呢？

生：操作、想象、动手画一画……

师：认真观察思考，哪个猜测你可以直接判断它是否正确？怎样判断？哪个猜测需要好好研究研究？(学生静思)同桌两人商量一下，你们打算重点研究哪一个猜测？打算怎么研究？(同桌讨论)

2. 合作研究

3. 交流汇报

(1)师：哪个猜测你们是直接判断的？结论是什么？

生：三条边三等的一定能围成，要不然世界上就没有等边三角形了。

师：等边三角形，什么样子的？比画比画，是这样的吗？你能举个例子吗？

生：9，9，9。

师：好，你真棒！老师也说一个，5，5，5你能想象它的样子吗？跟你举的例子有什么不同吗？

生：也是一个等边三角形，它们形状一样，只是大小不一样。

(2)生：我们这个是第三个，用的是3，3，2可以围成。

师：大家说这个可以围成吗？可以，是吧？那他根据这个能说明第三个正确吗？有不同意见吗？

生：那要是1，1，9呢？

师：快想象一下什么样。能围成三角形吗？不能，是吧？

师：那是不是只有3，3，2这种情况才能围成？还有其他能围成的吗？

生：4，4，9应该就可以围成，那两边加在一起，应该小于最后一条边的。

师：你觉得4，4，9是可以围成的，你操作了吗？没有。那大家现在能不能想象它是什么样的？

生：我觉得不可能围成，4+4等于8，小于9，围不成。就算加起来是9的话，和9形成一组平行的线段，必须比9至少要多出1才可以变成一个三角形。

师：先想一下他说的，不可能，咱们想象一下9，这是4，这是4，什么感觉？够不着，刚才他说了，再加1就行了，那这个1给谁呢？给4，变成4，5，9是吗？这样围行不行？你们都没围你们怎么知道它不行？

生：因为4+5等于9，跟9是一样的，所以就形成一直线了。

师：你能比画比画吗？什么样？

(3)学生：3加2的和大于4，我们成功了，说明第二个是对的。

师：很好，但一个例子就够了吗？有不同意见吗？

4.发现规律

设计意图：充分发挥学生的主动性和想象力，通过动手操作、讨论交流，经历提出问题—大胆猜想—小心验证的探索过程，探索得出三角形三边关系。

(四)巩固应用

师：这样三条线段能够围成三角形吗？3厘米、5厘米、9厘米。

师：如果把3厘米调整一下呢？可以是几？

生：……

师：最大能调到几？

小结：这节课我们一起研究了三角形边的关系。回顾一下我们的研究历程：提出问题—大胆猜想—小心验证。

设计意图：引导学生总结本节课所学知识，并回顾研究历程，使学生不仅学到了知识，而且学会了探究的方法，积累了活动经验，有助于学生数学探究意识和数学素养的提高。

（五）学习效果评价设计

在能围成三角形的一组小棒下面画"√"。

(1)4 厘米、5 厘米、6 厘米(　　　)

(2)1 厘米、2 厘米、3 厘米(　　　)

(3)5 厘米、7 厘米、11 厘米(　　　)

【教学反思】

本节课属于空间与图形领域，教材中给它的一个定位是探索与发现，基于这一定位，本课的教学就不能把三边关系的知识本身作为唯一目标，而应当以它为研究素材，让学生亲身经历探索的全过程，充分利用原有认知基础以及经验，提出问题，大胆设想，小心验证，进而发现规律，在这个过程中进一步培养学生的探究意识和空间观念，提升素养。这是本课目标上的定位。

要进行探究活动，就必须了解学情，了解学生的学习路径。课前我进行了三次调研，了解到学生对三边关系知之甚少，但是对图形本身很熟悉，所以猜测时会有比较丰富的想法，但这些猜测相对比较零散，是学生凭感觉猜的，对后期的研究和实验不会造成干扰。而让学生大胆猜测，可以激发他们参与课堂的积极性，让他们用实验验证自己的猜想，不仅培养了他们科学探索的精神，而且能让他们体会到数学学习的成功。同时，我发现学生的猜想更多是针对给定的图形，就图猜想，因此直接给孩子提供三角形的话，一定程度上会限制他们的想象。所以，在教学中我没有给学生提供三角形，而是让他们根据数据想象三角形形状，并动手围三角形，通过亲身的活动体验，探索得出三角形三边关系。这是本节课教学方法上的定位。

《用字母表示数》

黄建鹏

【教学背景分析】

一、教材梳理

(一)知识脉络

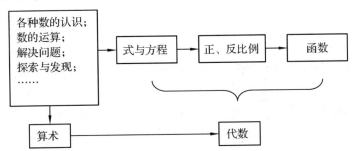

本节课之前，所有的数与代数领域的知识都应该算是算术的范畴，本单元的"式与方程"是学生学习数学的重要的转折点，从这个阶段开始就要从之前的算术的学习转向代数的学习，从对数量的理解转向对关系的探讨，这部分内容也是学生后续六年级学习正、反比例，以至于初中学习函数的重要基础。而在这其中《字母表示数》，又是学生真正迈向代数学习的第一步。

(二)经验脉络

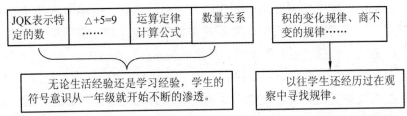

无论是生活经验还是学习经验，学习本节课之前对于符号意识渗透已经从一年级就开始了。在四年的学习中，学生经历了很多具有普遍性的规律的一般化的过程，虽然，这里的符号都是给定的，但是，这也是一种初步的渗透，也为今天这节课的学习打下了很好的基础。

二、学情分析

我又对 40 名学生进行了进一步的调研，结果
题目一：用什么数来表示？

问题的前两问学生 100％能够说出分别用 2 和 5 来表示，而第三问则出现了不同的想法。其中，有 40％的学生估计了一个数量来表示这些粉笔，例如："大约 90 多根"他们还停留在具体数量的阶段；

有 60％的学生用自己的方式表示出了这个不确定的数量。其中有 37.5％的学生用文字表示除了这堆粉笔的数量，例如："若干根"；有 20％的学生用符号表示，例如"……"来表示；有 42.5％的学生用字母表示出了这个不确定的数量，例如：字母"n"。经过进一步访谈这些学生，让我们更加欣喜地发现，他们中大约有 80％的孩子的这些方式不再只表示一个数量，也可以表示一些数。所以，孩子们绝大多数学生能够理解字母或文字可以表示单个的数量。

题目二：妈妈比小明大 25 岁，小明和妈妈可能多少岁？

通过对结果的分析我发现：有 12.5％的学生没有任何想法。有 37.5％的学生举出了一个或几个具体的岁数，这说明具体的数量对于孩子来说是根深蒂固的，是最保险的结果。有 40％的孩子举出了很多具体的岁数，与前面不同的是他们开始有规律地列举出小明和妈妈岁数的变化，其中有大约 70％的学生能够用"……"来表示这组相差关系还有其他可能。另外有 60％的学生能够用文字的方式，概括出妈妈和小明年龄之间关系，这充分表明学生已经开始关注相差关系的背后是存在一定规律的，并能够用文字表示出这种规律。他们开始从关注具体数量转向关注规律，从关注规律到关注规律背后的关系。最后，有 10％的学生直接用字母表示数。这其中有 2 人用含有字母的式子表述出了这个关系，经过访谈我感受到了这两个人真的是已经开始从算数迈入代数时代了。不过，当我利用这两个人的结果访谈其他人时，很多人理解不了含有字母的式子能表示具体的数量。

通过以上调研充分说明，学生虽然还没正式进入代数的学习，但在很多孩子的潜意识当中已经有了初步的代数思想，并能够用自己的符号表示出来。另外，访谈过程中，学生对于含有字母表示数量还是很难理解的。

三、我的思考

因此本节课我力求让学生经历大量事物的变化过程，引导学生从变化的现象当中找到不变的数量关系，抓住不变的规律，并用符号表示。从而使得学生领悟用字母或含有字母的式子来表示数和数量关系，让学生在体验的基础上经历符号化的过程并渗透函数思想。

【教学设计】

一、教学目标

1. 在具体情境中理解用字母表示数的意义，学会用字母表示数的方法。

2. 在探索用字母表示数的过程中，体会用字母表示数的简洁性和概括性，发展抽象概括能力，并逐步培养符号意识和辩证的渗透函数思想。

3. 在探索发现的过程中，体验创造和成功的喜悦，感受数学的乐趣。

二、教学重点

在具体情境中，经历、体验字母表示数的抽象过程，理解用字母表示数的意义。

三、教学难点

在具体情境理解含有字母的式子既可以表示数量，又可以表示数量关系。

四、教学过程

（一）活动一

1. 出示对话：笑笑比淘气多 5 张奖票。

看到这句话你想到了什么？淘气和笑笑可能有多少张奖票？如果有想法了，请你将结果写在汇报单上。

预设：生：10＋5＝15 生：笑笑 1 张，淘气 6 张。笑笑 2 张，淘气 7 张……

2. 小结：淘气的奖票随着笑笑的奖票的变化而变化，但是他们奖票之间的关系始终没有变，是吗？

设计意图：在寻找多种答案的过程中逐步渗透一个量变化，另一个量也随着变化，但是他们之间的关系不变的函数思想，能激发学生的兴趣。

（二）活动二

1. 独立思考，表示规律

(1)大家觉得还有没有别的可能，写得完吗？那大家能不能找一种简单的方式把这里所有的情况都表示出来？自己试一试，写在小的汇报条上。

(2)仔细观察哪种方法，可以表示出所有情况。

生：文字、符号、字母。

(3) a 和 $a+5$ 与 a 和 b 有什么不同，你有什么看法？（可以清楚地看出关系)从哪里看出来的？ a 表示什么？ $a+5$ 又表示什么？什么在变，什么又没变？从哪里看出关系没变？

2. 小结

看来通过 $a+5$ 这个含有字母的式子，我们不仅知道了这个式子同时还可以表示淘气的张数，而且可以看出了他们奖票张数之间的关系。

设计意图：在总结规律，表达规律的过程中，逐步体会用字母可以表示数和数量关系。

（三）活动三

1. 演示魔盒——数的变化

(1)今天我给大家带来一个数字魔盒，演示魔盒魔力。

(2)输入的数在不断地变化，输出的数也在随着发生不断的变化，这个过程是瞎变的吗？那这个魔盒加工数的奥秘是什么呢？

(3)根据前面学习的经验，你能把魔盒的奥秘用简单地概括出来吗？

汇报交流。

(4)为什么用 $a+10$ 来表示？通过 $a+10$ 这个式子，你想到了什么？这个式子可以表示什么？

通过前面的研究，我发现大家很愿意用字母的方式进行交流。其实这就是我们今天要学的"用字母表示数"。想不想再来试试。

2. 再次揭秘，体会简写

(1)演示魔盒。

课件演示：摆一个三角形需要三根小棒我们可以用 $3×1$ 表示。

(2)表示关系。

两个呢？三个呢？如果进去任意一个三角形，怎么表示需要多少根小棒呢？

(3)独立完成,汇报交流。

生:($a\times3$、$x\times3$……)

师:看到这个含有字母的算式,你想到了什么?在这个算式中,谁在变化,谁又没变呢?你怎么知道的?

(4)简便写法。

师:还有别的写法吗?处理简写问题。

设计意图:通过二次魔盒的加工活动,让孩子们进一步的在情境中去体会用字母或含有字母的式子表示数的过程,加深对字母表示数的理解。

小结:通过前面的学习,我发现同学们都愿意用字母表示数,为什么呢?

(四)巩固练习

1. 数青蛙:同学们听过这首儿歌吗?欣赏数青蛙的儿歌:能接着唱下去吗?

1只青蛙1张嘴,2只眼睛4条腿;……

师:这首儿歌有规律吗?能用今天的知识将这首儿歌用一句话表示出来吗?

2. 我们今天共同发现字母表示数的价值,既可以表示关系,还可以表示数量。请同学们回忆一下,之前我们学过没学过用字母表示数的知识呢?

3. 介绍字母表示数的历史。

(五)总结

今天通过几个有趣的情境,我和同学们共同经历了用字母表示数的研究历程,这个过程中给你留下印象最深刻的是什么?你还有什么疑问没有?

【教学反思】

《用字母表示数》是一节非常重要的课,因为,在小学阶段,式与方程,正、比例这两个内容都是数与代数领域的教学内容,这两部分内容是学生学习数学的重要的转折点,学生从这个阶段开始就要从之前的算术的学习转向代数的学习,从对数量的理解转向对关系的探讨,这两部分内容也是学生后续学习数学的重要基础。而在这其中用字母表示数,又是学生迈出代数学习的第一步。

从另一个角度理解这节课,它还是一节很难的课,说它难,从知识角度:学生之前的学习,都是关注一个具体的数量,而从这节课开始要在真正意义上寻找一群数量之间的共同特征——规律，也就是我们前面看到的开始进入探讨数量之间的关系了；从思维角度：回想学生的数学学习，我们借助各种手段让本来很抽象的知识，知识道理变得尽可能具体直观。我认为，这节课恰恰与之前的学习相反，我们把本来具体直观的事儿，需要让他们变得简单、概括、抽象。

由于小学生本来对代数知识的认识就非常肤浅，而且他们本来就习惯用具体的数来表示一定的量，这就为学生学习用字母表示数设置了一道无形的思维障碍。这也就为我们的教学带来很大的困难。

因为重要，学生更应该理解透彻，因此教材做了精心的编排：教材从学生熟悉的生活情境中选取了一些具有典型数量关系，先通过让学生理解字母可以表示一些不确定的数量，再到可以用算式来表示问题的结果，再通过改变具体的数量，逐步抽象出用含有字母的式子表示这些数量，通过这样的情境让孩子们层层递进的理解用字母可以表示数，用含有字母的式子既可以表示数量，又可以表示简单的数量关系。

因为难，我们更应该想办法引导每一个学生经历这个该有的难。虽然难，虽然是第一步，但是，通过学生调研我发现，用字母表示数并不是一下子就很突然地呈现在学生面前。在此之前，学生已经有了很多经验。并且不同的学生能够利用自己的经验和之前的基础来解决问题，这些都充分证明在很多孩子的潜意识当中已经有了初步的代数思想。

因为重要，因为难，所以学生对于用字母表示数的理解，对于代数的理解，不是一蹴而就的，而是需要循序渐进，螺旋上升的，因此本节课的教学，我通过创设大量的学生常见的数量关系情境，目的是不断地激活学生已经积淀算术中对数量关系的理解，提取出潜意识当中已经有了初步的代数思想，从而使得每个学生在此之前对代数的理解上都有所成长，同时认识到代数的学习可以使我们对数量关系的表达更清晰、简洁。帮助他们从算术走向代数，促使学生体验数学的概括性和抽象性，渗透函数思想，发展符号感。

《找最小公倍数》

孙伟娜

【教学背景分析】

一、教材分析

《找最小公倍数》一课安排在北师大版第九册第三单元。在第一单元《倍数与因数》中，已经学习了"找一个数的倍数、因数""2、3、5 倍数的特征"等知识，本课时是学生学习《通分》的基础。教材中以"探索与发现"的形式呈现，区别于以往单纯以知识点出现的形式，这提示我们教材的编排意图是以知识为载体，凸显解决问题的一般思想和方法，课堂上引导学生研究探索的方法尤为重要。

二、学生分析

前测内容、方式、统计结果

题目1. 找出既是 10 的倍数又是 12 的倍数的数		找的方法			
完全正确	错误	两数相乘	列举	直接答	短除
97.5％	2.5％	22.5％	12.5％	62.5％	2.5％
（访谈）　　题目2. 你为什么这样找？					
说不出原因			两数相乘找倍数		
88.6％			11.4％		
题目3. 一个长是 12、宽是 8 的长方形，把它分割成同样大小的边长是白然数的正方形，有哪几种不同的方法？					
正确	错误		用数解决（列举、计算）		画图解决
22.5％	77.5％		90％		10％

三、我的思考

1. 通过前测不难发现：许多学生已经知道了本课的知识点，也掌握了一些方法。

既然这么多学生已经知道了找公倍数及最小公倍数的方法，如果仍然安排圈圈找找的探究活动，会有多少学生具有浓厚的探究兴趣呢？学生还需要吗？怎样设计探究活动，才能对学生的已有认知产生强劲的冲击力，从而激发他们充满兴趣地在探究活动中自觉发现公倍数、最小公倍数的关系，让抽象的概念逐步充实？

2. 为什么仅有 12.5％的学生用列举法解决问题？

据粗略统计，第一单元中涉及用列举法解决问题的练习多达 16 次。学生为什么对这种简捷有效的方法不屑一顾呢？列举法是有序思考的一个重要表达方式。我考虑，教材安排用列举法找最小公倍数，不仅关注的是知识点的掌握，更关注数学学习方法的探索与经验的积累。

不用列举法的学生，他们的思维是真的已经提升到不必列举，也能理解公倍数及最小公倍数的意义吗？他们"会"找，这种"找"是不是一种机械计算呢？

带着这个疑问，我对这部分学生进行了访谈。将近 90％的孩子的回答是不知道、不清楚。这样的结果提醒我，"会找"的孩子未必真的理解概念的含义。

我又问找错答案的学生："你为什么不用列举的方法呢？"几乎所有的孩子都不屑一顾地回答我："多笨啊！"笨吗？列举能不重复、不遗漏；列举让我们有序地思考问题。这样简捷有效的思维方式，学生们却不屑一顾，看来他们没有真的体会到其中蕴含的重要数学价值呢。这样看来，列举法还有宝可挖呢！但我需要好好研究一下该从哪里挖起。

3. 前测第三题：一个长是 12、宽是 8 的长方形，把它分割成同样大小的边长是自然数的正方形，有哪几种不同的方法？

我的本意是想了解学生是否能用数学知识解决实际问题，看看能不能为安排探究活动找一个切入点。

统计结果显示：有 70％多的学生都不能正确解决这个问题。这 70％多的孩子们无一例外地将这几个数字加减乘除地算来算去。另外的 20％的答对的孩子中有三个学生使用画图的方法解决。这样的结果再一次说明，学生还真是不理解含义，找就是找，不知道找了有什么用，也不知道该在什么时候找。另外，画图解答的 4 个孩子也引起了我的思考：只有这 4 个孩子画图，他们是不会用算术方法解答，还是……我找到了答错的学生，告诉他们答案错了，再想其他办法。可让我意想不到的是，他们想到的其他办法，竟是把乘换成除，把减换成加而已,看到他们挠头抓耳,痛苦地纠结于一堆算式和符号中,我特别想推醒他们:孩子,别算了,真的,别算了!我们的孩子对数的关注有多么执着啊!但凡解题,首先算数!即使是这样一个关于图形情境的问题,孩子们也丝毫没有关注到形,想不到用画图来帮助自己理解题意,表达思考过程。这给了我一个启发:"数形结合"能否作为我本节课的一个切入点呢?

【教学设计】

一、教学目标

1. 在具体的问题情境中,理解公倍数和最小公倍数的含义。

2. 在探究活动中渗透数形结合等数学思想方法,进一步积累完善探究方法。

二、教学重难点

教学重点:在探究活动中渗透数形结合等数学思想和方法,进一步积累和完善探究方法。

三、教学过程

探究活动一:在具体问题情境中理解含义

(一)情境创设

师出示课件:多么香甜的巧克力呀!

出示探究问题:这样的一些长方形的巧克力,长 8 厘米,宽 6 厘米,把它们摆在一个底面是正方形的盒子里,这个正方形的边长可能是多少?

设计意图:在具体的生活情境中,诱发学生的数学思考。向学生渗透数形结合的数学思想,引导学生在思考时,让画图成为重要的辅助思考手段。

(二)学生独立探究,组内交流

学生可能出现的情况预设:

(1)关注形的特点,画图帮助解决问题。

(2)关注数的特点,列举法解决。

(3)数形结合思考。

(4)汇报交流,教师调控汇报层次。

A)画图累加法。教师引导学生说说画图、思考的过程。

设问:你是怎样想的?这条边有多长?

生边逐步画图,边标出相应的数据。(8、16、24);(6、

12、18、24)

师引导学生把数与形结合,知道8、16、24这些数都是8的倍数,6、12、18、24都是6的倍数。

评价引导:思考很有方法(画图法)有顺序(画图、列数),不仅关注图形的变化,而且关注数的变化。

设计意图:使学生明确思考要有方法、有顺序,思考问题时要有数形结合的意识。

B)整体画图法。

教师引导学生认识到两种不同的画图方法,思考角度的不同。整体画图法,首先关注整体是正方形,局部是长方形。

设计意图:为第二环节中的找两个数的最小公倍数的"大数扩倍法"奠定基础。

C)列举法。

设问:为什么没有画图,就解决了问题?

板书,使全体学生感受到列举法的简捷有效。

小结:分别找出8和6的倍数,就可以发现它们的公倍数。多么有序的思考呀。

(5)理解公倍数、最小公倍数之间的关系。

设问:正方形的边长除了24厘米,还可能是多少厘米呢?你是怎样找到的?

设计意图:使学生感受到找最小公倍数的必要性。

设问:能不能找到一个最大的呢?为什么?找到6和8的哪个公倍数最重要呢?

(适时板书:最小公倍数)

小结:虽然不能找到6和8最大的公倍数,但只要我们找到了24,再找其他的就容易多了。

探究活动二:积累探究经验,完善探究方法

找12和15的最小公倍数。

预设生可能出现的情况。

(1)先列举12的倍数

(2)先列举15的倍数

设问：两种方法都是列举法，哪一种更快捷？

设计意图：旨在让学生明白，看似简单笨拙的列举法，实际上是在展示有序思考的过程，在有序思考的过程中更要讲究方法策略的择优。

探究活动三：拓展中应用

(1)出示图片。教师说明及示范游戏规则。

(2)学生独立探究。(学具)

(3)教师指导学生做标记。(非数学标记到数学标记)

(4)引导学生进行数学思考，感悟数学与生活的联系。

设计意图：引导学生在游戏中体会数学知识的应用价值，再次感悟数形结合、有序思考等数学思想和方法。

课堂小结：本节课哪个环节给你留下印象最深？

设计意图：引导学生总结自己的收获。

【板书设计】

最小公倍数

有序

列举

有法

8的倍数：8、16、⟨24⟩、32、36、⟨48⟩…⟨72⟩…⟨96⟩…

6的倍数：6、12、18、⟨24⟩、30、36、⟨42⟩、⟨48⟩…⟨72⟩…⟨96⟩…

【教学反思】

最小公倍数是一个内涵比较丰富的数学概念，为了帮助学生真正理解概念的含义，教学中我们必须让学生亲身经历概念的形成过程，这样才有可能形成有意义的学习。过去我们通常所采用的方法，让学生通过"找倍数—找公倍数—找公倍数中最小的一个"，在"纯数学"的范畴内经历概念的形成过程。这样的教学虽然能帮助学生在较短的时间内掌握需要学习的知识，能够"省下"较多的时间完成练习或学习更多的知识，但形式化的、缺乏实际意义的学习活动常是在老师的"命令"下被动地进行。

本节课前，根据反复前测、分析的结果，我确定本节课的活动设计思路如下：

1. 关注孩子的探究兴趣与学习需要，设计有价值的探究活动，帮助学生在自主探究中理解概念的含义及学习价值。

2. 引导学生在研究数的规律的过程中，不仅获得解决问题的方法，同时也有数学学习方法的探索与经验积累，掌握一定的探究策略。

3. 体会到数形结合思想、有序思考等数学思想和方法。

为此，在本课的教学中，我通过对教材内容做适当的重组，使课堂里的数学能够以一种充满了数学知识间的联系和数学与生活的联系的整体面貌呈现在学生的面前。从而构建了一种生活化的数学课堂。具体地说，就是数学是来源于生活，从学生的现实生活中寻找一些能够"自动地"反映公倍数、最小公倍数内部结构特征的实际问题，让学生通过解决这些生动具体的实际问题，获得对公倍数、最小公倍数概念内部结构特征的直接体验，积累数学活动的经验；在此基础上，再引导学生从生活"进到数学"，通过对实际问题的反思抽象，引出公倍数、最小公倍数等数学概念，这样，学生获取知识的过程被"拉长"了，花的时间可能也要稍多一些，但从教学的实践过程来看，学生学习的积极性较高，知识的掌握也较为自然而扎实，学生的思维也在呈螺旋式上升趋势，取得了良好的教学效果。

《周长与面积》

宋雅敬

【教学背景分析】

一、教材分析

1. 研究背景：《数学课程标准》明确提出："初步学会从数学的角度提出问题、理解问题，并能综合运用所学的知识和技能解决问题，发展应用意识，形成解决问题的一些基本策略。"作为数学教师，在课堂数学中力求使学生成为知识的探究者、获得者，应鼓励学生对问题勤于思考，敢于质疑，善于解决问题，激发学生的创新意识。

2. 本课数学知识的基本结构，是由各知识间的联系所联结而成的知识整体。

在思维中经常通过联想，让学生提出问题，想到用有关的概念、公式，沟通知识间的内在联系，为解决数学问题提供了良好的基础。学生通过联想梳理出知识间结构，促使学生掌握知识间的内在联系，举一反三。本课就是尝试让学生通过有效联想培养学生们主动提出问题、并通过联想利用已有知识解决问题的意识与能力。

3. 教材知识链条：

三年级：正方形、长方形的周长和面积

五年级：平行四边形、三角形、梯形的面积

六年级上册：圆的周长与面积

八年级下册：平面图形的整理与复习

二、学情分析

本课是在学生学完小学阶段所有平面图形(长方形、正方形、平行四边形、三角形、梯形、圆)与立体图形(长方体、正方体、圆柱体、圆锥体)之后进行的一节复习课。学生已对这些几何图形知识有了一定程度的理解与掌握。同时，六年级的学生在小学阶段已掌握一些解决问题的方法，并能运用这些方法来解决一些简单的实际问题。本课创设生活情境，给学生搭设提出问题的平台，引导学生有效联想并运用已有知识基础自己解决问题。

三、我的思考

这是一节平面图形的复习课，以往的复习模式是先复习各个图形周长与面积公式，之后进行练习，学生在老师设定的练习题中得到知识的回忆与巩固。本节课结合具体生活情境引入，在这一情境中展开联想，勾连起各个图形间的关系，把知识点融入实际的问题中去。引导帮助孩子主动地关注到周长相等时，面积谁大谁小这一问题中去，让孩子们去经历一个从发现到解决的过程，这样的经历不仅可以有效复习各图形的周长与面积知识点，而且在经历研究问题过程中，学生将头脑中已有的知识和经验提取，然后根据他们对于新知识的认识，经历发现问题、解决问题、联想、运用的过程，从而在这个过程中，不仅让他们对周长和面积有了新的认识，而且，培养了联想意识。

【教学设计】

一、教学目标

根据以上分析我确定了本节课的教学目标：

1. 通过"围菜园比较面积大小"这一活动，让学生联系旧知识，体会知识间的内在联系。

2. 在活动中引发学生有效联想能提出问题，并联想旧知识来解决新问题。

3. 培养学生的发散性思维及主动交流、善于表达的能力。体会数学知识之间的内在联系，同时感受探究的乐趣，增强学习数学的信心。

二、教学重难点

在活动中引发学生有效联想能提出问题，并联想旧知识来解决新问题。

三、教学过程

（一）情境引入，初步探究

1. 情境引入

春天来了，王阿姨想借助一面墙，用 6 米长的篱笆围出一个小菜园，你觉得她会围成什么形状的？

2. 画一画

学生把想法画在数学纸上。（学生画的直线用以表示墙。）

3. 展示作品，说说你的想法

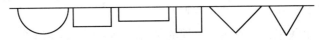

(1)归类：

同学们在思考问题时很自然的就把我们学过的半圆形、正方形、长方形、三角形、平行四边形、梯形就回忆起来了，这些图形有直线型图形，还有曲线型图形，你还有其他围法吗？

(2)在你们设计的这些形状的菜园里，你认为王阿姨会采纳哪个建议？

会考虑到大小、美观和实际地的情况，同学们考虑问题很全面。

(3)比大小：

在你们设计的这些菜园里，哪个菜园的面积最大呢？(半圆)为什么？你们怎么知道的？(算一算、比一比就知道了)好，那我们就来验证一下你们说的半圆的面积是最大的。学生独立计算，圆周率取3。

同桌交流。

设计意图：通过生活情境引入，学生来解决实际问题，提高学生的学习兴趣。在活动中勾连起平面图形的知识点，从而更好达到复习的目的。

(4)全班交流

①半圆：　半径：$6 \times 2 \div 3 \div 2 = 2$　　面积：$3 \times 2 \times 2 \div 2 = 6$

②三角形：直角三角形：$3 \times 3 \div 2 = 4.5$

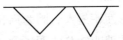

一般三角形怎么计算面积，引导学生估算高，回忆知识点：点到直线间垂线段最短。估计高要比3短，所以得到的面积比4.5小。

还有比面积是4.5大的三角形吗？为什么？

③四边形：长方形：$3 \times 1.5 = 4.5$　　　　$1 \times 4 = 4$

　　　　　正方形：$2 \times 2 = 4$

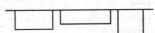

还有比面积是4.5更大的长方形吗？为什么？

什么样的长方形最大？它具有什么特点？(长是宽的2倍)

学生会说道：和一定时两数差越小，积越大。

追问：和指的是哪？与正方形的边长差比较，面积却小。

和相等"和"到底指的是哪的和呢？

④引发学生联想，推导墙，呈现的是有一个 6 米，即和一定。

课件演示：

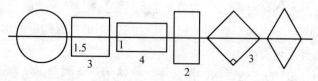

在这些直线型图形中，为什么长 3 宽 1.5 的长方形与两条直角边是 3 的三角形面积最大？

设计意图：学生通过比较各图形面积的大小，回顾这些图形面积的计算方法，积累了比较面积的各种策略。

师小结：我们通过刚才的观察、思考，由半圆面积最大，联想到周长相等时，圆面积也是最大的，这几个直线型图形中，面积最大的是正方形，它的一半依旧最大。

(二)引发联想，深入探究

同学们很会联想，通过靠一面墙围，想到了不靠墙围，现在你又能联想到什么？（靠两面墙围，靠墙角来围。）

设计意图：启发孩子们联想，由靠一面墙围联想到不靠墙围，进而在活动中寻找规律，使思维进一步提升。

画画图，怎么围？谁的面积最大？

横向与纵向比：围成扇形面积最大，因为周长相等时，圆面积最大，把圆四等分，一份的扇形面积与其他四等分的图形比，扇形面积还是最大。

课件演示：

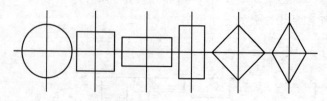

他通过周长相等时，圆面积最大，推导出四等分后扇形也就是四分之一圆面积也最大，很会推理，想到了部分与整体间的关系。

看来观察、思考很重要，联想更重要。同学们不仅横向在不同图形中利用已有的知识得到圆面积最大，而且还纵向从圆、半圆到扇形之间构建出一定的联系。

（三）展开联想，开阔思维

刚才我们用篱笆的长围出了不同的平面图形，那现在你又联想到什么？

如果用一个面来围，能围出立体图形，它的体积、面积呢？

设计意图： 由线围成面，再由面围成体，这种从一维到二维再到三维的层层迈进，引发学生延续联想。

师小结：这节课给你最深印象的是什么？

分享三个小故事：课件演示

牛顿去郊外游玩，一个苹果从树上掉下来。他觉得很奇怪，为什么苹果会从上往下掉而不是从下往上掉？他带着这个疑问回到了家里研究，后来他发现原来地球是有引力的能把物体吸住。随后，就出现了《牛顿物理引力学》。

阿基米德在洗澡时，他一边坐进澡盆里，一边看到水往外溢，同时感到身体被轻轻拖起。于是发现了有名的浮力定律，即浸在液体中的物体受到向上的浮力，其大小等于物体所排出液体的重量。该定律就被命名为阿基米德定律。

一个皮革商喜欢钓鱼，在冬天时看到一个很有意思的现象：钓的鱼一放到冰上很快就冻得硬邦邦的了，过个三五天也不变味。难道食物结冰就可以保鲜？皮革商这样问自己。他开始了试验。经过多次探索，制造出了冰冻的机器。

总结：如果每个同学都能用自己的眼睛去发现，用自己的大脑去思考，相信会让自己学得更多，活得更充实，也许未来的科学家就会是你。

【教学反思】

发展学生的数学思考能力是《数学课程标准》所要求的重要教学目的之一，而联想是实现这一目标的有效途径。借用联想公司的一句广告语：人类失去联想世界将会怎样。在语文学科中经常让学生们结合一个词、一句话去联想，而数学里，联想更是非常重要的学习方法之一。

本课主要通过学生联想贯通整节课的主要环节。开始创设围菜园活动，让学生联想可能围成什么图形，学生在问题情境的诱导下思维活跃，兴趣油然而生。联想情境具有开放性，给学生提供了联想的思维空间，培养学生的发散性思维。通过靠一面墙围联想到不靠墙围，继而联想到靠两面墙围，再深入由平面图形联想到围成立体图形，学生经历通过联想提出问题、解决问题的过程，使原有零散的相关知识点建立有机联系，探寻周长与面积之间的一定联系和规律，无论是横向联想还是纵向联想，都是学生有效建构知识的重要"助推器"。

教学过程中有些环节要放慢脚步等等学生，突出重难点。如：什么情况下长方形的面积最大？同时要关注学生间的差异，让所有学生在课上都能有不同程度的收获。

相信学生长期接受联想训练，他们的思维就会保持一种活跃和敏感的状态，当他们面对一个问题时，就会启动联想，提炼相关知识，使问题更快、更好的解决。所以，联想可以使学生的思维变得更敏锐、更流畅、更灵活、更深刻。

《长方体和正方体的表面积》

于丽明

【教学背景分析】

一、教材分析

《长方体的表面积》是新世纪小学数学五年级下册第二单元《长方体》的一节内容。与以往教材经常以生活情境引入不同，这次的情境是让学生思考"一个长方体纸盒，将它展开后将是什么形状呢？"并要求学生找出两幅图中的对应部分并涂上相应的颜色。然后思考，展开后的图形的各边与长方体的长、宽、高有什么关系，在方框中填上适当的数据。（教材图如下）

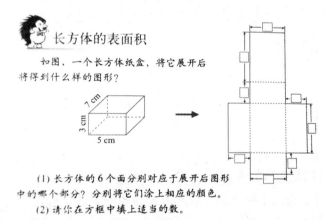

(1) 长方体的6个面分别对应于展开后图形中的哪个部分？分别将它们涂上相应的颜色。

(2) 请你在方框中填上适当的数。

这个内容，其实是上节课《展开与折叠》的延伸。在上面的教学中，对于没有建立起长方体和展开图的沟通与联系的孩子们来说，直接观察书上的立体图形与展开图，真的是一件很困难的事情，它需要孩子具有较强的空间想象能力。

二、学情分析

小学五年级的学生有了一定的空间观念和动手能力，对长方体和正方体也已经有了一些初步的认识，掌握了它们的基本特征，并且具备了一定的概括推理能力。所以本课采取自主探究、合作交流的学习方式，让学生自主学习、获取知识。认识并理解长方体和正方体表面积的意义是本堂课的一个教学重点。学生只有在理解了长方体和正方体表面积的意义的基础上才能正确掌握表面积的计算方法。培养学生的空间观念是另一个重点，孩子们的空间观念还是很弱，需要老师大量关注，进一步培养。

三、我的思考

本节课从知识角度上来说，是不难的，那我们应让学生在哪方面有新认识和新提高呢？所以，我们在设计时考虑了如下一些内容：本着"让学生的自主探究活动贯穿于课的始终"的原则，从课前选图形—制作长方体—拆长方体—平面与立体的联系。让学生充分自主学习、探究、操作、观察、分析，在得出结论的同时了解了各种方法间的关系和今后立体图形表面积的研究方向，激发学生学习的兴趣，培养学生的思维能力、实践操作能力和空间想象能力。通过动手操作认识表面积的含义及多种求法。学生在展开与折叠的过程中，多关注棱和面的关系，从而在三维与二维的转化中沟通知识间的内在联系，培养了学生空间想象能力，同时也为学生后面的学习打下良好基础。

【教学设计】

一、教学目标

1. 在解决实际问题的过程中理解长方体表面积的意义，建立表面积的概念。

2. 在理解长方体表面积意义的基础上，探索并掌握长方体表面积的计算方法，能计算出长方体的表面积，解决一些简单的实际问题。

3. 通过借助长方体纸盒的展开图求表面积的方法，建立平面与立体之间的联系，发展学生空间观念。

二、教学重难点

理解表面积的含义，掌握长方体表面积的计算方法。理解长方体长宽高、各面与展开图各部分的对应关系，培养学生的空间观念。

三、教学过程

（一）复习准备

出示PPT，还记得这张图吗？昨天你们利用这张图上的长方形制作了一个长方体，9个长方形都用光了吗？用了几个？哪几个？你是怎么选的？为什么这么选？

设计意图：通过学生动手亲自制作长方体纸盒，回顾长方体的特征，为学生研究表面积做准备。

(二)长方体表面积的意义和计算

1. 小组合作，自主探究

现在想知道制作这个长方体至少用了多少纸板？你会计算吗？静静地思考一下。

下面就来研究这个长方体的表面积到底是多少？咱们两个同学为一个小组。

长方体的每个小正方形边长为 1 厘米，根据手中的长方体的数据，求出这个长方体的表面积，看哪组的方法多，把你的方法写在数学作业纸上，如果有必要，可以拆开长方体来研究。

下面进行学生汇报

你看得懂他的方法吗？上来说说什么意思。

(1)$6 \times 4 + 6 \times 4 + 6 \times 3 + 6 \times 3 + 3 \times 4 + 3 \times 4$

(2)$6 \times 4 \times 2 + 6 \times 3 \times 2 + 3 \times 4 \times 2$

(3)$(6 \times 4 + 6 \times 3 + 3 \times 4) \times 2$

(4)$(6 + 4 + 6 + 4) \times 3 + 6 \times 4 \times 2$

(5)数方格的方法

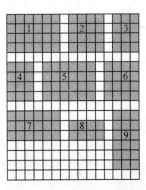

侧面积学生比较难理解，用课件进行支撑，同时教师板书概括方法：

$S_{上} + S_{下} + S_{左} + S_{右} + S_{前} + S_{后}$

$S_{上} \times 2 + S_{左} \times 2 + S_{前} \times 2$

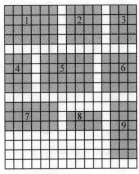

$(S_{上} + S_{前} + S_{左}) \times 2$

$S_{侧} + S_{上} \times 2$

2. 对比总结

(1)比较几种方法，有什么共同点？和不同点？

(2)求出所有纸板的面积是什么？

什么是长方体的表面积？

设计意图："拆"将长方体表面积由抽象到直观，

由直观观察发现不同的特征引入到不同的"算"表面积的方法，让计算方法与特征有机地结合起来，使学生易理解。

（3）教师小结：面对一个立体图形，在我们不好想象的情况下，可以把它转化成平面图形，根据不同的特征从多角度观察，找到不同的解法。

（三）长方体表面积练习

1. 独立思考 培养空间想象能力

（1）刚才我们用了六个长方形拼成了一个长方体，还剩下2、6、8号图，你能再添上3个长方形使它成为长方体吗？先想再说

（2）学生汇报添什么样的图形，为什么这么添？

（3）你会求它的表面积吗？

2. 小结

师：我们面对新图形，抓住特征就有新方法。

设计意图：即可以作为长方体表面积的一个练习，看看同学们是否掌握了基本知识，也可以检验他们在遇到新问题时，是否能根据新特征选择适当的方法，同时还培养了学生的空间想象能力。

（四）正方体表面积求法以及直柱体表面积的求法

1. 正方体表面积

（1）你会求它的表面积吗？为什么这么求？

（2）你会求它的表面积吗？回去思考。

设计意图：直接出示正方体，让学生根据特征直接找到最简捷的计算方法，突出了方法来自于它的特征。用一个四棱柱作为回家思考的问题，突出了遇到新问题，可以把它用"拆"的办法，转化成平面图形，找到特征，就找到了方法。

（五）全课总结

今天这节课你有什么收获？

【板书设计】

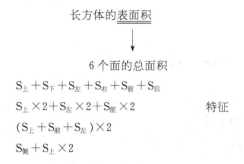

长方体的表面积

↓

6 个面的总面积

$S_上 + S_下 + S_左 + S_右 + S_前 + S_后$

$S_上 \times 2 + S_左 \times 2 + S_前 \times 2$ 特征

$(S_上 + S_前 + S_左) \times 2$

$S_侧 + S_上 \times 2$

【教学反思】

新课程背景下，要明确教学方式和学习方式的转变是课堂改革的核心，让学生体会数学中探索、研究的价值，增进对数学的理解；促进学生学会合作，学会用数学方法思考、交流，培养初步的创新精神和实践能力，让课堂真正成为学生动手操作、自主探索与合作交流的主要场所，构建一种有利于培养创新意识和实践能力的教学氛围。《长方体的表面积》是新世纪小学数学五年级下册第二单元《长方体》的一节内容。结合我对教材的理解和对学生的了解与分析，我力图在以下三个方面进行尝试：

一、沟通立体、平面之间的联系

在研究长方体表面积计算方法的过程中，我有意识地引导学生根据立体图形和展开图思考算式，根据算式返回立体和平面图形寻找对应面进行观察、想象与再思考，努力沟通三维、二维和计算方法之间的联系，不断深化原有认识，提高学生的思维水平。

二、发展学生的空间观念

小学五年级的学生有了一定的空间观念和动手能力，对长方体和正方体也已经有了一些初步的认识，掌握了它们的基本特征，并且具备了一定的概括推理能力。为了学生的空间观念得到更好的发展，我让学生看着立体图想它的展开图的样子，然后再动手实践。再看着平面图形寻找在立体图形中的位置。这样多次"想—做—再想"的学习经历，使学生的空间观念进一步得到发展。

《蜂巢中的数学问题》

李全顺

【教学背景分析】

一、教材分析

《空间与图形复习》教材所处的地位及前后联系：小学数学北师大版第十二册教材的总复习空间与图形，教材将这部分知识分为：平面几何图形和立体几何图形两个部分。是对整个小学阶段所学图形的综合梳理。以往的复习模式是先复习平面几何图形，再复习立体几何，忽视平面几何与立体几何知识的紧密联系。

二、学情分析

教学前测：

1. 用一张同样大小的长方形纸，围出的长方体、正方体、圆柱体的体积相等吗？

70％的学生认为用同样大小的长方形纸围出的长方体、正方体、圆柱体积相等。说明他们在思考问题的时候，能关注相同点：同样大小的长方形纸，长方体、正方体、圆柱体的计算体积都可以用底面积×高；不同点：可以将长方形纸的长边做底面周长，也可以将长方形的宽做底面周长，围出的体积不相等。

2. 下面物体的体积怎样计算？说说你的猜想？

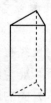

90％的学生不知道怎样计算这个物体的体积，但是有学习长方体、正方体、圆柱体积计算的经验，有强烈的想探究它的体积的愿望。学生能提出猜想：体积＝底面积×高。学生苦于没有验证猜想的方法。

三、我的思考

"学东西的最好途径是亲自去发现它，让学生在学习中寻求欢乐"。现代教学观认为：教学的真正含义是教师教学生学会学习，因此我在选择教法和学法时，把改变学生的学习方式作为出发点。引导学生动手实践、自主探究、合作交流，是本节课采用的主要学习方式。在数学活动中进行实践与探索，培养学生的观察，类比，归纳等数学方法，空间想象能力，体现自主探索，合作学习，注重发展学生的综合运用能力。通过学生的初步猜想、动手操作中发现问题，从而引发思考直柱体的共同特征、体积的计算方法。在设计中注重从学生的认知水平出发，创设学生自主探究的学习情境，将原有知识的巩固和提高与拓展相结合，激发学生的探究兴趣。教师在教学过程中，起到了一个组织者、合作者、引导者的角色。

《蜂巢中的数学问题》这节课力求搭建平面与立体几何知识沟通的平台，通过学生自主探究性活动，完善知识机构，形成知识网络；拓展学生解决问题的策略，增强学生灵活运用能力，提升学生的空间观念。为学生今后深入学习几何知识做好必要的渗透。

【教学设计】

一、教学目标

1. 复习长方体、正方体、圆柱体的特征，体积计算方法。注重体积推导过程的回顾，强化概念的理解，增强灵活运用能力。

2. 建立知识间的联系与沟通，理解直柱体的共同特征，掌握体积的计算方法。

3. 建立面与体之间的关系，渗透极限的数学思想。

二、教学重难点

复习长方体、正方体、圆柱体的特征，体积计算方法。注重推导过程的回顾，强化概念的理解，增强灵活运用能力。

三、教学过程

(一)课前谈话

1. 同学们，你们喜欢数学吗？你知道哪些数学家？

学生：华罗庚、陈景润、阿基米德……

师：在自然界中有些动物也被称为数学家，你知道它是谁吗？

生：……

2. 在动物界也有许多奇妙的"数学家"。

珊瑚虫能把"日历"记载在自己的身上。它们每年在自己的体壁上"刻画"出365 条环纹，显然是一天"画"一条。

每天上午，当太阳升起与地平线成 30° 角时候，蜜蜂中的侦察蜂就飞出去侦察蜜源，回来后用特有的"舞蹈语言"报告花蜜的方位、距离和数量，于是蜂王便分派工蜂去采蜜。奇妙的是，他们的"模糊数学"相当精确，派出去的工蜂不多不少，恰好都能吃饱，保证回巢能够酿蜜。

（二）引入情境，揭示探究话题

师：作为动物界的数学家，蜜蜂在建造蜂巢的时候一定也经过一番深思熟虑，你觉得它们在建造蜂巢的时候会考虑哪些因素？

生：尽量节省材料、容积尽可能大、保温……

师：考虑这些因素，你认为蜜蜂会把自己的家设计成什么样子的呢？有想法了吗？

老师为了便于同学们研究，为每个小组提供了 3 张纸。根据你的设想，利用手中这张纸折一折，也可以算一算。填好记录单，计算结果保留整数。

20 厘米	5 厘米

形状	容积

要求：在小组合作前，先自己想一想、再和同组的同学讨论一下，小组内分工合作，看看哪个小组合作最默契。

设计意图： 激发学生关注日常生活中数学现象，引发学生进行数学思考。

（三）合作探究，复习长方体、正方体、圆柱体积的计算方法

1. 合作探究

学生可能出现的情况：

（1）圆柱体。（刚刚学习完；最容易围出）

（2）正方体。（材料比较特殊，学生在折纸过程中容易想到对折、再对折）

（3）长方体。（学生用 5 厘米作为底面周长，20 厘米为高；以 20 厘米为底面周长围出的长方体，不容易出现。）

（4）三棱柱、六棱柱……（学生有这方面的自然常识，只是能够折出它的样子，但是怎样计算它的容积，在不知不觉中产生困惑。）

设计意图： 学生通过动手操作，调动知识储备，把平面图形，折成立体图形。

2. 交流汇报

(1)圆柱体

 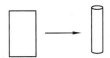

$20\div2\div3.14\approx3$ 厘米 $3\times3\times3.14\times5\approx141$ 立方厘米

(2)正方体

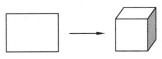

$5\times5\times5=125$ 立方厘米

(3)长方体

 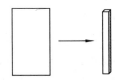

$4\times5\times6=120$ 立方厘米 $1.25\times1.25\times20\approx34$ 立方厘米

在小组汇报时,教师注意追问,"你是怎样想的? 怎么算的? 为什么这样做?"

师:观察折出的长方体、正方体、圆柱体,谈谈你发现了什么? 或"容积大小相同吗? 什么相同?"

使学生发现在用长方形纸围长方体、正方体、圆柱体时,用长边做底面周长,围出的形体容积比较大。追问:为什么都以 20 厘米为底面周长呢?(这样围出的容积比围出同样形状的容积大。)

3. 复习长方体、正方体、圆柱体积的计算方法

板书,字母公式,总结它们的体积都可以概括为——底面积×高。

启发思考:"这三个不同的立体图形有这样三个不同的体积公式,它们有什么相同的地方吗?"

设计意图:回顾圆柱体、正方体、长方体的体积计算方法,概括这些柱体的共同特征,归纳体积求法:底面积×高。

(四)进一步探究,拓展提高

1. 探究直柱体的共同特征

(1)展示围出的其他形体:三棱柱、六棱柱……

(2)问：你是怎样想到围出这样的形状的？名称是什么？(初步认识直柱体)为什么没有计算它们的容积？

(3)师：它们的容积到底怎样计算呢？

生：可能是底面积×高

师：你是怎样想的？从哪得到的启发？

(4)教师引导学生先观察长方体、正方体、圆柱体与这些直柱体的共同特征。

生：上下底面完全相等、平行、一样粗的。

师：课件演示直柱体的上下底面完全相等且平行。

2. 探究直柱体体积计算方法

(1)课件演示，长方体(正方体)体积推导过程，圆柱体体积推导过程。

(2)课件演示，将两个三棱柱拼成一个底面是平行四边形的四棱柱后，三棱柱底面积相当于平行四边形的一半，它们的高相等，所以三棱柱的体积是平行四边形的一半。

(3)引导学生说说其他直棱柱的体积怎样求解。(可以转化为三棱柱、长方体……)

(4)课件出示直棱柱，再次强化特征，概括体积公式。

(板书设计：直棱柱体积＝底面积×高。)

设计意图：探究直柱体的共同特征，激发学生探究三棱柱、六棱柱体积的愿望，积累探究活动经验。

3. 立体图形与平面图形联系

(1)这些立体图形有什么共同特点，想想底面还有可能是什么形状的？

(2)将这些物体按体积从小到大排序。

追问：你为什么这样排序，你的依据是什么？

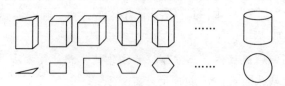

(3)想一想，蜂巢为什么选用六棱柱呢？

能节省材料，没有空隙，保温……

设计意图：建立平面图形与立体图形之间的联系，渗透极限思想。

（五）激发课下探究欲望

介绍"自然紧密堆砌"。

蜜蜂为什么不采用"八棱柱"呢？请同学们继续探究。

【板书设计】

蜂巢中的数学问题

长方体体积＝底面积×高

圆柱体积＝底面积×高

猜想—验证—发现—应用

【教学反思】

这节复习课中学生的探究活动，主动发现知识间的联系，构建知识体系。在研究三棱柱体积的计算方法时，注重平面图形之间关系与立体图形之间的关系。学生在围各种不同的直柱体的过程中，通过比较、辨析使学生的思维认识水平得以进一步提升：同样大小的长方形的纸围出同样形状的直柱体，以它的长作为直柱体的底面周长时，比以长方形的宽作为底面周长围出的直柱体体积要大。底面周长相等时，圆面积＞……正六边形＞正五边形＞正方形＞长方形＞三角形；高相等、底面周长相等时，圆柱体体积＞……六棱柱＞五棱柱＞正方体＞长方体＞三棱柱。搭建平面与立体几何知识沟通的平台，通过学生自主探究性活动，完善知识结构，形成知识网络。

《百分数的认识》

孙伟娜

【教学背景分析】

一、教材梳理

《百分数的认识》一课安排在北师大版教材第十册第六单元。本单元的主要内容包括：百分数的意义和写法；百分数和分数、小数的互化；百分数的应用；利用方程解决简单的百分数问题。

教材对百分数的学习，十分关注其与现实世界的联系，努力揭示从现实情境中抽象出百分数的过程。教材创设了"比一比"的活动，在比较队员罚点球水平和黄豆种子发芽情况的问题中，使学生体会当分数的分母不同时，把分母化成100后就方便比较了，从而引出了百分数的概念，即"表示一个数是另一个数的百分之几的数，叫作百分数"。虽然上面举的例子都是分母为100的分数，并从而引出百分数的概念，但教材中没有采用"分母是100的分数叫作百分数"的说法。因为这里的百分数只表示两个数相比的关系，不表示一个数的值，所以百分数也叫百分率或者百分比。

京版教材和人教版教材里的《百分数的意义》都安排在六年级第十一册里学习。而人教版的教材更是把它安排在《比的认识》之后来学习。尤其强调了百分数对于两量关系的描述中"比"的核心思想。

由此看来，不论是哪一版教材如何安排《百分数的意义》出现的时机，都应把它的学习和研究重点定位于"关系"这一关键词语。百分数的学习其实是对分数意义——尤其是分数表示两量关系这一层面意义的再认识，它的学习也同时是对分数意义理解的再延伸。还有，为什么表示两量关系有了分数还要创造出百分数呢？

二、学情分析

通过前测调研，对结果进行统计，可以对学生目前对知识的掌握情况了解到以下几点：

1. 学生已有的知识基础。

大部分学生已理解分数的意义，对分数表示的两层含义已经有了比较全面的认识，体会到分数可以表示部分与整体、部分与部分的关系，也可以表示具体数量。能够比较熟练的对分数进行通分、约分和分数与小数的互化。

2. 学生初步具备了统计意识，能对数据进行简单的分析和整理。在比较时，能充分考虑情况选择策略和方法，知道比关系。

3. 学生在生活中跟百分数有过广泛的接触，对于百分数的表象并不陌生。会读、会写、知道名称，甚至还能根据已有的分数的知识经验在情境中揣测某个具体的百分数的意义，但这种揣测并不深刻也不明晰，只是单纯地把它当作分数的一种代替。

三、我的思考

通过前测调研不难看出，学生们对于百分数的学习兴趣关注点主要集中在：什么是百分数？为什么有了分数还要有百分数？（百分数在什么情况下产生的?)百分数与分数有什么区别？百分数在什么情况下用？这几个非常核心的焦点问题是本节课需要带领学生着力探索、辨析清楚明白的。

【教学设计】

一、教学目标

1. 知识与技能：通过学习，理解百分数的意义，加深对分数意义的理解。

2. 过程与方法：经历百分数产生的过程，体会百分数产生的必要性，感受比较两量关系的内涵。

3. 情感、态度、价值观：结合相关信息，对学生进行思想品德教育。感受百分数的意义和价值。

二、教学重难点

感受百分数的意义和价值。在比较的过程中，突破对百分数意义的理解。

三、教学过程

(一)活动一：在活动中体会百分数产生的必要性，初步明确百分数意义

1. 种子发芽试验 1

同学们做种子发芽试验，想比较哪种种子的发芽情况最好。出示统计表 1：

表 1

学号	发芽种子数	试验种子总数
①	36	50
②	16	25
③	8	10

你能比较吗？为什么？还要知道什么？

为什么知道了发芽种子数，还需要知道试验种子总数？

我们要比种子发芽情况的好坏，实际上是在比什么？【两量关系】

出示统计表 2：

表 2

学号	发芽种子数
①	36
②	16
③	8

提问：能比了吗？怎么比？比什么？

(发芽种子数与试验种子总数的关系)

把你的想法写下来。

预设：①分数通分 $36 \div 50 = \frac{36}{50}$　　$16 \div 25 = \frac{16}{25} = \frac{32}{50}$　　$8 \div 10 = \frac{8}{10} = \frac{40}{50}$

②化小数 $36 \div 50 = 0.72$　　$16 \div 25 = 0.64$　　$8 \div 10 = 0.8$

③化成百分数 $36 \div 50 = \frac{72}{100}$　　$16 \div 25 = \frac{16}{25} = \frac{64}{100}$　　$8 \div 10 = \frac{8}{10} = \frac{80}{100}$

比较：分数能表示"发芽种子数与试验种子总数"之间的关系，百分数也可以，它们之间有什么相同点？

设计意图：体会要想比较就要统一标准。

小结：看来，只要统一标准就好比较了。

2. 种子发芽试验 2

学号	发芽种子数	试验种子总数
①	36	50
②	16	25

学号	发芽种子数	试验种子总数
③	8	10
④	7	10
⑤	25	40
⑥	13	20

这次要从六种种子里选出一种发芽情况最好的，你觉得可以怎么选？为什么？请你动笔写下来。

分层抽样汇报：①还用分数通分

②一直是用化百分数的方法

③第一次通分，这次化成百分数

提问第三种情况的同学：你为什么这样做？

设计意图：体会数据较多，通分较麻烦时，都用百分数比较便捷。

提问：如果全班 32 名同学都做了这项试验，当我们把这 32 组数据放在一起比较时，你会选择这两种方式的哪一种？为什么？

小结：在比较种子发芽情况的过程中，我们发现这两种形式都能表示出发芽种子数与试验种子总数之间的关系，当数小、数据较少时，我们用通分的办法还是比较方便的，一旦数大而且数据较多时，百分数就显现出它的优势了。

3. 小结

像 $\frac{72}{100}$、$\frac{64}{100}$、$\frac{80}{100}$ 这样表示两量关系的数，还有一种特定的表示形式，它还可以写作：72％、64％、80％。你见过吗？叫什么名字？怎样读？对，它也叫百分率或百分比。

(二)活动二：在情境中理解百分数的意义

1. 共同交流理解

"地球上的水几乎 70％都是海洋水。"你怎样理解这个 70％？

2. 你在生活中见过百分数吗？在哪见过？能举例说说你对它的理解吗？

举 3 个生活中的例子共同理解百分数的意义

小结：百分数的使用如此广泛，刚才咱们交流的虽然是不同的百分数，但是它们之间有没有什么共同点？（都表示一个数占另一个数的百分之几，表示

的是两个量之间的关系)

3. 我这里也找到了一个百分数："某班有 50% 的人会游泳。"

提问：看到这个 50%，你能想到什么？

①如果这个班有 48 人，那么会游泳的有多少人？

②如果这个班有 20 个人会游泳，那么这个班有多少人？

（三）活动三：结合体验揭示百分数的含义

谈话：刚才咱们分析了这么多的百分数，现在，你能不能结合刚才的讨论和你的体会说一说，你觉得什么是百分数？

预设：①（　　）是（　　）的百分之几。

②分母是 100 的分数。

谈话：对于百分数大家都有自己的理解，咱们看看数学家是怎样定义百分数的。

出示：像 72%、64%……这样的数叫作百分数，它表示一个数是另一个数的百分之几。

想一想：指预设②的情况问，为什么数学家眼里的百分数，没关注你说的这事呢？如果如你所说，分母是 100 的分数就是百分数，哪像你这样说不更简单明了吗？看来除了我们一下能看到的分母是 100 这个表象外，它还有着更深的含义。

百分数是不是分母是 100 的分数？（一定是）

分母是 100 的分数一定是百分数吗？

举例说明 $\frac{25}{100}$，它什么时候是百分数？什么时候不是？

设计意图：还原到具体情境中理解分数作为表示两量关系的分率时就是百分数，如果表示具体数量时就不是百分数。

课堂小结：今天这节课你对百分数的理解与课前有什么不同？

【板书设计】

百分数的认识

关系　　表示一个数是另一个数的百分之几

①分数通分　　　②化小数　　　③化成百分数

$36 \div 50 = \frac{36}{50}$　　　0.72　　　$\frac{72}{100}$

$$16 \div 25 = \frac{16}{25} = \frac{32}{50} \qquad 0.64 \qquad \frac{64}{100}$$

$$8 \div 10 = \frac{8}{10} = \frac{40}{50} \qquad 0.8 \qquad \frac{80}{100}$$

【教学反思】

一、"初步认识百分数"，体会百分数产生的必要性

本课中，我通过学生感兴趣的话题导入新课，根据统计表提出"谁的种子发芽情况好"引发学生思考，在交流后认识到可以用"求发芽种子数占试验种子总数的几分之几"来进行比较，并将分数改写成用分母是 100 的分数表示，让学生初步体会百分数也是表示两量之间的关系。

接下来，我又安排了两次深入比较的活动，意图让学生在此过程中加深理解"百分数表示一个数是另一个数的百分之几的两量关系"。同时也体会百分数产生的必要性——统一标准便于比较，且尽量减少比较次数。尤其是在还没有学习过分数、小数与百分数的互化之前，将单位统一成百分之一特别便捷。

二、"生活中的百分数"

百分数在生活中应用是非常广泛的，先由我根据最贴近学生学习的事例进行举例，通过交流一些百分数的意义，帮助学生进一步感知百分数表示的是一个数是另一个数百分之几的数，也就是两量之间的关系。不过从课上效果来看，这里举的例子还存在问题，都是部分占总数的百分之几，考虑还不够周详，应该举一些表示部分与部分关系的百分数来帮助学生深刻理解。

三、"百分数的意义"

由于前面两个部分处理不是很好，出现了问题，使得学生小结"百分数意义"产生困难，追根究底其实也还是对于两量关系的强调不够，但令人欣慰的是，孩子们能朦胧地感到百分数与分数的关系——即百分数是一种特殊的分数，它的外在表现形式是分母是 100，内在含义是，它是只表示两量关系的特殊分数。当分数表示一个具体数量时，是有单位的；表示一个数是另一个数的百分之几时，即两个数的关系时，是没有单位的。而百分数只能表示两个数之间的关系。所以百分数是一种特殊的分数。

《长方体的认识》

孟宪堃

【教学背景分析】

一、教材分析

(一)对"长方体的认识"纵向梳理

经过对教材的梳理我们发现，一年级上学期学生认识过立体图形、一年级上学期一直到五年级上册孩子都在学习平面图形，之后学生还要继续学习圆柱、圆锥等立体图形以及其他几何知识，经过对知识线的梳理我们会发现孩子是学习过程是先认识立体图形，然后认识平面图形，然后再次认识立体图形，对物体的感知认识是从整体到局部然后再到整体，这种学习过程符合孩子在不同成长阶段的认知过程，并逐步深入学习相关内容，最后回到对整体的认识，本节课认识长、正方体处在学生第二次认识立体图形，那两次有哪些不同和区别？

(二)对长方体"认识"的不同层次

对比一年级上册和五年级下册两册教材，我们发现，两次对于立体图形的认识都是经历从实物抽象到立体图形，而不同在于第一次是让孩子通过摸、推、看等行为进行感知，对立体图形进行直观的感受，第二次是要通过面、棱、顶点要素对长方体、正方体进行结构认识。为了更好地进行教学，我们又参考了不同版本的教材，我们发现，在人教版和苏教版中，都是让学生观察，总结，苏教版的操作成分较少，而人教版和北师版都有很强的操作和感悟成分，但是两者的操作又不太一样，人教版的操作是侧重在观察，总结后的实践，而北师大版的操作是观察思考后的验证和分析的工具，表格是孩子充分感悟后的记录。

二、学情分析

而对于我们的孩子来说哪种形式更适合他们呢？为此我们进行了学生调研。我们对我校 65 名学生进行了问卷，题目是制作一个长方体纸盒需要哪些材料，100％的学生都知道需要长方形纸片，说明学生很容易就能关注到面这个最显性的要素。既然学生能主动关注到面这个要素，那对于棱和顶点的关注能不能主动关注到呢？

带着这样的思考我们又进行了第二次调研，对我校 69 名学生进行了问卷调研，调研题目是制作一个长方体纸盒，需要（　）个长方形，大小分别是：长宽多少厘米的需要几个？通过调研我们发现，其中有 42 人全对，占全体学生 61％，其中错误的学生当中，有 7 个孩子面的个数填错了。但是经过对问卷细致的分析之后我们发现，按照孩子写的数据制作纸盒，能够拼成一个长方体，只是少一个面，所以我们对这几个孩子进行了追访，通过追访孩子说做的是一个纸盒，需要装东西，所以有五个面就可以了。这说明孩子对长方体有着较好的认识和理解，我们认为这样的孩子对长方体的认识是基本到位的。其中还有 7 个孩子是棱长长度错误。这些孩子可以知道一个长方体有六个面，但是细致分析之后发现按照孩子所写的数据不能制作成一个长方体，说明孩子虽然知道有六个面，但是不知道他们之间应该有哪些内在联系。被测者中还有 13 人面的数量和棱的长度都不对，我们对这部分孩子又进行了追访，让孩子总结失败的原因，他们经过制作、分析等过程找到了原因。通过对失败经历的反思，孩子能够主动发现错误的原因。经过分析之后我们发现在想象和制作的过程中，从只关注面逐步意识到需要关注棱及其长度和关系，但是做错的学生会如何对待这些错误呢？为此我们又对错误的孩子进行了进一步的调研，让孩子总结刚才的经验，再设计数据做一个长方体。

孩子在总结之后能够制作出一个正确的长方体，同时他们通过反思能够找到适合自己的方法来解决这个问题。

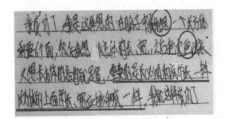 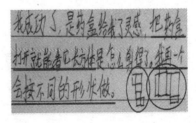

通过第三次调研我们发现，反思、观察的过程中孩子可以对自己本身的错误进行纠正，但是孩子能发现就是能理解吗？

为此我们又进行了第四次调研。询问 40 名学生"决定长方体大小的因素有哪些?"当面对长方体的大小需要变化时,孩子能够主动关注到棱长这个要素,其中有 8 个孩子把面和棱都写出来了,因此我们把他们单独进行追问,发现他们对这部分的认识有些模糊。经过一系列的调研我们发现,在长方体的变化中孩子会主动地关注到棱。

三、我的思考

长方体的认识是从面、棱、顶点几个要素进行,是从长方体最显性的特征到最隐性的特征进行认识。对于这些要素,面孩子能主动关注到,棱能够关注到,但是需要一些帮助和引导,但是顶点这个最隐性的要素让孩子自己主动关注存在很大困难,需要老师给予支持,而这些递进中孩子可以通过操作中的反思和图形的变化主动的关注到棱这个要素,但是对顶点的关注,需要老师给予支持,通过图形的变化让孩子关注到。

【教学设计】

一、教学目标

1. 通过观察、操作、讨论等活动,进一步认识长方体、正方体特征。主动关注核心要素,认识长方体、正方体关系。

2. 通过具体的拼摆操作、反思调整、观察总结发展空间观念。

3. 在观察活动中,体会数学与生活相关联,在具体活动中激发学生学习兴趣。

二、教学重难点

在活动中认识长方体各部分要素,在长方体变化的过程中,体会各部分之间的关系。

三、教学过程

(一)情境引入

首先我们依照教材从实物中抽象出图形。

设计意图:尊重孩子认知过程,结合生活实际,数学源自生活,数学和生活相联系。

(二)操作联想,认识结构

之后让学生想象并制作一个长方体,并填写手中的记录单。

如果做一个长方体的纸盒,需要( )个长方形,大小分别是:

长( )厘米,宽( )厘米的长方形( )个。

长（　　　）厘米，宽（　　　）厘米的长方形（　　　）个。

长（　　　）厘米，宽（　　　）厘米的长方形（　　　）个。

孩子在这个过程中可以做出多样的长方体(一般，对面正方形的长方体，也有正方体)。可以让孩子进行交流展示，丰富孩子的认识。制作之后让孩子在思考之后让孩子进行反思调整，让失败的孩子可以在反思中进行调整，再制作一个成功的，让孩子可以完成制作有成就感。而对于成功的孩子也需要反思，我们认为孩子在制作的过程中有可能会由于巧合制作成功，如果不反思他们下次还会依靠巧合，所以我们要让所有的孩子进行反思，让失败的孩子通过反思走向成功，让成功的孩子通过反思总结经验进而取得更佳的成绩，这种失败的反思和成功的反思是相辅相成缺一不可的。

设计意图：这个过程我们主要的目的是让学生关注面这个要素。

在制作之后让学生观察图形的变化。长方体可以发生变化，可以左右、上下、前后和整体变大或者变小，在变化的过程中让学生观察，哪里变了？哪里没变？什么要素引起的变化？孩子可以主动关注到棱长的变化引起面的大小变化，引起体的变化，同时关注，棱长的变化是什么要素引起的，是顶点间的距离变化使得棱长变化，让孩子指一指怎么变化的。当面隐藏起来之后你还能看出是一个长方体吗？

设计意图：反思和观察的主要目的是让学生在活动中关注棱这个要素。

在关注棱之后我们引导学生关注顶点。在刚才的变化过程中什么要素引起了棱长的变化？孩子可以知道是顶点之间的距离，让孩子描述怎么变化的，什么没变。观察一个长方体，当面隐藏之后你还能看出是一个长方体，如果我们把面和棱都隐藏之后还能看出是一个长方体吗？

设计意图：在图形变化的过程中引导学生关注到棱这个要素。

(三)巩固练习，拓展提升

(一)练习我们选用书上的一个基础练习。

设计意图：主要是考查学生对于基本的基础知识的掌握情况。

(二)补全图形：每个孩子手中有一张小的纸片上面印着这样一个图。

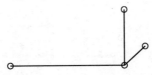

让孩子想象，你能看出这是一个长方体吗？然后标出图中缺少的各点中的

一个，之后让学生填全画出一个长方体。

设计意图：目的是进一步发展学生的空间观念，更深一步的考查孩子对于知识的掌握情况，借此发展孩子空间观念。

【教学反思】

在教学设计中我们充分考虑了孩子的认知水平和能力进行设计，教学的重点在于操作中让通过观察，操作，反思中主动关注到长方体的核心要素，并在活动成分中感悟。本课特色有两点，一个是主动：遵循孩子对图形认知的规律，在学生认识的基础上，通过动手操作、观察变化等活动，让学生主动关注到长方体核心要素；第二个是变化：在图形不断地变化过程中，经历想、做、反思、再做的过程，引导学生想象、描述、绘画，进一步发展学生空间观念。经过一系列的活动，孩子主动关注到各个要素，在拼装和观察过程中关注到各个要素之间的关系，从而对长方体进行全面认识，归纳总结，理清了它们之间的关系，对于书上的表格，在孩子活动的过程中让孩子逐步完成，使得表格不但记录了孩子得到的结果，同时记录了孩子成长的过程，活动的过程，探索的过程。

《旋转起来的三角形》

高红梅

【教学背景分析】

一、教材分析

学生在五年级上学期已经学习了一些基本的平面图形，体会过平面图形之间的联系，比如平行四边形切拼成长方形，两个完全一样的三角形拼成一个等底等高的平行四边形等，五年级下学期学习了立体图形：长方体与正方体，它们的认识是从生活的物品中直接抽象出立体图形，并通过露在外面的面、展开与折叠等课，感受到过平面图形与立体图形之间的联系，已经学习了立体图性，北师大版教材在学习圆柱圆锥之前，增加了一个内容：《面的旋转》，学生能感受到点的运动到线，线的运动成面，面的运动成体，进一步加深了点线面体之间内在地联系，而且圆柱圆锥是从运动的角度认识的，长方形沿着长或者宽所在的直线运动一周为圆柱体，直角三角形沿着两条直角边分别运动成圆锥体，这是学生第一次从运动的角度认识立体图形，这样加深了学生对点线面体的认识，感受到了它们之间密切的联系。

二、学情分析

学生在整个单元中，都是在看到过长方形的旋转，直角三角形的旋转，其他的图形能不能旋转孩子们几乎没有认识到，或者说有模糊的认识，在访谈中，有些孩子认为也许能旋转起来，也许不能旋转，即使到了本单元结束，孩子们还是认为仅有的几个图形(长方形、直角三角形)能旋转，而且旋转的边也是非常定势化的，认为只能围绕长、宽、直角边旋转，访谈中孩子们有这样的困惑：其他的图形旋转出来是什么样的？长方形、直角三角形还有哪条边能够旋转？旋转出来的体积怎样计算啊。

三、我的思考

我想打破学生认为的只有长方形、直角三角形能旋转的定势，那么学生学过那么多图形，这些图形如果都旋转起来的话，学生势必眼花缭乱，这时能不能创造性地使用教材，选取一个有代表性的图形呢？我就把重点放在了三角形上，通过三角形不断地变化，旋转之后的图形也在不断地变化，在不断变化的背后蕴含着不变的规律，而规律的产生源于对知识本质的理解，这节课就以三角形为切入点，一方面是抛砖引玉，学生看到了所有的三角形的旋转，势必会迁移到其他的图形的旋转，这时学生体会的平面图形与立体图图形之间密切的联系会更深一层，另一方面是想突出形状变化之后要观察不变的量，抛开一些非本质因素，更深一步的体会圆锥的体积与它的底面半径和高有关系，抓住影响圆锥体积的两个至关重要因素，回到解决问题的本质上来，第三方面，学生对圆柱与圆锥的关系可能体会得比较深，今天又切实看到了圆锥与圆锥之间也是有关系的，作为立体图形家族中的成员在不断地扩大的同时，体会他们之间联系也在逐渐地深入。

【教学设计】

一、教学目标

1. 通过旋转不同的三角形，巩固圆锥体的体积知识，体会知识之间的相互联系。

2. 通过画图培养学生的空间想象力，积累活动经验。

3. 体会变化中有不变，不变中有变化，感受面与体之间的密切关系。

二、教学重难点

1. 重点：体会数学事物之间的联系。

2. 难点：想象钝角三角形旋转。

三、教学过程

（一）情境引入

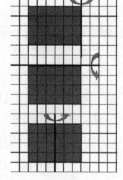

我们这个学期学习了圆柱与圆锥，大家认识了这些图形的特征，会计算表面积以及体积，谁能说说一个长方形，怎样运动可以形成圆柱体？

学生：（用一个长方形演示）以宽所在的直线为轴旋转一周，以长所在的直线为轴旋转一周，或者以长方形的对称轴为轴旋转一周，都可以形成圆柱体。

随学生发言，教师用电脑演示长方形旋转成圆柱的各种情况

小结：同一个长方形，形状没有变，可旋转出来后所形成的立体图形就变了，体积也随着变了。

你能说一说圆锥体是怎样形成的吗?

学生:(用一个直角三角形演示)以两条直角边所在的直线为轴旋转一周,形成了圆锥体。(随学生发言,教师用电脑演示)

教师:同是一个三角形,形状也没有变,可旋转出来后所形成的立体图形形状也变了,体积也变了。如果改变三角形的形状,再来旋转,又会有什么情况发生呢?

板书:旋转起来的三角形。

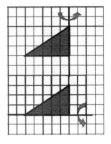

设计意图:由面的旋转得到体,初步体会二维空间与三维空间的联系,在旋转的过程中体会旋转面相同,可旋转出来的立体图形却不同,体积可能不同。

(二)探究旋转三角形的体积

活动一:观察一个直角三角形,你都知道什么?

三角形的高是 6 厘米,底是 4 厘米。(电脑演示:三角形的底和高不变,只是形状变化)仔细看,你发现了什么?你有什么思考吗?

学生发现:面积没有变,因为底和高都没有变。

教师:我们选取其中三个作为研究对象,底和高没有变,可形状却变化了,如果让这样的三角形旋转起来,会有什么情况发生呢?让我们一起来研究研究。

小组合作:

活动 1:(每组给出一幅图)让三角形以 AB 为轴旋转一周,先想象一下旋转出来的立体图形,再试着画一画图,然后求一求他们的体积,你有什么发现吗?能试着说明理由吗?每个小格边长 1 厘米。

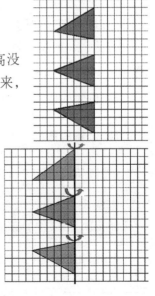

列式求圆锥体积

(1)_____

(2)_____

(3)_____

我的发现:_____

我的理由:_____

汇报：

方法1：

计算：(1)圆锥的体积 $\frac{1}{3} \times 6^2 \pi \times 4 = 48\pi$

(2)圆锥的体积 $\frac{1}{3} \times 6^2 \pi \times 2 \times 2 = 48\pi$，

(3)圆锥的体积 $\frac{1}{3} \times 6^2 \pi \times 1 + \frac{1}{3} \times 6^2 \pi \times 3 = 48\pi$

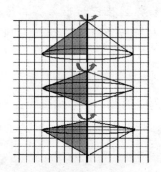

所以三种三角形旋转所得的圆锥体体积相等。

方法2：有的同学没有计算出结果，就已经比较出来了三种立体图形的体积。

(1)圆锥的体积 $\frac{1}{3} \times 6^2 \pi \times 4$

(2)圆锥的体积 $\frac{1}{3} \times 6^2 \pi \times 2 \times 2 = \frac{1}{3} \times 6^2 \pi \times 4$

(3)圆锥的体积 $\frac{1}{3} \times 6^2 \pi \times 1 + \frac{1}{3} \times 6^2 \pi \times 3 = \frac{1}{3} \times 6^2 \pi \times 4$

方法3：有的同学连算式都没有写，就比较出来了就已经比较出来了三种立体图形的体积，设圆锥底面为 S，高为 H

(1)圆锥的体积 $\frac{1}{3} \times S \times H$，

(2)圆锥的体积 $\frac{1}{3} \times S \times (H_1 + H_2) = \frac{1}{3} \times S \times H$

(3)圆锥的体积也是如此，所以三个立体图形的体积相等。(板书，描红乘法分配律部分)

（4）（展示学生画好的圆锥体）

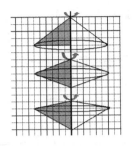

设计意图：在计算的过程中，发现虽然圆锥形状不同，但他们的体积是相同的，体会因为决定圆锥体积的两个要素即圆锥的半径和圆锥的高都是相等的，所以圆锥的体积也是相等的。

观察我们刚才得到的结论，下面两个图形体积与上面图形的体积相等，如果变化一下位置，你有什么发现吗？

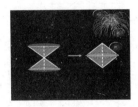

仅仅是两个圆锥体高相等时，体积才和下面的圆锥体的体积相等吗？仔细观察这几组图形，由此你有什么猜想。（电脑演示：上面的圆锥体的高逐渐减少，下面圆锥的高逐渐增加，上面圆锥体的高缩减为 0 时，就变成一个圆锥体了。）

提问：在变化的过程中，你又发现了什么？

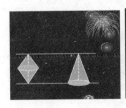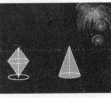

小结：本来在不断变化的三角形，如果像上面这样旋转，我们却发现他们的体积是不变的。这是缘于决定圆锥体的体积只有半径和高，半径没有变，高的和也没有变，所以体积也就不会变，我们刚才思考的同学一下子发现了问题的本质，使我觉得同学们思考问题不再停留在表面了，思考问题入木三分。

设计意图：在不断变化的立体图形中，看到立体图形的体积是没有变的，这是基于决定圆锥体积的要素是没有变的，加深了对圆锥体体积的认识。

活动二：再回到刚才的三角形，(右图)如果让三角形的一个顶点再变化位置，就会逐渐变化成直角三角形，如果再继续变，就会变成钝角三角形，这时你又有什么猜想吗？

让三角形以 AB 为轴旋转一周，先想象一下旋转出来的立体图形，可以试着画一画图，然后求一求它的体积，回忆一下刚才的结果，你有什么发现吗？你能试着说明理由吗？

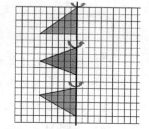

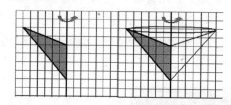

学生可以用算式结果，乘法分配律以及字母推导结果。

(4)圆锥的体积 $\frac{1}{3} \times S \times (H_1 - H_2) = \frac{1}{3} \times S \times H$

一个钝角三角形旋转出来的立体图形，我们不但可以想象这个立体图形什么样，而且还能计算它的体积，不但能计算它的体积，而且还能联想其他的图形找到知识之间的联系，在不断变化中发现不变的规律。板书课题：变与不变。

设计意图：将学生的认识进一步深化，体会这种变式图形的体积与圆锥体体积之间的联系，再一次抓住问题的本质特征(即圆锥的半径与高)。

小结：上完这节课，你有什么想法？

在不断的变化中发现不变的规律，在问题的解决中用多种方法思考，在思考问题的过程中抓住问题的本质，变化是永恒的，在变化中抓住不变的量是数学学习中的重要方法。我相信同学们在今后的学习中会越来越多的运用这种方法。

【教学反思】

"把课堂还给学生，让课堂焕发生命活力。"因为我们面对的是一个个鲜活的生命体，课堂教学的价值就在于每一节课都是不可预设、不可复制的生命历程，而复习课的教学，是"学过的东西"、是"温故"，往往因重复练习而缺少新意；因题海战术而显得枯燥无味。复习课既不像新授课有"新鲜感"，也不像练习课有"成就感"，但它是小学数学教学中的一个重要环节，其目的是巩固、梳理已学的知识，引导学生把各知识点分类整理，形成知识的网络，构建完整的知识体系，熟练掌握基础知识和基本技能，起到"查漏补缺"的效果，从而进一步发展学生的综合能力，提升学生的认识。

这节课内容不是教材中提供的，而是针对学生对于面的旋转一课的困惑和圆锥体积复习课结合起来为学生提供的富有挑战性的内容。学生需要调动自己的想象，先想出三角形旋转之后的样子，然后是画出图形，接着要寻找相关的信息求出旋转之后图形的面积。这个过程中，面与体之间密切的联系会悄然印在学生的心里，并打破原来学生脑中的思维定式——只有直角三角形的直角边可以旋转，在这个过程中，学生进一步加深了对圆锥体体积的认识，体会决定圆锥体体积的因素——半径和高不变时，圆锥的体积也是不变的。学生对圆锥的认识一次次的回归到圆锥体的最本质的特征上，抓住了最本原的认识。

《圆锥体的体积》

高红梅

【教学背景分析】

一、教材分析

本节课属于图形与几何领域中的图形的测量，圆锥是小学几何初步知识的最后一个教学内容，是学生在学习了平面图形和长方体、正方体、圆柱体的基础上进行研究的含有曲面围成的最基本的立体图形。由研究长方体、正方体和圆柱体的体积扩展到研究圆锥的体积的。内容包括理解圆锥体积的计算公式和圆锥体积计算公式的具体运用。学生掌握这些内容，不仅有利于全面掌握长方体、正方体、圆柱和圆锥之间的本质联系、提高几何知识掌握水平，为学习初中几何打下基础，同时提高了运用所学的数学知识技能解决实际问题的能力。

方法维度：

（一）长度——小线段的累加

面积——长正方形　直接用面积单位密铺，摆平行四边形、三角形、梯形：不能直接密铺，摆不成，转化成学过的图形，剪拼。圆：不能摆，不能密铺，曲边——直边。

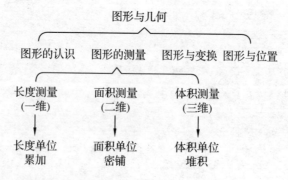

体积——长正方体；直接用体积单位堆积

圆柱体：不能直接堆积，转化成学过的立体图形，摆不成切拼，化曲为直

思考：本节课是借助圆锥体的这个载体，进一步加深对体积的认识，同时

从度量的角度进一步认识圆锥体，对于单位的累加学生很熟悉，单位累加有困难的要转化(化归)进一步研究。

(二)经验角维度

长正方体 ——→ 圆柱 ——→ 圆锥

摆　　　摆不成变切　摆不成、切不成，怎么办？

思考：是学习中的一个拐点，原有的经验，学习经验，操作经验不能解决新的问题，学生会怎么办？形与形的转化，体与体的转化。

二、学情分析

1. 学生调研1

在学习圆锥体积之前，你知道圆锥的体积吗？怎么知道的？

情况	知道			不知道	
	55.3%			46.7%	
分类	课外班	家长告知	看书	追访：你学之前估计圆锥的体积和什么有关系吗？	
				与底面积、高有关	不知道
百分比	31.6%	13.2%	10.5%	42.1%	2.6%

分析：学生的信息量大而且超前，竟然一半多的孩子在没有学习之前，知道了圆锥的体积，即使是不知道圆锥体积的孩子，他的对图形的直觉也是非常好的，认为圆锥的体积与半径和高有关系，这些孩子还会对圆锥的体积感兴趣吗？孩子们知道了，我们教师要做什么呢？

2. 学生调研2

在学习圆锥体积之后，还想知道什么？

情况	表面积	关于体积				
分类	想求表面积	为什么是1/3	为什么不是1/2	其他的方法	关注误差	无
百分比	39.5%	21.0%	10.5%	15.8%	10.5%	2.7%

困惑：哪些能解决，哪些不能解决？

分析：学生"知道"的背后，还藏着诸多的质疑和困惑，对于为什么是1/3而不是平面图形规律的1/2，孩子们还有不少的困惑，对于注水这种操作中的误差孩子存有质疑，我们教师又该怎么办？

3. 学生调研 3

在学圆锥体积时，你是一下子想到注水法了吗？

你能怎样求圆锥的体积？你需要什么样的学具？

情况	想到注水		切、拼		其他
分类	注水后倒入长方体、正方体、圆柱中	想到等底、等高的圆柱	切成小正方体	圆锥切拼	称重倍比
百分数	21.0%	52.6%	13.2%	2.6%	10.5%

困惑：孩子们真实的路径是什么？

分析：孩子们希望怎样知道圆锥的体积？他们的学习路径丰富多彩，我们可以从孩子的调研中看到孩子立体图形提及的学习过程，孩子们调动了原有的学习和思考经验，呈现了丰富的思维过程。

三、我的思考

孩子们怎么就一下子想到了注水的办法？孩子们怎么就一下子想到了等底等高的圆锥和圆锥体？放缓研究的脚步，与孩子一起还原真实的圆锥体积的研究历程。让课堂回归真实，让数学回归科学。

我的再思考：不着急：不着急出等底等高的学具。

不着急提到注水的方法。

不回避：不回避操作中的误差。

不回避 1/2 的困惑。

【教学设计】

一、教学目标

1. 结合具体的情境和实践活动，进一步加深对体积(容积)的理解。理解圆锥体积的计算公式，能正确解决有关圆锥体的问题。

2. 经历"类比猜想—验证说明"的探索过程，积累活动经验，体会"类比、转化"的方法，能正确计算圆锥的体积，发展学生空间观念。并解决一些实际问题。

3. 逐步培养学生对待事物的科学的态度和实事求是的精神。

二、教学重难点

体会转化的思路，圆锥体与圆锥体积的关系。

三、教学过程

（一）提出问题

缘起：旋转的长方形和三角形，旋转之后，你能求它们的体积吗？

板书：圆锥的体积

（二）提出假设，验证假设

1. 提出假设

你觉得圆锥的体积与什么知识有关？为什么会使你联想到这些知识？

预设：长方体正方体和圆柱的体积都是底面积×高，圆锥的体积也是和底和高有关。

圆锥的体积和圆柱的体积有关，都是平面图形旋转而成的。

2. 实验操作，验证假设

（1）四个人一组，思考需要什么样的学具

（2）提供学具分组实验

橡皮泥做的圆锥　萝卜削成的圆锥　体积单位　空的圆锥

活动要求：做前思考，你们想选什么样的学具，为什么？

做中思：用你手中的学具说说你们怎样的活动能得到圆锥的体积，不用计算

做后思：说说你们这么做的道理

如果一次不行，允许再要一次学具

（3）四个人合作交流，教师巡视。

设计意图：学具的选取需要调动学生已有的知识、经验的储备，并运用到新的问题解决中。学生操作中，可以调整、重选、修正自己的想法，使得他们的经验一次次得到提升。

（4）汇报：

①先汇报切和摆的情况

预设：将体积单位（立方厘米）摆在空的圆锥体中，但是摆不满，或者切成小的立方厘米，有不规则的不知道怎么办。

追问：你是怎么想到这个方法的？虽然求不出来，但这个方法有没有价值？有什么不足？

你有什么方法减少误差？切的再细一些，换小一些的体积单位再放。

小结：这种方法虽然不能直接求出圆锥体的体积，但是由体积联想到体积

单位去量很重要，尤其是有空隙的时候再换一些小单位，再有空隙再换更小的单位，与长方体的体积是一致的

②将橡皮泥转化成已知的立体图形

将空的圆锥装水(沙子)倒入到已知的立体图形中

追问：这种方法能不能找到圆锥的体积

这种方法有没有价值？有没有不足？

小结：这种方法能找到圆锥的体积，他们是把圆锥的体积转化成已知的立体图形的体积，这种把新的知识转化为已有知识的方法非常重要。

不足：不是所有圆锥体都是橡皮泥做的，随意变换其他的形状，或者随身携带这沙子、水，或者学过的立体图形作为计量用具，需要找到与圆锥有固定关系的立体图形。

说说你挑学具的道理(等底等高)将圆锥倒水到三次，猜一猜存在什么关系

追问：这种方法能求出圆锥的体积吗？它的价值是什么

猜想　转化　验证

小结：这也是利用了转化的方法，只是这种方法和刚才的转化的方法有什么不同？

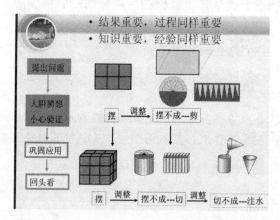

3. 反思

我们的三次交流都是源于我们已有的经验，结果重要，过程更重要。

设计意图：根据学生的操作情况，沿着学生思考的路径，把学生在长方体、圆柱体的体积学习是积累的活动经验——调动起来，重现学习的过程，并不断根据新的问题进行修正。

(三)巩固应用

1. 求出下面麦堆的体积

2. 下面的圆锥体积与哪个圆柱体积相等,与其他圆柱体的关系?

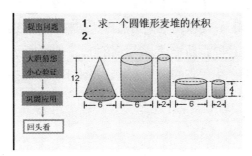

你还有什么问题?圆锥体积为什么不是等底等高圆柱体积的1/2?注水过程中会有误差?

设计意图:圆锥的体积并不是操作实验得出来的,而高等代数的方法学生又不明白,但孩子的心中一定存有疑问,把藏起来的疑问提出来,为学生今后的学习留下延续的空间。

3. 回头看,看今天活动的过程和方法

看研究度量的方法

用今天研究的方法,你还能研究什么问题?

设计意图:积累今天的活动经验,为学生的后续学习积攒后劲。

【教学反思】

1. 丰富学具,多次选取。不同的材质、不同的形状为学生的思维提供展示自己思维的舞台。一次材料选取不当,可以调整之后。再一次选取数学是科学,数学的学习也应该是科学的探索过程,学生在学习圆锥的体积之前的调研情况显示:绝大部分的孩子都已经知道了圆锥的体积公式,而他们却不知道推导、探究的过程,老师还原了孩子探究的过程,让孩子们沿着人类认识圆锥体积的脚步前行,并放慢了孩子们追逐答案的脚步,让数学回归科学,鼓励孩子不断地探索精神。一次次材料的选取,一次次思维的调整,都使得孩子尝试、猜想、反思,再尝试,孩子们像我们的先人一样,面对一个新的问题,一次次的探索,一次次的失败,一次次的调整,一次次的反思。孩子们经历过程,经历成长。

2. 关注孩子经验的积累，寻找经验的来龙去脉。孩子们大胆猜想，小心验证，知识与经验同时完成建构的过程。每一种方法的背后寻找相应的知识经验的支撑，六年级的孩子们对数学活动积累了丰富的活动经验，老师给足了孩子活动的空间和时间，孩子们调集知识和经验的储备，一次又一次的迎接新的挑战。几次的"回头看"，使得孩子们边前行边调整，并在课堂的最后将所有的知识、方法、策略、经验重新梳理，环环相扣，一脉传承，孩子的知识有了新的生长点，并且知道了生长点的来龙去脉。并为下一次的探索发现做好了充分的准备。

《异分母分数加减法》

周雪亮

【教学背景分析】

一、教材分析

1. 基础知识和技能

学生已经在三年级下学期结合情境和直观操作，对分数进行了初步认识，学习了简单的同分母分数加减法。在本册教材中，又学习了分数的再认识和约分、通分、分数大小比较等知识，这些知识为本课的学习打下了良好的知识基础，在对分数进行不断认识的直观操作过程中积累了活动经验。

学生在学习异分母分数加减法之前学习了整数、小数、同分母分数加减法，整数、小数计算时要数位对齐，也就是相同计数单位相加减，分数加减法是分数单位相同才能直接相加减，其本质联系是累加相同计数单位的个数。

掌握异分母分数加减法是后续学习分数、小数加减混合运算的重要基础和必要前提。

二、学情分析

(一)前测题目

$\frac{1}{2}+\frac{1}{5}=?$　　你能想办法得到它的结果吗？画出你的想法。

(二)测试结果

前测题	正确			错误			
	利用通分计算	画图说明结果	化成小数计算	$\frac{2}{7}$	$\frac{2}{2}$	$\frac{2}{5}$	不会
人数(人)	9	14	1	7	1		1
百分比	27.3%	42.9%	3%	21.2%	3%		3%
	72.7%			27.3%			

（三）数据分析

通过对我校五年级 33 名学生的前测题分析发现，在被测试的学生中共有 9 名学生能够利用通分计算异分母分数加法，占到被测试总人数的 27.3%；利用直观图得出结果的有 14 人，占 42.9%；转化成小数计算的有 1 名，占 3%；不能得出正确结果的学生共有 9 名，占被测试总人数的 27.3%。从测试的结果我们不难看出异分母分数加减法的计算对大部分学生来说是不成问题的，然而通过后期的访谈我们发现用通分直接计算的学生大部分说不清为什么要这样做。

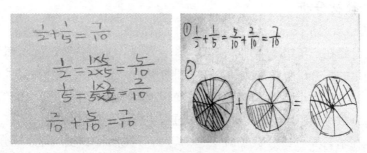

错误的 9 个同学中，有 7 个同学是用分子加分子作为分子，分母加分母作为分母，还画出了自己的想法。

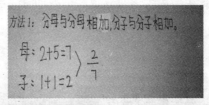

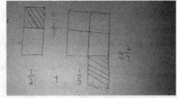

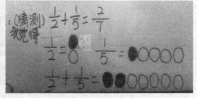

可以看出，学生没有意识到两个单位"1"不一样大的分数不能相加。

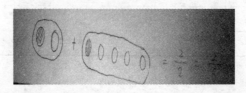

还有 1 个学生不知道自己得到的两个答案 $\frac{2}{2}$ 和 $\frac{2}{5}$ 哪个正确。这位学生不知道"和"是哪个部分和哪个整体的关系。

三、我的思考

分数加减法相对于整数、小数加减法来说是一种较为抽象的运算，它不是一个简单的"合并"过程，而是对分数的意义进行再认识的过程——部分与整体的关系。既然学生存在认识上的错误，我们就应该在课堂上直面错误，暴露学生的盲点，创设矛盾冲突，通过交流澄清错误。对于默认整体 1 相同的同学，我们也需要让他们经历选择、思考、辨析的过程，将模糊的认识真正达到知识的内化。

本节课将从学生直接的知识起点——同分母分数的口算，引出异分母分数加减法。课上，为学生准备了单位"1"不同的学具，让他们选择学具研究 $\frac{1}{4}+$ $\frac{1}{6}=?$

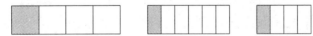

让学生明确 $\frac{1}{4}$ 和 $\frac{1}{6}$ 两部分的和还要和原单位"1"进行比较，看是它的几分之几。这样，让学生对加法的合并，以及对分数的意义"部分"和"整体"的关系进行了再认识，真正理解分数的运算。

在此基础上再让学生借助图形和具体的操作活动，应用转化的思想和方法，理解异分母分数加减法"分数单位必须相同才能进行相加"的算理，体会数学知识之间的内在联系。让学生明白分数加减法的两个统一——统一单位"1"和统一分数单位。

【教学设计】

一、教学目标

根据以上分析我确定了本节课的教学目标：

1. 掌握异分母分数加减法的计算方法，理解"只有分数单位相同才能相加减"的道理。

2. 通过直观操作等活动，在辨析中自主构建新知，培养学生自主学习的能力。

3. 激发学生探索知识的兴趣，渗透数形结合、转化的数学思想。

二、教学重难点

理解异分母分数加减法算理

三、学具准备

不同单位"1"的 $\frac{1}{4}$、$\frac{1}{6}$ 长方形学具纸，$\frac{1}{4}$、$\frac{1}{6}$ 圆形学具纸。

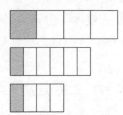

四、教学过程：

（一）以旧引新，揭示课题

我们已经学习了同分母分数加减法，今天我们继续学习分数加减法。

（板书：分数加减法）先来做几道口算题。

$\frac{2}{7}+\frac{3}{7}$　怎么想的？

$\frac{5}{9}-\frac{1}{9}$

$\frac{1}{4}+\frac{1}{6}$　这道题与前两道题有什么不同呢？

师：这样的异分母分数加减法应该怎样计算呢？这节课我们一起来研究。（板书：异分母）

设计意图：从学生认知起点出发，通过同分母分数口算引出异分母分数加减法。

（二）尝试探索，理解算理

1. 独立学习

(1)出示学习任务：探究 $\frac{1}{4}+\frac{1}{6}=$？

①想办法得到 $\frac{1}{4}+\frac{1}{6}$ 的结果。

②用画图或操作学具的办法展现出你的思考过程。

如果画图可以直接画在白板上，老师还为你们提供了一些学具，看看都有些什么。

(2)介绍学具：圆、三张学具条。

(3)思考：你该如何选择呢？静静想一想你准备怎么研究。

2. 小组交流

要求：(1)把你的想法讲给别人听。(2)通过了解别人的想法，你受到了什么启发？

3. 全班互学

(1)对比方法，澄清错误

这些方法你都能看懂吗？哪个正确，哪个有问题呢？

预设：(1)$\frac{2}{10}$

交流：①估算$\frac{2}{10}=\frac{1}{5}$，$\frac{1}{4}>\frac{1}{5}$，$\frac{1}{4}+\frac{1}{6}$不等于$\frac{2}{10}$，所以错。

②单位"1"不同不能相加减。

预设：(2)$\frac{2}{6}$

交流：

①估算$\frac{1}{6}+\frac{1}{6}=\frac{2}{6}$，$\frac{1}{4}>\frac{1}{6}$，所以$\frac{1}{4}+\frac{1}{6}$不等于$\frac{2}{6}$。

②$\frac{1}{4}$变成了$\frac{1}{6}$。

③单位"1"不统一不能相加减。

小结：我们应该选择哪个$\frac{1}{4}$呢？

谁能结合图说说$\frac{1}{4}+\frac{1}{6}$什么意思？

贴图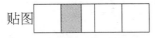

一个长方形的$\frac{1}{4}$加上这个长方形的$\frac{1}{6}$，看和是这个长方形的几分之几。

设计意图： 在探索异分母分数加法的过程中，理解整体"1"相同的两个分数才能相加减，两部分之和仍与这个整体"1"找关系，进一步对分数意义和加法意义进行认识。

(2)自主交流，理解算理

谁愿意说说你的想法？其他同学认真倾听，如果有补充或问题，可以直接与他交流。

A. 长方形

预设问题：

①为什么把分母变成12？（转化成同分母分数，分数单位就相同了，就可以相加了。）

②为什么找最小公倍数？

（单位"1"平均分成12份，每份就是$\frac{1}{12}$，$\frac{1}{4}$里面有3个$\frac{1}{12}$，$\frac{1}{6}$里面有2个$\frac{1}{12}$，都以$\frac{1}{12}$为单位，分数单位相同，3个$\frac{1}{12}$加上2个$\frac{1}{12}$，就等于5个$\frac{1}{12}$。）

③为什么只能是公倍数，不是公倍数行吗？（如果以$\frac{1}{18}$做单位，$\frac{1}{6}$＝3个$\frac{1}{18}$，但$\frac{1}{4}$＝4.5个$\frac{1}{18}$，算起来麻烦。）

B. 圆

预设：为什么不能以$\frac{1}{4}$或$\frac{1}{6}$做单位呢？

设计意图： 在具体的操作过程中使学生体会当$\frac{1}{4}$和$\frac{1}{6}$都无法作标准去量对方时，就需要一个新的更小的单位分数来做标准测量。学生在寻找新单位的过程中体会度量思想，进一步理解其中的算理——相同分数单位才可以相加减，同时体会新知识可以转化成旧知识解决问题。

(三)算式表达，总结算法

如果想把我们刚才画图和摆学具的思考过程用一个算式表达出来，应该怎样写呢？

板书：$\frac{1}{4}+\frac{1}{6}=\frac{3}{12}+\frac{2}{12}=\frac{5}{12}$

以后，如果再遇到这样异分母分数的加法题，你有办法解决它吗？为什么要通分？

【板书设计】

通分

异分母——同分母

统一单位

【教学反思】

以前在教学《异分母分数加减法》时我们更注重怎样计算？为什么这样计算？从双基的角度让学生掌握算法，理解算理。但我却没有想到在计算 $\frac{1}{2} + \frac{1}{5} = ?$ 之前，学生对于 $\frac{1}{2} + \frac{1}{5}$ 的理解上是存在问题的。分数加减法相对于整数、小数加减法来说是一种较为抽象的运算，它不是一个简单的"合并"的过程，这里蕴涵着对加法意义的理解，对分数的意义进行再认识的过程——部分与整体的关系。

"教"与"学"的最大区别就在于"教"是以老师为主，老师要把知识传授给学生，而"学"是以学生为主，"教"是在为"学"服务。所以，我们努力将数学课堂打造成"研讨式的学堂"，完全以学生自主学习、交流为主要学习方式。课堂上，我们要呈现学生的想法，直面孩子们认识上存在错误，在师生之间，特别是生生之间建立一种平等、对话、协商的新型伙伴关系，通过学生之间的交流澄清认识，真正做到"以生为本"。

在自学互学课的研究过程中，虽然我已经认识到教师不应是"知识的传授者"，而应成为学生学习活动的促进者，即"数学学习的组织者、引导者和合作者"，但多少年来，我们已经习惯于自己是课堂的权威，不敢放手。特别是教学时间有限，"讲"是学生最快获取知识的途径，所以也忍不住要"站进来"。短时间看，讲练这种学习方式是很有效，但从长远看，学生的思考力，创造力是不能得以发展的。这需要我不断更新教学理念，改变以前的教学方式，老师站着讲课，学生坐着听课，尝试教师坐下来，听学生讲一讲，哪怕是几分钟。从一个新的角度和视野来重新认识我们的数学教学——"教是为了不教"，只有培养学生自主学习的能力，才能培养会思考的一代人。

论文、案例、反思篇

　　翻看老师们的文章，没有华丽的辞藻，没有造作的说教，迎面而来的是一缕缕清香，一份份朴实，每一篇文章都是老师们思考的凝聚，智慧的结晶，"如果你想让老师的劳动能够给老师带来乐趣，那你就应当引导每一位教师走上从事研究这条幸福的道路上来。"是的，五一小学的老师们，已经把研究作为一种乐趣、作为一种习惯，带着对教育的几分执着，带着对孩子的一片挚爱，他们耕耘，他们收获，他们思索，他们前行。透过一行行词句，我们能看到老师醉心于教学，痴迷于研究的身影。在不断丰富自己的过程中感受着教师职业所独有的幸福。这一切给他们带来了无尽的快乐，他们享受着研究的快乐。

在"三年级数学课堂中让体验有效生成"的研究

梁瑞云

一、问题的提出

在课程过程中，所谓知识或内容，不再是抽象的学科概念，而是一种"活生生的体验""自我的精神体验"。只有当学生的知识和能力通过自己的体验而发生变化时，学习才称得上是主动的；只有学生自己建构的知识才能得到迁移并在实际中应用。

新课程改革指出：课程不再是静止的内容体系，它首先是过程，并将体验和过程提高到了突出地位。这是因为教学中有很多至关重要却无法通过知识去理解的东西，比如说思想、情感、能力等，这些东西都只能凭自己直觉去感受去领悟，而课程过程正是生成体验和丰富情感的重要过程。在新课程新理念的影响下我尝试进行了操作学习中的有效生成体验的研究。

二、研究的理论基础与研究现状

所谓"探究性操作学习"是指从数学领域或现实生活中选择和确定研究主题，在教学中创设一种类似于科学研究的情境，通过学生自主、独立地发现问题，充分动口、动手、动脑去解决问题，从而获得知识、技能、情感与态度的发展，特别是探索精神和创新思维发展的学习方式和学习过程。

在"探究性操作学习"这一现实依托中，认知和情感体验能够有效地激活、生成乃至升华，从而实现师生的生命建构与人格生成。

现在在教学中人们对探究性学习，合作学习的研究已经有了初步的成果，在教学中我们也有了仿效和学习的依据，而体验学习也是新课程中又一种很好的教学方法，所以这学期我尝试进行了这方面的研究。

三、研究的方法和对象

本课题研究主要采用行动研究法和经验总结法。即从问题出发形成思路，在研究过程中及时反馈、调整研究方案。本次研究以三年级(12)班为研究对象。

在这里我准备采取以下几个步骤实施：

第一步：创设一个宽松、愉悦而又民主的学习环境，让学生在课堂上敢于发表自己的见解，利用激励性的评价增强学生的自信心，增进情感交流，拉紧师生间的距离，让学生在课堂上敢说、敢想、敢做。

第二步：创造学生自主学习的空间。创设多种自主学习活动如(1)在玩中探究。这是根据小学生喜欢游戏、喜欢玩的特点而设计的。(2)在操作中探究，在探究中体验。学生运用实物材料或文字材料的感知中，通过动手等多种感官活动获得感性经验。(3)在交流中体验。可同桌交流，也可小组中交流或全班集体交流。(4)在转换角色中体验。在教学中，让学生转换角色，尝试从"教师"的角色或从有关教材中涉及的具体角色去理解、体会、感受。甚至某些教学活动，如评议、布置作业、编制试题等，也可让学生当"小老师"。

第三步：改进评价方法。形成具有导向功能、激励功能的评价机制，评价学生体验学习情况时，不仅注意学习结果，更要注重学生的自主意识、参与程度、参与能力的增强与提高。评价中要注意学生的差异、注重学生在原有基础上的发展，使每个学生享受成功的喜悦。

第四步：积极主动争取学生家长的配合。

对"小学生体验学习研究"的意义，也要让学生家长和老师一样取得共识，并及时地把每个阶段的学生培养目标发到家长手中，让他们也能和老师配合，培养自己的孩子具有自主学习的意识和能力。在评价学生自主学习情况时，也要有家长的参与。

四、研究的具体措施

开展探究性操作学习的过程中，让体验有效生成，经过半年的研究我认为应该主要把握以下六点：

(一)诱发自觉性、创设体验氛围

体验始于兴趣，具有内发性。它是由学习主体置身于自己喜爱的、能充分满足自身心理需求的情境活动而激起的心理感受，是发自肺腑的。只有当学习者对内容、情境发生浓厚兴趣，才能倾心投入，"入乎耳，箸乎心，布乎四体，行乎动静"，进而达到心领神会的境界；反之，如果学习者对学习内容缺乏兴趣，那么即使表现得规规矩矩，实质上也只是形此而意彼，始终无法产生"入境始与亲"的体验。

《周长》教学的一开始，我就出示了王小萌同学十一放假拍的照片，并让大家欣赏，谈谈自己的想法。于是我又说，老师觉得这样相片还不够漂亮，请你们商量商量，怎样就能使相片更漂亮了？顿时，孩子们投入了热烈的讨论当中。

犹如植物生长需要空气，课堂教学的有效展开也需要欢快、自由的空气。上面的情境就能有效地激发学生投入活动、参与体验的热情，为他们主动进入下面的探究情境奠定基础。

（二）发挥民主性、建立平等关系

课堂教学的美学价值之一来源于师生间精神上平等的相遇。听特级教师上课，总能产生一种非常愉悦的心理体验。为什么？最关键的一点，就是大师们善于营设一种师生精神平等的时空，善于在"对话"与"共享"中发挥着学生的"精神指导"和"人格引导"作用。

精神平等意味着对学生作为大写的"人"的一种尊重和体认；意味着对学生生命的唤醒与激赏；意味着人格对等基础上的灵魂交融；意味着以石激石的火花迸射；意味着相互信赖氛围下的心智启迪。只有在师生平等对话过程中，才能完成用心灵感动心灵，用生命点燃生命，用灵魂塑造灵魂，用智慧开启智慧的相互打造……只有在师生平等对话的过程中，才闪烁着一种活动生成的教学变化美。

因此，教师自始至终要将自己当作学习共同体中的普通一员，以"平等中的首席"的身份，真正成为学生的同伴，与学生建立平等、亲和、友善的合作关系。在不留痕迹的征询、提议中精心设计和组织操作学习，在自然而然的启发引导中，把握操作学习的方向，在满含热情的赞许、鼓励中保护学生积极的心理体验。正如江泽民同志在 1999 年全国教育工作会议上所说的那样："爱护和培养学生的好奇心、求知欲，帮助学生自主学习、独立思考，保护学生的探索精神、创新思维，营造崇尚真知、追求真理的氛围，为学生的禀赋和潜能的充分开发创造一种宽松的环境。"

（三）组织探究、作为操作的重点

体验载于活动，具有实践性。传统课堂教学模式是教师讲，学生听的过程，学生动手操作机会较少，即使动手操作了，其中的探究性意识也不强，往往流于形式，为了解决某个问题，让学生就事论事地进行一些与教学内容较一致的操作活动，只是对课本活动的一种简单模拟。如今，我们站在改变学生学习方式的角度来重新审视学生在课堂教学中的操作：

1. 教师关注的目光由结果转向过程。

曾经，教师关注的目光较多地停留在学生操作的结果上，为了完成教学任务而尽量压缩操作的时空，对活动过程较少评价。课改以来，我们普遍认识到每一个环节对学生发展的重要性，认识到只有给予学生充裕的探究操作时空，才有可能激活思维、突发灵感，收获有意义的体验。

2. 学生操作的结果由求同转向求异。

曾经，教师的评价标准较多是大一统的，往往忽视了许多学生的个性特点和思维潜能。由于儿童的经验背景不同、兴趣爱好各异、性格气质有别、思维方法习惯不一样，操作的结果、收获的体验就具有多样性。在教学中，我们要特别珍视儿童独特的体验，正是这种独特性蕴含着创新的因素。

3. 操作组织的形式由个体转向合作。

曾经，操作学习较多地采用"单枪匹马"的个人形式。操作目的在于借助直观的活动来实现和反映学生个体内部的体验活动，是个体学生深度思维的表现。由于学生自身的发展存在差异，在操作活动中的表现也就不同，因此可以打破传统的单个学生与文本的对话方式，要求学生以小组合作方式来进行操作活动。在小组合作中，学生的不同体验有利于相互碰撞、交融、共振，产生出某种独特而又新颖的见解。

4. 操作发挥的功能由单一走向多元。

曾经，操作学习较多地关注答案的标准化，努力让学生达成共识，导致了操作功能的单一化。操作学习不仅是为了获取某种数学知识，更重要的是要让学生体验并获取数学思想与方法的进步，经历并获取情感态度与价值观的发展……

（四）突出主体性、发挥教师的导向作用

教育作为文化的一种心理过程，有两个相互制约的基本点：自主建构和价值引导。不愤不启，不悱不发。引导要在愤悱之时，引导的功能在于让学生关注自身体验，提炼自身体验，直至变为自身行为习惯。

引导要到位。在体验教育中，教师不可侵犯和损害学生的主体性实践，要尊重学生的独特体验。但重视了学生的主体地位并不是说对教师降低了要求，恰恰相反，这是对教师主体性实践提出了更高的要求。记得听过一堂"乘法口诀表"的课：

填完一张乘法口诀表后，老师问："仔细观察乘法口诀表，你发现了什么？

与同桌交流。"没有经过充分的独立思考学生即转入较短暂的同桌交流活动,最后进入集体交流。一开始有为数不少的小手高高举起,第一个学生说:"竖着看,第一排第一个数是1,……"老师马上心领神会地接上话茬:"对,这些是一几的口诀,这些是二几的口诀,……"一气呵成补充完,望见教室里还剩稀稀拉拉的几只小手举着了,可能又想到接下来还有那么多的预定目标等着达成,便草草地给这一环节画上了句号,转入了下面的记忆口诀。

这个案例,我从中受到了两点启示:一、乘法口诀表仅是填写获取,学生没有经历探究、体验的过程,所以对于乘法口诀表中的规律发现不多。二、教师没有作及时、合理的引导,比如当第一个学生回答后,教师如能够作及时、到位的评价与引导,给予学生某种程度上的提示和鼓励:怎样回答问题、怎样发现问题是有意义、有价值的,使第一个学生的回答能发挥"一石激起千层浪"的范例功能,或许就有可能更有效地调动起学生的思维参与,就有可能让更多的学生卷入到活跃的讨论热潮中来,就有可能使更多的学生从各种不同角度进行理解、体会,感受到独特体验带来的魅力。

引导要到位但不能越位。儿童有一定的感性经验,长于形象思维,可以通过自己的感受、体会、揣摩而感悟、领悟、体验知识,教师千万不要过早地将具体的抽象化、感性的理性化,使学生匆匆跨过感性阶段而步入理性的殿堂。如果教师越俎代庖,以自己的思想感情代替学生的思想感情,并试图用理性的灌输要学生明白数理,最终往往事与愿违。

"平等中的首席",是教育本身赋予教师的,教育的方向和目的、教师对学生成长所承担的道义上的责任,都决定了在教学过程中,教师不可能是一个放任自流的旁观者或毫无价值倾向的中立者,而理应成为教学对话过程中的价值引导者,如此就更能有利于发挥学生的独特体验。

(五)研究的效果及分析

本学期已经完成两次测查工作,收集一些实验资料和实验数据,并对研究结果进行了定性与定量分析。

1. 实验班的学习热情和对教师的满意度高。我们对三年级的实验班和对比班进行了无记名问卷调查。调查结果显示,我们的实验研究是有效的。也是颇受学生喜欢的。实验班40人,"非常喜欢上数学课的占75%(不含喜欢上的)","喜欢数学课老师的占95%",分别比对比班高14个和18个百分点。对比班学生喜欢书面作业的达45.17%,喜欢动手实践性作业和探究性思考的分别占 22.9％和 31.1％；而实验班喜欢书面作业的只有 12.9％，比对比班低了 32.2 个百分点。喜欢动手实践类和探究性思考类作业分别占 42.9％和 42.8％，比对比班高了 20 个和 11.7 个百分点。通过调查，说明实验班学生是喜欢自主、探究性学习的，对比班学生仍然多习惯于接受性学习。实验班学生认为自己在数学课上思维活跃的占 65.5％，比对比班高 6 个百分点。同时，实验班学生的学习已明显超出了课堂，14.3％的学生认为 30 分钟能完成，38.1％的学生认为 40 分钟能完成，26.99％的学生认为 1 小时能完成。20.7％的学生认为作业时间不能确定。有的需要 2～3 小时甚至 3～4 小时(这在学校是无法完成的)。对比班 62.3％的学生认为 30 分钟能完成，14.8％的学生认为 40 分钟能完成，32％的学生认为 1 小时能完成，21.3％选择了 10～60 分钟不等。

2. 实验班学生的能力提高快。以今年我上的一节研究课为例，该班学生在课堂上情绪较高，95％以上的学生争着举手，抢着说话、急着展示、大胆表现，在有近 90 多名教师听课的情况下处变不惊，发言头头是道，展示落落大方。具体表现在有 30 余名学生展示自己的成果，或展示自己的作品，或板书自己的结论，或者师生相互评价。课堂上学生有显著的四大优点：(1)学生学习热情高。(2)学生口语表达水平高，师生互动能力强。(3)学生的探究性学习方法好，敢于向权威挑战，敢于提出新观点。全体同学都能向听课教师讲解或展示自己成果，向老师提问请教，还补充完善了上课教师板书的课题。

我想，不在于给体验下一个精确的定义，不在于给体验界定一个固定的范畴。而在于说明，在数学教学中，至关重要的是：要启迪儿童的体验，激发儿童的创新精神——探究性操作学习，正是实现这一数学理想的有效途径之一。但需要强调的是，注重体验绝不是要忽略认知，事实上，体验是离不开认知的，认知的意义是无可替代的。只有认知与体验融化在一起，知识才是真正的活知识，教育才是真正走进学生的内在精神世界，在学生的心灵与人生中留下有意义的痕迹。在这一点上，新课程改革具有不可估量的意义，它将造福于千万学生。

浅谈在概念教学中如何创设问题情境

王云飞

所谓的问题情境是指在新奇未知事物的刺激下学生形成认知中突然提出问题或接受教师提问，产生解决问题的强烈愿望，并作为自己学习目的的一种情境。它能促使学生情感活动与认知活动在情境中融合为一体。

《数学课程标准》明确指出：数学教学要紧密联系学生的生活实际，从学生的生活经验和知识出发，创设生动有趣的情境，引导学生开展观察、操作、猜想、推理、交流等活动，使学生通过数学活动掌握基本的数学知识和技能，初步学会从数学的角度去观察事物、思考问题，激发学生对数学的兴趣以及学数学的愿望。要切实开展有效学习，首先要调动学生的学习积极性，使他们产生对知识的渴望。教师精心创设问题情境能诱发学生的思维积极性，能引起学生对数学知识本身的兴趣。兴趣是一种情绪激发状态，它可促使学生精力集中，理解力、记忆力等处于最佳状态。因此可以通过恰当的，具有针对性、趣味性的符合本节课要求的问题，使学生很快把思维集中起来，从而展开本节课的学习。我们不能强迫学生坐在教室里，硬性的把一个个知识点灌输给他们，只有当学生迫切需要学习的时候，他们才能真正地投入到学习中来。

创设问题情境的关键是选准新知识的切入点，涉及问题一定要有梯度、又连贯，能引起学生的注意和激发学生的学习动机和探索欲望。下面我结合自己的讲课经验以及听课感受，谈谈在概念教学中如何创设问题情境。

一、概念教学中问题情境创设的基本原则

创设问题情境的方法很多，但必须做到科学、适度。具体地说，有以下几个原则。

（一）生活性原则

数学来源于生活，生活中又充满数学。著名数学家华罗庚说过："人们对数学早就产生了枯燥乏味、神秘、难懂的印象，原因之一便是脱离了实际。"因此，我们的数学应从生活实际出发，创设的问题情境也要从实际出发，这样才符合学生的心理特征，才能激发学生学习数学的欲望；这就要求我们教师要结

合学生的生活经验和已有的知识来设计富有情趣和意义的活动，创设良好的教学情境，使学生切实体验到身边有数学，用数学可以解决生活中的实际问题，从而对数学产生亲切感，增强了学生对数学知识的应用意识，培养学生的自主创新解决问题的能力。

例如，在教学三步计算应用题时，我把书上的例题改为和学生生活接近的问题"要求我们三年级一共有多少人？你会想什么办法知道？"于是有的学生说去问班主任，每个班有多少人再加起来就可以了；还有学生说去问教导主任；还有学生说到学校的校长办公室直接查电脑就行了不用算。通过学生自己动脑筋想出了各种解决问题的办法使学生的学习欲望大增，学习兴趣高涨。通过这样的活动，学生不但掌握了知识点，更重要的是通过它让学生展开了想象的翅膀，使他们体验到学习知识的快乐，掌握了技能，激发了他们的自主创新意识。这个开放性的问题有利于学生形成合理的认识结构，有利于培养学生独立思考的学习习惯，有利于培养成勇于冒险，敢于挑战的精神，不断强化创新动机，使其最终内化为创新人格。

(二)趣味性原则

根据小学生好动、好奇、注意力不容易集中的年龄特点，趣化教材，为学生提供生动有趣的情境，唤起学生学习的动机，激起学生学习的欲望。托尔斯泰说："成功的教学所需要的不是强制，而是激发学生的兴趣。"将问题置于生动有趣的情境中，不仅有利于激发学生的学习兴趣，更有助于学生更好地理解问题和表达问题，并调动非正式的但非常有效的经验和思维方式，参与到解决问题的过程中来。

例如，在教学"圆的周长"一课时，一开始可展示多媒体课件：一只小猴子先后骑上车轮分别是长方形、正方形、三角形、椭圆形、圆形的车子在路上行驶，只有圆形轮子的车子能平稳行驶。一路上小猴上下颠簸样子非常滑稽可笑，学生兴致盎然，带着"车轮为什么要设计为圆形"的疑问，迫切地投入到新知的学习中去。

(三)新颖性原则

数学情境具有新颖性，能够吸引学生的注意指向。

例如：在教学面积单位时，以尼罗河水泛滥前后面积的大小比较引入，激发学生的思考，土地面积那么大，不能再用重叠、剪切等方法比较，这时应该怎么比呢？带着这样的疑问，迫使同学们积极地投入到新知识的探究中。

（四）开放性原则

目前教材中的很多题目为了便于解答，往往将复杂的实际问题简化，使答案唯一，但在实际生活中，学生常常需要根据实际情况做出合理的选择。因此设计一些条件开放、问题开放、策略开放、结论开放的题目，更能训练学生的思维，使学生善于思考，体验到创新的快乐。

例如，在小学三年级可让学生思考这样一道题："小明家距学校55米，小刚家距学校45米，小明家和小刚家相距多远？为什么？"由于学生思考的角度不同，答案不是唯一的。有的学生只想出小明家、小刚家和学校在同一直线上这种情境，列出 $55+45=100$，$55-45=10$ 两个算式。而对于一些想象力丰富、发散性思维水平较高的学生，会考虑到小明家、小刚家和学校不在同一直线上的情形，通过动手操作探究得出：随着小明家与学校的连线和小刚家与学校的连线所形成的夹角变化，两家的距离在10米至100米之间变化。可见，开放性的问题情境能有效地培养学生多角度思考问题的习惯，促使学生创新思维火花的迸发。

（五）活动性原则

通过创设活动性的问题情境，将简单、静止、抽象的学习材料，设计成为丰富、生动、具体的教学内容，为学生的思维提供形象支撑，让学生投身到问题情境中去活动，使学生在手操作、眼观察、口表达、耳倾听、脑思考的过程中去获取知识，提高数学能力。

例如，在学生认识长方体和正方体后，我就用多媒体运用孩子们喜欢的卡通形象小叮当带来一道题目来创设情境，让学生尝试练习用24个同样大小的正方体拼出不同形状的长方体的习题，4人一个小组，比比看哪个小组拼得又快又多。同学们通过讨论，小组合作，得出以下六种不同的拼法：$1\times1\times24$、$1\times2\times12$、$1\times3\times8$、$1\times4\times6$、$2\times2\times6$、$2\times3\times4$。像上题这样学生单独操作可能解决不完整的题目，通过小组合作，找到了完整的答案，即发展了学生的思维，又培养了学生的合作精神。精心设置问题后，组织学生广泛讨论自己的见解，同时也耐心听取学生的看法，引导学生创造性思维的发展，激起学生的求知欲望和创新意识。

（六）启发性原则

在学习中产生疑惑是主动学习的一种表现，创设富有启发性的问题情境，目的是促进学生数学思想和思维的迁移。

例如，教学"面积单位"时，在学生认识了"平方厘米"的单位后，可以让学生用"1平方厘米"的正方形去测量数学课本面、课桌面和黑板面的大小。学生在测量中会发现测量标准太小、测量次数太多等问题，产生新旧知识间的矛盾，继而运用已有知识经验探索，"创造"出新的面积单位"平方分米"，相信随着测量对象面积的增大，学生头脑中还会"衍生"出"平方米"。这种有效问题情境的创设，改变了传统的"填鸭式"教法，引导学生积极思考、大胆探索，使学生在积极主动的学习过程中明白道理，掌握方法，领悟思想。

二、概念教学中问题情境创设的方法

（一）用猜想和验证来创设问题情境

心理学研究表明：学生的思维活动总是由问题开始的，在解决问题中得到发展。学生学习的过程本身就是一个不断提出问题，又不断解决问题的过程，因此在教学过程中不断创设问题情境，引起学生认识冲突，使学生处于一种"心求通而未得，口欲言而弗能"的状态，激发学生的求知欲，老师提供主动探索和发现问题的条件，使学生的思维在问题的猜想与验证中得到促进和发展。

例如，在教学"年、月、日"时，我是这样导课的，"同学们喜欢过生日吗？"学生都高兴地回答"喜欢！"接着又提问了几个学生："你几岁了？过了几个生日？""同学们，一般的一个人有几岁，就会过几个生日，可是小强满12岁的时候，只过了3个生日。这是为什么呢？你们想不想知道其中的秘密？"学生听了，个个情绪高涨，一种强烈的求知欲望油然而生。这时我抓住学生迫切求知的心情，及时地引导他们进入新课。同时，我给学生时间和权利，让学生充分进行思考，给学生充分表达自己思维的机会，让学生放开说，并且让尽可能多的学生说。条件具备了，学生自然就会兴奋，参与的积极性就会高起来，参与度也会大大提高。只有积极、主动、兴奋地参与学习过程，个体才能得到发展。

（二）利用生动有趣的游戏创设问题情境

玩是孩子的天性。苏霍姆林斯基曾指出："如果老师不想办法使学生产生情绪高昂和智力振奋的内心状态，就急于传授知识，不动情感的脑力劳动就会带来疲倦。没有欢欣鼓舞的心情，没有学习兴趣，学习也就成了负担。"小学生都喜欢做游戏，创设一个与学生知识背景密切相关，又是学生感兴趣的游戏情境，唤起学生的主体意识，让学生自主调动已有的知识、经验、策略，去体验和理解知识，激活学生的思维，引发学生探索，使学习活动生动有效、事半功倍。

例如，在三年级教学《分数的初步认识》时，吴正宪就安排了这样一个游戏：请学生用手指表示每人分到的月饼个数。并仔细听老师要求，然后做。如果有 4 块月饼，平均分给小明和小红，请用手指个数表示每人分到的月饼个数，学生很快伸出两个手指。教师接着说现在有一块月饼，要平均分给小明和小红，请用手指表示每人分到的月饼个数，这时，许多同学都难住了，有的同学伸出弯着的一个手指，问他表示什么意思，回答说，因为每人分到半个月饼，教师进一步问：你能用一个数来表示"半个"吗？学生被问住了。此时，一种新的数（分数）的学习，成了学生自身的欲望，创设了一个较好的教学情境，激发了学生学习的兴趣，激起了学生解决问题的欲望。

又如，在教学"元、角、分的认识"时，教师可拿出标有价格的钢笔、文具盒、玩具飞机、排球等物品，让学生模拟生活情境，扮演营业员、顾客进行买卖，在游戏中加深对人民币的认知，体验成功的快乐。需注意的是，游戏形式要根据教学内容和学生年龄的不同而有所变化。

（三）编拟童化故事创设问题情境

童化故事是低年级儿童最感兴趣的学习素材，以童化故事的形式创设问题情境，会激活学生的思维，引起学生的共鸣，且产生积极的情感，帮助学生在快乐的氛围中顺利掌握新的学习内容。

例如，低年级新教材中许多主题图，都可以编成童化故事，让学生在喜闻乐见的故事情境中，产生问题意识。在教学一年级上册"比大小"时，可以编个"猴子比聪明"的童话故事。一天猴妈妈给两个猴孩子带来一些礼物，先让猴孩子猜带来的是什么礼物？多媒体展示带来的梨、桃、香蕉。猴妈妈接着说：咱们分别数一种带来的礼物，并用数字表示，看谁数得对，数字表示得正确，谁就是聪明的猴子，也请咱们班的同学们评判一下，看谁做得又对又快。多媒体展示猴子们是如何数的，用什么数字表示。猴妈妈接着问：我们有几只呢？都数成了两只，谁也没有数对。这时教师及时问同学们，他们为什么没有数对呢？请同学们帮帮猴子们。猴妈妈又问，我们每只猴吃 1 个梨、1 个桃、1 根香蕉够不够？谁能动脑筋想出来谁就最聪明。同时教师鼓励引导同学们都来帮猴子们想一想。多媒体展示 3 只猴对 3 个桃子，3 只猴对 2 根香蕉，3 只猴对 4 个梨的图。从而观察比较出 3 等于 3，3 大于 2，3 小于 4。在猴子比聪明的过程中，通过猴妈妈提出的问题，猴子们的比一比，同学们的评判参与、帮助参与等，调动了学生参与课堂的积极性，使学生置身于创设的问题情境中，积极探求问题的解决。

（四）通过动手实验操作创设问题情境

在课堂教学中，利用动手操作创设问题情境，会使学生的手脑达到有机结合，学生的思维将会更加活跃，学生在操作的过程中就会不断发现问题、解决问题。

例如："长方形、正方形周长"的一节练习课，出示这样一道题：有两个长方形木框，长都是 4 厘米，宽都是 2 厘米，拼成一个图形，求它的周长。大家可以用实物操作一下，把周长指给同位看，再算一算。这样的操作会牢牢地吸引同学们的注意力，课堂气氛轻松热烈，学生得到的结论既准确又全面。

（五）利用多媒体创设问题情境

在信息技术飞速发展的今天，多媒体教学在大多数学校开始实施。因此，在数学的教学中可利用多媒体创设情境进行教学。教师根据录音、录像、电脑等多种媒体来创设数学教学情境，借助电脑、投影机其他教学用具把教学内容直观、形象、生动地展示给学生，从而激发学生的求知欲。

（六）利用认知冲突创设问题情境

问题的产生不是教师强加给学生的，而是学生基于自己原有知识结构产生的困惑。这就要求教师在教学过程中必须根据学生的认知特点创设问题情境，引导学生在已有知识经验与新的学习任务间形成认知冲突，激发学生强烈的求知欲望。

例如，在教学"三角形按角分类"时，我课前制作了锐角三角形、直角三角形和钝角三角形纸片各一张，先任取其中一张，出示这张三角形纸片的锐角部分，其余部分用别的东西遮住，然后问学生能否判断出这张纸片是什么三角形？如果出示含钝角的那一部分，还能判断吗？出示含直角的那一部分呢？学生回答上述问题后，就会产生这样的疑问：为什么同样是一个角，有的能判断，而有的就不能判断呢？这一疑问使学生遇到了认知冲突，立即产生解疑除障的强烈要求，这时学生的精力和智力也达到了最佳状态。这样，学生就会产生获取新知识的强烈渴求，饶有兴趣地参与学习活动，教学效果自然会提高。

三、创设有效的数学问题情境时应注意的问题

人所具有的能力、气质、性格称之为人的心理特征。人与人不同，所以他们所具有的心理特征也各不相同。学生群体是由不同年龄的人组成的，所以他

们之间的心理特征也是各不相同的。在教学过程中教师要创设有效的数学问题情境时，要根据学生能力的高低、气质的类型、性格的差异等的差距去考虑，创设出符合学生心理特征的数学问题情境，让学生在符合自己心理特征的情境下学习，就能更容易的学到他所应学的知识，达到预期的教学目的。

在符合学生的心理特征的情况下创设有效的数学问题情境时应注意的问题：

(一)注意学生之间能力的高低的差别

同年级的各个学生之间、低年级和高年级学生之间的能力都存在着很大的差别，教师在创设数学问题情境的时候，应注意内容难易的搭配，这样既能使能力好一些的学生能"吃得饱"，又能让能力稍差一点的学生能"吃得消"。

(二)注意学生之间性格的差异

学生与学生之间的性格是千差万别的，有的学生比较开朗，有的学生比较活跃，有的学生比较内向。教师在创设数学问题的时候应注意到学生之间性格的差异，创设出让不同性格的学生都能融入其中积极地参与学习的数学问题情境，使整个课堂都活跃起来。

总之，在创设情境的过程中，要结合教学实际，即要符合学生的认知特点，应从教材内容、学生已有经验出发，创设富于趣味性、探究性、延伸性的问题情境。只有这样，才能调动学生学习的积极性和主动性，激发和拨动学生的思维之弦，让学生多说、多想、多做，有充分表现自我的机会，使学生以最佳的状态参与问题的解决，体验和享受成功的快乐。

课堂前测——现代教师必备的基本功

课堂前测是指在学校教学过程中，教师在上课前的一段时间内，通过不同的调查方式对学生进行相关知识预备和相关方法的预先测试，然后进行有针对性的设计教学活动，并设计出相应的课堂教学策略。随着"减轻学生负担，提高教学质量"活动的逐步深入和落实，老师们越来越认识到：做好课堂前测，真实、全面、有效地了解学生，是教师必备的能力。

现代学生需要课堂前测

从知识方面来看，现在的学生在学校按教材有计划地教授知识之前，就能通过多种渠道对所学知识有不同程度的了解和掌握。家长们望子成龙，迫不及待地想多教孩子一些知识；从思维方面来看，独生子女的个体差异较大，千人千面、各不相同。面对如此千差万别的学生，还用一成不变的眼光去看待，凭以往的经验去教授知识，学生怎么能乐学爱学呢？教学某一内容时，教材的逻辑起点与学生的认知起点，教师的主观臆断起点或以往经验起点和学生的真实起点往往不一致。如一位老师在执教一年级两位数加一位数(进位)，设计了如下前测题目。

1. 29＋4＝

2. 你是怎么算的？说一说或写一写。

结果分析

1. 正确率 93％；说明大部分学生对这节课要讲的内容已经掌握。

2. 在追问的过程中，一部分原来算错的学生也改正过来了。86％的学生能表示或说出计算的方法和过程。

如果像以往那样，不进行课堂前测，继续按照教师经验和教参指导设定教学目标，把大部分学生已掌握的知识重复一遍，学生没有探究的兴趣，又不得不被摁在课堂里浪费宝贵的学习时间，除了造成在课堂上开小差的后果，又能有什么收获呢？

有效课堂需要前测

课堂是由教师设计并负责组织施教的，教师在课上的自主权要比学生的自主权大得多。但教学的效果却是依据学生学的情况来判定的。有效教学关注学生的进步或发展。强调教师要有"对象"意识，必须确立学生的主体地位，树立一切为了学生发展的思想；强调教师要有"全人"的概念，学生的发展是"全人"的发展(即新课标提出的知识技能、过程方法、情感态度价值观等方面均衡发展)，而不是某一方面某一学科的发展。不管教师的设计多精妙，课堂教学行为多精彩，学生在有限的课堂上得不到应有的发展，那教师可真的是在误人子弟。只有教师的教和学生的学达到契合，才会有高效的课堂。

我们经常看到老师参加课堂教学比赛时，要进行一轮又一轮的试讲，这是比赛课所必需的。但值得反思的是，磨课过程中会根据学生的学习状况，不断地调整教学内容、教学方法和教学手段，其主要原因是没有准确了解学生的已有经验和思维状况。这样的磨课是以牺牲几个班的学生的发展为前提的，不管是老师还是学生为此付出的代价太大。

课堂前测相对于磨课所用时间相对较短，又达到了磨课的目的——真实有效地了解学生的认知状况。教师心中有学生，教学设计有依据，并能以细致翔实的前测结果分析来提高教学活动设计的实效性，进而提高课堂教学的实效性。

上述进位加起始课的前测结果自然会引起教师的思考：这部分知识学生真的会了吗？学生会的是什么？还有什么不知道的？于是教师从知识的纵向联系来分析这部分教学内容：这节课处于进位加法的起始位置，它是今后学习多位数进位加的基础，更是学习小数、分数、百分数计算的基础。它是今后数学学习的奠基石。此课最应该让学生体会和明白的是位值制和十进制，正是位值制和十进制的存在，才有了满十进一的规定，这也就是所谓的算理，是学习进位加法的根本所在。如果学生对算理缺少必要的理解和体会，对今后计算的学习来说是一种缺失，对学生的数学学习非常不利。这也正是造成小学中高年级计算错误的原因所在。课堂前测结果显示：学生掌握的只是进位加的算法，对于为什么这样算即对算理的体会处于什么状态？前测中没有涉及。

在对教材进行分析和对数学本质的深层思考后，教师设计出第二次前测题目：

1. $37+8=$

2. 你能用小棒摆一摆 37＋8 的过程吗？

操作时追问：为什么先算 8＋7？8 能不能加 3？为什么？

37＋8 怎么等于 45？

结果表明，学生对于追问的问题多数答不上来，说明学生确实对计算本质的东西缺少体会和理解，结合第二次前测结果分析，执教老师及时调整教学目标和教学设计，把教学的重点放在体会十进制和位值制上。学生在熟练算法的同时更明白了为什么这样算，真正做到了知其然更知其所以然，为后续的计算学习奠定了扎实的基础。

课堂前测是教师必备的基本功

学生的发展需要教师找准起点，设计可行高效的课堂教学，在有限时间切实帮助学生得以发展。要想真正促进学生的发展，了解学生的能力就成为具有根本意义的事情了。因此，"学生调研是教师教学基本功之基本"。北京教育学院教授季苹为教师指明了方向。

明白的孩子各有各的想法，不明白的孩子各有各的不明白！

做好课堂前测不是一件容易的事情，尤其是设计有实效的前测题目，是实现高效课堂，促进学生发展的根本之根本。

一位老师在教学一年级《捆小棒》之前，进行了三次课堂前测：

第一次调研题目：你能按顺序继续往后写数吗？

0, 1, 2, 3, 4, 5, _____

第二次调研题目：数一数、圈一圈，14 里的 1 代表哪些小棒？4 代表哪些小棒？

14

第三次调研题目：

你见过它吗？请你用它表示一下 12

（提供实物计数器）

十位 个位

196

　　第一次调研结果显示，学生百分之百的能填出后续的数。会数只是学生学习这课的基础。针对一年级学生表达能力弱的情况，怎样的前测题目才能更有效地反映出他们思维上的真实情况呢？前测题目的设计决定着教学的定位和设计，所以只有读懂学生的困难才能提高教学的时效性。教师结合教材，认真思考后又进行了第二次前测题目的设计，这次结果显示在百分之百会数的情况下，学生对 20 以内数的认识却出现了不同的困难，错误率达 55.3％。

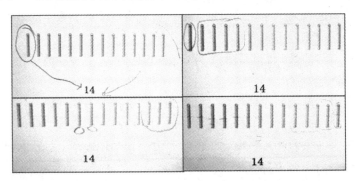

　　这么高的错误率说明什么？是学生真的不懂，还是因前测题目所限？教师继续反思，于是有了第三次前测。在这个过程中，教师反复思考，调整前测内容，目的是了解学生学习的困难，关注不同思维水平的学生。在此基础上进行的前测结果分析才能使课堂教学设计更科学有效。前测题好比探路者用来辨认方向的指南针，前提是指南针是完好无损、能正确指认方向。如果指南针已经失去了指南北的作用，还怎么能依靠它指方向呢？而教师是选定可靠"指南针"的关键人物，作为关键人物，设定科学有效的前测题目尤为重要，教师必须在反复认真研读教材，熟知教学知识体系，抓住每节课关键内容的基础上，再去设计前测了解学生。这样才不至于"用失灵的指南针指路"。教师具备了做好课堂前测的基本功，才能使学生得以发展，实现减负提质的课堂目标。

　　前测是在教学开始之前实施，目的是要确定学习者是否已经事先部分或全部掌握了教学中要教的技能或入门技能。但是，前测题不但要关注知识技能，还要兼顾到学生的思维方式，兴趣态度。课堂前测应围绕三维目标展开设计。

　　1. 知识与能力的前测

　　了解新授课前学生已经具有的知识基础、生活经验以及与之相适应的基本能力。

2. 方法与过程的前测

了解学生喜欢的教学方式，乐于接受的教学内容呈现方式，可以更有效地进行预设，生成有价值的教学资源。根据前测改变教学方式，激发学生学习的兴趣，提高学习效率。

3. 情感态度价值观的前测

情感态度价值观目标的实现不是一朝一夕能完成的任务，需要每一个教师付出坚持不懈的努力。学生的情感态度价值观将直接影响教学的效率，所以一定要作为教学前测的重要内容。

据了解，目前教师们的前测多停留在知识层面，很少涉及过程方法和情感态度两个方面。

目前，课堂前测的作用和意义已渐为教师所接受，如何设计出科学有效地课堂前测题却成为教师们前行的障碍，所谓樱桃好吃树难栽，做好课堂前测设计需要教师专业素养的不断提高。除了专家引领和积极学习外，教师还应在教学实践中探索出一条可行之路。

精心预设教学活动　构建精彩教学过程

李全顺

研究背景：

新课标实施以来，小学数学课堂教学最显著的特点是数学活动异常活跃；五花八门的生活素材演变成数学活动素材；眼花缭乱的探究活动方式层出不穷。作为教师的我们也许是过于"匆忙赶路"，少了一份"精心"（预设教学活动），错过了一片"精彩"（学生主动构建认知再创造过程）。

课堂教学活动现状分析：◎常态课：心会跟"材"一起走，永远不回头。在常态教学的课堂上，很多教师的教学活动的设计是将教材上的"静态图片呈现方式"转换为"动态图片呈现方式"。其教学活动设计的简单、低效显而易见。还有一部分教师不甘于"复制"新教材的教学活动，融入了老教材种种教学设计，教学效率明显占优。这两种教学现象的出现都是有悖新课标教学理念的，忽视了学生主动构建的过程。"数学教育的价值并非单纯地通过积累数学事实来实现，它更多地通过对重要的数学思想方法的领悟、对数学活动经验的条理化、对数学知识的自我组织等活动来实现。"很显然，这两种教学现象的出现归根结底是由于教师还停留在"数学事实"的理解层面上。◎精品课：超越理念"硬"起飞，没有真心面对。常常看到的精品课"亮点"之一：教师通过活动罗列出一堆的解题策略，概括出一串数学思想（多种情况下，是由学生代言）。另外一个"亮点"：教师对数学文化的渗透。（曾经欣赏过《圆的周长》一课，整整上了 70 分钟，其中中外数学家对圆周率的探究过程的介绍用了 20 分钟。这还是文化渗透吗？我看有必要开设一门数学历史课。）无论是数学解题策略、数学思想、数学文化，都需要学生通过数学活动主动感悟，教师的设计应该是无痕的。

课标解读：学生的数学学习过程是一个自主构建自己对数学知识的理解的过程。学生带着自己原有的知识背景、活动经验和理解走进学习活动，并通过自己的主动活动，包括独立思考、与他人交流反思等，去构建对数学的理解。学生主动构建的学习过程是建立在现实的、有意义的、富有挑战性的数学活动的探究过程中的。

  研究方法：行动研究法

一、精心设计教学活动

（一）明明白白你的心——编者意图

  1. 比较中提升认识。教材是学生主动参与数学活动的重要载体，它所呈现的数学活动素材只是教学活动的一个参考，并不是一个模式。如果教师固守一本教科书、一本教学参考，就会使教学活动僵化。又怎么能激活学生的思维呢？现在小学数学教材中比较有影响主要有以下四种：《现代小学数学》《江苏版小学数学》《人教版小学数学》《北师大版小学数学》。它们的共同特点是重视情境创设，又各具特色：北师大版—灵活开放；人教版—大气厚重；江苏版—有序凝练；现代版—张弛有度。教师在教学活动预设时，可以通读这几本教材，了解各版本教材编写相同点不同点，在比较中提升对教材把握的精度。

  例如《角的度量》一课，北师大版教材是这样引导学生开展探究活动的：出示∠A 和∠B，思考"你能知道∠A 和∠B 分别是多大吗?"教材主要呈现了三种方式：①利用直尺测量；②利用三角板的已知角测量；③利用更小的角测量。编者的设计意图是引导学生在测量角度的时候运用多种策略，在运用这些策略解决问题的同时使学生感受到量角单位、量角工具产生的必要性。江苏版教材是这样引入探究课题：出示一个 120° 的角，引导学生用一副三角板测量已知角的大小。问题情境设置的很有启发性，能充分调动学生主动探究的欲望，

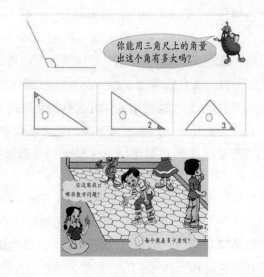

考虑了学生的认知基础。学生如果已经知道了三角板上各个角的度数，此时就能准确地说出已知角为120°。如果学生们不知道一副三角板上各个角的度数，也能用它们之间的倍比关系说出已知角的大小。测量后知道已知角是2个∠1的大小；相当于4个∠2；不到3个∠3。这个教学环节的设置是十分精妙的，编者的主要意图是想让学生体会到要想测量一个角的角度，必须要有统一的计量单位和测量工具，进而认识量角器。比较后可以看出北师大教材更加重视解题策略的多样性，江苏版教材侧重充分利用数学素材做足做透探究。通过比较也为教师设计教学预案提供广阔的选择空间。

2. 充分挖掘教材中的隐性素材，让教学活动更加鲜活。新教材呈现形式活泼新颖，情境图导入引人入胜，教学活动的素材密切联系生活实际，很注意挖掘学生的生活经历和体验。教师在备课时往往被教材这些亮点所吸引，忽视了教材传递出的隐性信息，错过了创造精彩教学活动的契机。例如北师大版四年级上册第二单元《线与角—走进大自然》大部分教师只是停留在处理情境图中所提出的问题，把解决这些问题作为重要的教学目标。图中提出正六边形每个角是多少度？教师们的常规做法是引导学生利用手中的学具进行测量，或是引导学生推断出正六边形每个角的度数。这样的处理显然没有将教材所提供的数学活动素材发挥其最大功效，仅仅将它作为课后练习处理。教师可以在学生得出正六边形每个角的度数都是120°之后，启发学生思考："你知道这样的图形的名称吗？你还知道哪些图形它的每个角都相等？在铺地面的时候可以利用哪些形状的方砖呢？"这一系列问题的提出，可以诱发学生对许多生活现象进行数学思考，引导学生带着数学的眼光看生活。事实证明学生已经有了这个方面的生活知识的积累，感悟到数学来源于生活，服务于生活。

(二)你的"心事"我会懂——学生基础

新课程最显著的特点体现"以人为本"，基本出发点是促进学生全面、持续、和谐地发展。它不仅要考虑数学自身的特点，更应遵循学生学习数学的心理规律，强调从学生已有的生活经验出发，让学生亲身经历将实际问题抽象成数学模型并进行解释与应用的过程，进而使学生获得对数学理解的同时，在思维能力、情感态度与价值观等多方面得到进步和发展。在当前各种奥数培训班火爆异常的情况下，学生原有认知基础被撕裂，学生之间的差异更为明显。让会爬、会走、会跑的三个孩子在一起做游戏，游戏的结果不言自明。教师忽视大多数学生原有的认知基础，往往被三分之一的学生的教学呼应的假象所迷惑，认为学生已经学会了。其实这部分学生在教师新授课前早已经会了。造成"会的明白了，不会的还是不会"的现象。这样的教学，促就了原有的学生差异极端化。教师了解学生已有的生活经验、知识基础的最佳手段是在设计教学活动之前做好教学前测。

教学前测主要内容包括：①了解学生学习新知识已经具有的知识基础和生活经验；②了解学生解决新问题所遇到的困难；③了解学生解决问题策略和表达方式。教学前测主要采用的方式：问卷全面调查、询问抽样调查。无论哪种调查方式，一定要保障调查的客观性、真实性，找准学生获取新的认知的困惑点与兴趣点。

例如：在进行六年级统计知识复习时的前测。看了下面的图你有什么想法？

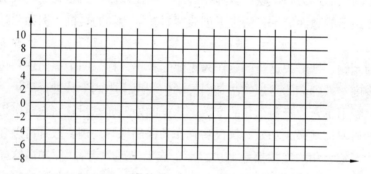

看不懂	认为有错误， 0应该标最下面	统计图中 可以用负数	更利于比较 变化情况
97 人	50 人	2 人	1 人
64.7%	33.3%	1.3%	0.7%

通过前测很明显地看出负数介入统计知识解决实际生活中的问题很必要。

例如：学习《工程问题》的前测表明50%的学生通过课外辅导班已经掌握了基本算法。但是多数学生没有真正明白为什么要这样做，根据以往的教学经验甚至有的学生只是套用公式。在学生实际练习时，经常可以看到量率不分的情况。工程应用题是分数应用题的特例。它和整数应用题里已知工作总量和工作效率，求完成工作所需要的时间的应用题解题思路相同，不同的只是工作总量在题目中没有给出，也没有直接给出各自完成任务的工作效率，只知道各自单独完成任务所需要的时间。由于工程问题是研究工作量、工作效率和工作时间三者之间关系的问题。因此我们就要从题目中引导学生发掘出三者之中的两者，特别是找出工作效率，这往往是解题的关键，也是本课的重点、难点内容。因此，本课的教学探究的重点是单位"1"的理解、工作效率、工作效率和的理解、抽象的过程。这个过程也是对分数意义的再理解、再认识、再应用的过程。

（三）一切精彩靠创造——数学素材

新课程赋予教师充分创造的空间，主张通过生活与活动让学生主动探究学习知识，强调知识的共享与生成，注重学生获得认知的过程，以自己的创造来丰富学生的生活。创造性地使用教材，要找准课程标准教材和学生的结合点，充分挖掘教材的内涵。依托学生的经验资源开发课程资源，尊重学生文化发掘童心、童趣。

新课程教材不是已经定稿的剧本，而是一部永远也不能画上句号的手稿，并永远处于不断更新和完善的动态，需要教师再创造。精彩的教学设计是展现实施教学过程、情境和环节的智慧的碰撞。

数学活动素材的选取要遵循以下原则：

1. 创新性。要培养学生的创新精神，教师首先要有创新意识，精心选择哪些易于激发学生主动探究富有创新内涵的数学素材。如果上网搜索《字母表示数》教学设计，其中会有99%的选取"一只青蛙，一张嘴，两只眼睛，四条腿；……"我们教师要培养学生独立思考、有独到的解题策略意识，可是我们自己是否做到独立思考、有独到的教学策略呢？很少。

2. 平易性。教学活动素材的选取的创新和平易并不矛盾，不能一味追求新、奇、怪、难，远离学生的生活实际，忽视学生已有的生活经验和知识基础。太难理解的数学素材，使学生产生畏惧心理，丧失探究欲望。平易的数学活动素材易于激发学生的探究兴趣。例如教学《长方体的认识》为了引发学生主动探究长方体的特征，教师选取了这样一个素材："出示萝卜，提出问题。这个是长方体吗？若把这个萝卜切成长方体的形状，怎么切？至少要切几刀？"简洁、平实的活动素材很快将学生带入了探究活动中。

3. 趣味性。教学活动素材的选取应该遵循趣味性原则，有趣的探究话题是学生主动探究的动力源泉，也会给学生带来最深刻地情感体验。例如教学完《统计》后，选取了这样的探究话题让学生自主探究"1. 统计是穿毛衣保暖，还是穿羊毛衫保暖。步骤：①实验：同时将温度计包裹在羊毛衫、毛衣内，放置在室外，10分钟、20分钟、30分钟。②记录温度计的变化情况。③采访熟悉的人，记录他们的感受。④收集资料。⑤统计汇总。⑥得出结论，反馈。2.常喝可乐对牙齿是否有害？步骤：把可乐倒在一个杯子里，然后把已经掉的牙齿放进杯子里；记录不同时间里牙齿的变化情况；查询资料；访谈；整理数据；得出结论。"这样富有趣味的活动素材，学生会有极高的探究热情。

4. 思维层次性。在课堂上学生通过主动参与探究活动，借助数学活动素材获得必需的数学，不同的学生在活动中得到不同的发展。教师在选取数学活动素材时，注重素材本身是否能够承载不同层次学生的思维要求。同一数学活动素材，通过不同层次的学生的解读，都能够促进其思维的纵深发展。例如教学《圆的认识》时，选取了这样的数学活动素材。"从三角形、长方形、正方形、平行四边形、梯形的陀螺中，选取一个与同学比赛，谁的陀螺转得平稳、持久，就获胜。你会选择哪一个？"水平一般的学生认为是正方形，因为它四条边、四个角都相等，在转动的时候与其他图形相比受周围影响最小。水平较高的学生能从中分析出正方形与其他图形相比对称轴最多，更利于平衡。"从正方形、正八边形、正十六边形……的陀螺中，选取一个与同学比赛，你会选哪一个？"思维活跃的学生能够体会到极限的数学思想，回答道："当这个正多边形越逼近于圆时，它转得就会越平稳、持久。"显然，数学活动素材的选取要以质取胜。

二、构建精彩教学过程

学生的数学学习过程是一个自主构建自己对数学知识的理解的过程。学生带着自己原有的知识背景、活动经验和理解走进学习活动，并通过自己的主动活动，包括独立思考、与他人交流反思等，去构建对数学的理解。

教学过程始终充满着悬念与可变化性，课堂上教师的教育智慧和学生创新潜能的不断开发，将不断产生令人激动的亮点和崭新的风景线，令人激动不已。

(一)精确定位探究目标　为成功探究导航

数学教师应该努力做到精确定位探究目标，为成功探究导航。课堂教学探究活动面向的对象是全体学生，教师应该正确认识到学生的个体差异性，注意探究活动的层次性。课堂教学的底线是什么，教师应该做到心中有数。预留出弹性发展的空间，为聪慧的学生搭建一个施展的平台。新课程改革以来，教师普遍采用的教学设计是：直接出示所学内容的情景问题，让学生说说怎样解决这个问题。当个别学生说出标准答案后，教师引导学生去验证。这种设计表面上似乎以学生已有的知识经验为基础，但实质上忽视了大多数学生的知识积累，在没有任何准备的前提下，先接受了结论，再去被动验证。这样设计的教学活动，在某种意义上说不能称之为探究活动。

探究目标的制定，应该以教学的重点、难点和学生思维的困惑点为基础，精心设计教学环节，避免非数学因素的干扰。使学生在有限的时间内，经历数学知识形成的过程，增强其体验的过程。精心预测、精心选择、精心设计，为学生的实验探究提供典型、丰富的有结构的材料，这是一个综合的过程，是实现探究活动的前提条件。例如教学《最小公倍数》之前，虽然有三分之一的学生已经通过课外学习，了解了最小公倍数的求法，但是并没有真正理解最小公倍数的意义。所以在设计这节课时，探究的目标是这样定位的：1. 在解决实际问题的探究活动中理解公倍数，最小公倍数的意义。2. 在探究过程中，通过观察、比较、分析、概括，理解并掌握用分解质因数、短除求两个数最小公倍数的方法，会求两个数的最小公倍数。整节课都是围绕着这两个目标组织探究活动的。出示探究问题：用多少个长 8 厘米，宽 6 厘米的长方形纸片，能够拼成一个最小的正方形，正方形的边长是多少厘米？多数学生迫不及待地利用手中的长方形学具拼摆，得出用 12 张这样的长方形纸片，正方形的边长是 24 厘米。虽然找到了问题的答案，但是对于学生来说，思维的含金量太低，要诱发学生深层次的思考。结合拼摆的图想一想正方形的边长与小长方形的长与宽的关系是怎样的？学生发现正方形的边长一定是小长方形长与宽的公倍数。启发思考："如果我们再拼一个比这个正方形稍大的正方形，那么它的边长应该是多少呢？再大一些呢？"学生很快回答"24、48、72……"。这样的探究活动使学生不仅理解了公倍数、最小公倍数的意义，而且也增强了学生应用意识、提高了解决问题的能力。随着探究活动的深入，在本节课上他们能够用列举法、分解质因数法、扩倍法、短除法等多种方法求解最小公倍数，并且找到了各方法之间的联系、在比较中优化。

（二）找准探究支点 丰富探究活动内涵

阿基米德曾经说过："给我一个支点，我可以撬动整个地球。"在数学课堂教学中如何找准学生探究活动的支点，让数学课堂更加充满生机、实效性更强呢？探究支点的确立应从学生已有的知识基础、生活经验、认知规律和心理特征出发，突出教学的重点、突破教学的难点、捕捉新知的生长点。探究支点应该是现实的、有意义的、有价值的、有挑战性的。

1. 在新旧知识的融合点上探究。综观世间数以万计的发明创造，都是人们在自己熟知的领域内遇到了新生的矛盾、问题后，才有探究的意识，采取探究的行动，不断调整探究的方法，最终取得探究的收获。在新旧知识的融合点进行探究活动，是从学生需要出发的，真正体现探究的实用价值。

例如教学《三角形内角和》时，出示这样的探究题目："在一条线段的两端先分别画出下面每组角，再将它们连接成一个三角形。（70°、90°）、（20°、30°）、（60°、110°）、（70°、110°）、（100°、90°）"。画角对于学生来说并不难，前三组学生画得很顺利，可是第四、第五组却怎么也画不出来。这究竟是为什么呢？为学生探究三角形内角和180°埋下了伏笔。

2. 在学生的兴趣点上探究。玩是孩子的天性，如果在玩的过程中，使学生有所发现，并用数学的眼光去审视，努力探究其中所蕴含的奥秘，那么这样的玩将是最有意义的。例如在教学《小数比较大小》时，组织学生开展这样的游戏活动"这是我特制的扑克牌，每张扑克牌后面都有一个非零的数字；左面的是几位数？右面的呢？现在我们能比较它们的大小吗？"此环节的设置对整数比较大小进行了复习，学生很容易回忆出整数比较大小的方法：两个整数进行大小比较，位数越多的数就越大。当老师提出："请小数点也参加到我们的游戏当中，你猜这两个数的大小关系会出现怎样的情况呢？"这一系列问题使学生产生了强烈地探究欲望。有趣的活动、巧妙的设疑，使学生带着追根求源的强烈好奇心进入了新知的探索阶段。

3. 在困惑点上探究。教学《三角形的三边关系》时，当学生初步感知"任意两边之和大于第三边"后，抛出了这样一个探究话题：将3厘米、4厘米、8厘米的三根小棒中4厘米这根小棒进行延长，使之由不能围成到能围成，这根小棒可以无限延长吗？学生对这个问题很感兴趣，观点出现了分歧，双方进行争辩，最后同学们都认为：4厘米的小棒延长的最大长度要小于3+8＝11厘米。从而得出"任意两条边之差不大于第三边。"

数学课程把学生的一般发展视为首要目标，数学活动是学生主动构建认知结构的重要过程，应该关注学生数学学习的个性差异。教学活动应该融入的数学观念、数学思想方法，以不同的方式反复出现，使学生有机会逐步建构对同一知识的不同层次的理解，并适应不同认知发展阶段的学生的思维方式。

（三）预留探究活动空间　为可持续发展奠基

在数学教学中，必须通过学生主动的活动，（这种活动不仅包括肢体活动，更重要的是思维活动。）包括观察、描述、操作、猜想、实验、收集整理、思考推理、交流和应用等等，让学生亲眼看见数学过程形象而生动的性质，亲身体验如何"做数学"、如何实现数学的"再创造"，并从中感受到数学的力量，促进数学的学习。教师在学生进行数学学习的过程中应当给他们留出充分的思维空间，使得学生能够真正地从事思维活动，并表达自己的理解，而不是模仿与记忆。

预留探究活动空间为学生可持续发展奠定了基础，可以使教学过程更加精彩，同时可能带给我们的意外惊喜。

1. 没有学具也精彩。教学《平移与平行》时，当学生们第一次看到这个图形的时候，大部分认为这是个梯形，而不是正方形。此时引导学生用自己想到的办法验证这个图形是不是正方形。正方形四条边都相等，四个角都是直角。只要利用手中的学具就可以判断它是不是正方形。大多数的学生受到教师的启发后，运用手中的直尺、三角板开始测量。可是有一部分同学手里没有直尺和三角板，他们只能看着别人操作。在巡视的过程中我忽然发现了学生的好办法。这个同学利用一张长方形的纸，将它折成长条形，利用直角部分验证四个角都是直角，当验证四条边都相等的时候，他的方法更是简单易行。用纸条做上一条边长度的标记，这样轻松地完成了整个验证过程。当我将他的做法向全班学生介绍时，他们向那位同学投去了惊喜的目光。由此想到，教师在课前准备时，学具的准备不必面面俱到，学生在自主探究的过程中会创造出精彩。

2. 错误也精彩。教学《平行与平移》时，当初步了解了平行的含义后，让学生想方法画平行线，在画中提升对平行的认识。只用一把直尺画平行线，学生对于这样富有挑战性的题目兴趣盎然，方法多样。①折纸描痕法。②方格纸描痕。③直尺描痕。当学生一一汇报的时候，老师和同学为各种各样的方法感到惊喜。当请一个同学到黑板上画平行线时，当这个同学画出了这样一组平行线后，另一个同学叫道："这不是平行线！"当教师捕捉到这个教学资源后，启发学生探讨，"这样的一组直线能否称为平行？"通过辨析，学生不仅明确了这样的一组直线是平行，而且也是对学生学会抓住问题本质分析解决问题的教育契机。

3. 逆向思考也精彩。教学内容的呈现应当给学生经历一个从"非正规化"到"正规化"的过程,使其有机会运用自己的经验表达自己对知识的理解,激发其创造性思维的过程。例如教学《搭配学问》时,"学校食堂中午炒了两个荤菜、三个素菜。每位同学选择一荤一素,每桌有 10 个同学。能否满足这 10 个人吃的菜不完全相同?要想保证做到这一点,你有什么解决的办法吗?"

课堂教学设计不是对课堂教学情境进行面面俱到的预设,仅描述大体的轮廓,它只明确需努力实现的三维目标,给各种不确定因素的出现预留下足够的思维空间,并把这些不可能预测的事件作为课堂进一步拓展的契机。

总之,精心预设教学活动构建精彩教学过程,需要教师实现要勇于超越:超越教材,教材不是法典,不是圣经;超越课堂,把教学从课堂延伸到学生的生活中,赋予知识以生命,触及学生的心灵,促其生命的成长;超越教师,学会质疑、批判。在教师精心设计的教学活动中,实现学生主动构建认知结构的过程,使每个学生在数学上获得不同的发展。

借助模型开展数学教学，帮助学生直观感受数学

孟宪堃

一、小学"数学模型"构建

(一)我的困惑

作为一名刚刚参加工作的小学数学教师，在工作中遇到的学生千差万别，这些学生对于知识的接受能力各有高低、对于知识的理解程度各不相同、对于问题的理解和方法的描述各有其道，摆在我眼前的首要问题是如何有效进行数学教学，让每一个孩子在课堂的学习中都有收获。而最关键的是要在课堂内解决学生的问题。《数学课程标准(实验稿)》中提出："义务教育阶段的数学课程不仅要考虑数学自身的特点，更应遵循学生学习数学的心理规律，强调从学生已有的生活经验出发，让学生亲身经历将实际问题抽象成数学模型并进行解释与应用的过程。"

(二)数学模型的界定

数学模型，一般是指用数学语言、符号和图形等形式来刻画、描述、反映特定的问题或具体事物之间关系的数学结构。小学数学中的数学模型，主要的是确定性数学模型，广义地讲，一般表现为数学的概念、法则、公式、性质、数量关系等。数学模型具有一般化、典型化和精确化的特点。

(三)数学模型的理论

建立数学模型是数学教学本质特征的反映。1. 数学模型是对客观事物的一般关系的反映，也是人们以数学方式认识具体事物、描述客观现象的最基本的形式。2. 人们在以数学方式研究具体问题时是通过分析、比较、判断、推理等思维活动，来探究、挖掘具体事物的本质及关系的，而最终以符号、模型等方式将其中的规律揭示出来，是复杂的问题本质化、简洁化，甚至将其一般化，使某类问题的解决有了共同的程序与方法。因此，可以说，数学模型不仅反映了数学思维的过程，而且是高级的、高效的数学思维反映。

建立数学模型是数学问题解决的有效形式。1. 数学模型是数学基础知识与数学应用之间的桥梁，建立和处理数学模型的过程，就是将数学理论知识应

用于实际问题的过程。并且，建立模型更为重要的是，学生能体会到从实际情境中发展数学，获得再创造数学的绝好机会，在建立模型，形成新的数学知识的过程中，学生能更加体会到数学与大自然和社会的天然联系。2. 现代数学观认为，数学具有科学方法论的属性，数学思想方法使人们研究数学、应用数学、解决问题的重要策略。而建立数学模型，研究数学模型，正是问题解决过程中的中心环节，是决定问题解决程度如何的关键。

（四）数学模型的自我理解

随着课程改革的推进，开放性的数学课堂，对老师们提出了更高的要求，如何引导学生在课堂上自主探究，更有价值地学习数学，为孩子今后的学习奠定基础呢？数学模型作为一种直观有效的教学用具可以理解为一种结构化的数学材料，可以是实物模型、面积模型、图形模型、数线模型等多种形式，通过数学模型教学，可以使学生更好地、更直观地了解数学知识的来龙去脉和数学知识间的相互联系，数学模型提供了一种直观地、触手可及地思考、描述、解决问题的模式，能够自然实现三维目标。当我在课堂上尝试着让学生使用这些模型以后，孩子们渐渐喜欢上数学课了，他们喜欢在一起想办法探究问题，在探究活动中不断地获得成功的体验。感受着数学学习带给他们的快乐。通过这样的教学实践，我也觉得一些看似烦琐的事情会因观念转变而出现意想不到的效果。

教师要从关注知识本身转变成为关注学生对知识所存在的问题，经过一段时间的课堂感受我深刻地体会到，教学目标要关注学生在知识和技能方面存在的问题，这些问题才是真正在课堂上需要解决和给予指导的，而针对这些问题开展的课堂教学才是有效果的，教学才是有的放矢的。学校的一位骨干教师在指导我上课时曾经告诉我：对于课堂教学，学生技能背后的是方法，方法背后的是道理，道理背后的是数学思想意识和观念……课堂上不只是简单的对于技能的重复训练与强化，更多的是让学生掌握解题的方法，体会其中的道理，潜移默化的渗透数学思想。学生以往的学习方式以接受学习为主，学习内容是以定论的形式直接呈现出来的，学生是知识的接受者，其基本特征为学生的客体性、被动性和依赖性。学生学习缺乏生气、缺乏趣味性，与生活的密切结合不够，视学习为讨厌，不得已和痛苦的大有人在。所以直接影响学习兴趣和学习效果。《数学课程标准(实验稿)》中提倡教师采用"创设问题情境——建立数学模型——解释、应用与拓展"的过程来进行。从现实背景中，体会和抽象数学模型、探索数学规律。在教师的指导下，引导学生投入解决问题的实践活动，从而让学生体会实际意义中的数学模型，经历数学建模的全过程，领会数学建模的思想和方法，提高学生数学的应用意识和应用数学知识解决实际问题的能力。我认为数学课改的主要任务是转变学生的学习方式，让学生学习时能够更自主。并能运用探究和合作的方式解决问题，这是现在数学课堂教学方面的基本特征。所以，改变原有单纯接受式的学习方式，建立并形成旨在充分调动和发挥学生主体积极性的学习方式，是数学课堂是否有效、是否有目的，是否成功的关键，也是提高学生可持续发展的重要途径。

刚开始的时候常常觉得现在的学生对知识总是理解不了，很简单的题目也能做错，可是为什么会有这样的现象呢？在和老师们的学习中我发现是自己教育观念和方法存在问题：传统的教育是希望学生听话、顺从，即乖孩子就是好孩子，而现在的学生是不希望被人"管教"的。他们懂道理，而且可以接受道理，但他们不愿被说教。现在的学生个性张扬，聪明睿智，他们更在乎自我得到尊重。所以，他们渴望老师能读懂他们的心，能和他们在一个水平线上平等对话，而不是居高临下。

枯燥的机械性运算对于他们来说是容易厌倦而且极易产生抗拒心理的，他们更希望接触到那些"看得见""摸得到"的知识，他们更希望用他们的方式和语言交流，他们更希望能用自己的眼睛看世界。

二、"数学模型"辅助教学的建模策略

1. 精选问题，创设情境，激发建模的兴趣

＊案例——两位数乘两位数的计算方法及竖式写法

在讲两位数乘两位数之前，我先从学生的生活经验入手，一栋楼房有14层，每层12户，这栋楼一共能住多少户？学生的方法多样，有用加法的，有利用之前一节学到的口算的，有用点子图的，答案自然是正确的。学生通过猜想，验证，利用点子图得出了结论：14×12先把12拆分成10＋2，然后用10×14＝140，再用2×14＝28，最后把两个得数加在一起，140＋28＝168，大家一致同意，那竖式怎么写？学生利用之前所学的乘法竖式很快地解决了乘法竖式的写法，之后将学生的点子图、分步写的横式和竖式进行直观的联系，学生看到了竖式中每一步计算的由来，理解了每一步的算法和算理，两位数乘两位数的计算方法及竖式写法建构完成了。

这节课将竖式计算与之前的口算和点子图相结合，既渗透了转化的思想，

又激发了学生的学习动机，学生不会再视计算为讨厌，遇到灵活题能够应对自如，从而大大提高了学生的学习效率。

可见，猜想与讨论中合作建构数学模型，符合小学生的心理年龄特点，这种策略还是可行的。

2. 充分感知，积累表象，培育建模的基础

*案例——《感受轴对称图形》

这是数学实践活动课的形式设计的一节概念新授课。引导学生在体验中自然建构数学模型。

我在讲"轴对称图形"一节时，带学生亲自感受了轴对称图形。我由剪纸引入，组织学生进行剪纸活动，剪之前没有说明实践的目的，鼓励学生用各种方式剪出自己喜欢的图形，活动结束后，然后让学生按照不同的剪法分类，学生自然而然地将作品分为两类，学生自然的分成了对折后和没有对折任意剪的两类，之后和学生一起研究经过对折后的剪纸作品有什么特点，学生用自己的语言表达了各自的看法，有的说都折了一下，有的说左右两边是一样的，在学生发表完自己的看法后，学生在自己的研究与感悟中，体会了轴对称图形，顺利地给出了轴对称图形和对称轴的概念：如果一个图形沿着一条直线对折，两侧的图形能够完全重合，这个图形就是轴对称图形，折痕所在的这条直线叫作对称轴。

学生们从简单的剪纸活动中感受到了学习数学的乐趣，使抽象的轴对称图形概念在剪纸活动中能够直观地感受出来。学生不但在掌握轴对称图形的基本特征，而且激发了学生学习数学的兴趣，使学生感受到数学就在我们身边。

在深感欣慰的同时，我也感受到了学生自主建构数学模型的重要。以往我们建立概念时一般以灌输为主，直接告诉学生，轴对称图形和对称轴的概念。学生没有亲身的感受，没有用手的触摸，没有用眼睛的观察，很难真正感受轴对称图形和对称轴的概念。我引导学生转变了学习方式，与学生一起在实践活动中建立轴对称图形的概念。学生不仅自主建构了新知识，而且激发了学习动机，促进学生自主探究数学知识的兴趣的发展。增强了记忆，提高了学习效率。

3. 探究讨论，抽象本质，完成模型的构建

*案例——《长方形面积公式的建立》

在讲长方形的面积一节课时，我先和学生一起回忆面积和长方形相关知

识，这为下面学生对长方形面积公式的自主建构打下一个迁移的基础。通过之前的学习，学生知道面积单位是测量长方形面积的工具。于是，我便引导学生用面积塑透片，把一个个与之相应的面积单位拖进所给的长方形框架中。用面积塑透片辅助教学，学生的学习动机一下就被激发了起来。学生这时直观数出所给长方体的面积是多少。第二步，给了一个新的长方形框架。这次比上次有难度，看一看谁通过数面积单位看出长方形面积与其长、宽的关系。学生通过实践活动感受到了长方体面积与其长、宽的关系。在通过讨论自主建构出长方形面积的计算公式。长方形面积公式的建构过程融于数学实践活动中。是"润物细无声"的自然掌握。长方形面积计算公式已一步步地印在学生的头脑中。

以往的学习方式是老师讲出长方形面积计算公式，学生背下来通过大量的练习巩固。这种学习方式枯燥、呆板，学生不喜欢。感受不到数学的美，体验不到数学的乐趣，感受不到成功的喜悦。通过改变学生的学习方式，在数学实践活动中感受数学，体验数学知识的来龙去脉，不但培养了学生自主建构知识的能力，激发了学生的学习动机，而且确实有实效。因为学生掌握了这个数学知识的本质，为今后灵活解决问题打下了坚实的思维基础。

三、建模在教学实践中的收获

在以往的学习方式下，学生没有体会到数学在日常生活生产中的重要作用。也就建立不起一个正确的、积极的数学观。他们的学习方式倾向于被动地接受知识，所以有相当一部分学生学习动机不强，没有学习兴趣。通过引导学生通过不同的策略自主探索解决的方法，并运用模型让学生能够直观的"看到""摸到"知识，学生从心底明确了数学知识的来龙去脉，感受到了数学知识应用的广泛。再加上创设有效的学习情境，引起学生学习兴趣，激发学生学习动机。学生体会到了数学的实用性，不但增强了学习动机，也促进了学生积极主动建构新知的主观能动性。进而帮学生树立了正确、积极的数学观。为今后知识的建构打下了积极的情感基础。通过数学实践活动，学生对数学的兴趣增强了；学习数学的主动性增强了，有了一定的探究能力以及搜集信息、分析信息的能力，学会了自主探究及合作学习。同时教师在课堂中从以往的灌输者成了方向的指引者，避免了成人表达对孩子思维的局限和束缚，看到孩子们在课堂上兴趣高涨的学习，更激发了教师研究教学、探究知识与方法的动力，使得工作变得更加有乐趣，更加有成就感，能够使教师和学生都在学习的过程中不断的成长和进步。

随着课改推进和逐步深入，教育更加重视以学生为本，从问题出发。只有关注学生，重视学生，学生才有可能获得长足的发展。在我的理解中，模型的范畴也将更加的广泛，涵盖更多更广的范围，将不再是简单的局限于旧的形式，而有时我们的动作、生活中的物品和事情，甚至是学生自己都可能成为教学中的模型存在于我们的课堂中，更好的借助"模型"开展数学教学，让数学知识成为学生可以直观感受到的知识，从而更爱学习数学。

课程改革为我们带来了新的教学理念，为学生发展提供了更广阔的空间。我认为，学生真正的数学学习是教师决不能替代学生经历数学学习的过程，教师必须当好引导者、组织者、协助者，让学生从生活、活动、思索、合作交流中经历数学学习过程，尽可能多给一点思考的时间，多给一点活动的空间，多给学生一点表现自己的机会，让学生多一点经历的过程，多一点成功的体验，多一点创新的能力，让学生创造属于自己的数学眼光。

数学从"关于数的科学""关于数量关系和空间形式的科学"到"关于模式的科学"，经历了不断发展的过程。因此，小学数学教学要顺应发展的要求，培养学生的建模意识和能力。

浅谈课堂中如何渗透数学思想发展思维能力

黄建鹏

记得《非诚勿扰》最后一组镜头是这样的：在豪华游轮上葛优拿着自己发明的"分歧终端机"遥望远方。这时范伟问他："你在看什么?"葛优深沉地说："未来。"看到这里我就在想，未来到底什么样? 谁也无法看到，也无从知道。正因为如此，每个人都会期待着自己的未来，希望自己的未来会很美好。但是，作为教师的我们不仅期待着自己的未来，有所不同的是，我们更加期待着自己的学生们有一个美好的未来。虽然我们无法预知孩子们未来会怎样，但是，我们能够把握现在，立足当下。让孩子们在我们的精心培育下储存更多未来发展所需要的营养。

《数学课程标准》中总体目标提出"通过义务教育阶段的数学学习，学生能够获得适应未来社会生活和进一步发展所必需的重要数学知识(包括数学事实、数学活动经验)以及基本的数学思想方法和必要的应用技能；初步学会运用数学的思维方式去观察分析现实社会，去解决日常生活中和其他学科学习中的问题，增强应用数学的意识；体会数学与自然及人类社会的密切联系，了解数学的价值，增进对数学的理解和学好数学的信心；具有初步的创新精神和实践能力，在情感态度和一般能力方面都能得到充分发展。"

从这一目标中我们不难看出：随着课程改革逐步实施，我们的数学教学除了和以往一样要以"传授基本数学知识"为目的外，更加关注在教学过程中让学生经历这些知识的形成过程和思维方式的多样化。让学生在丰富多彩的数学探索实践活动中寻找解决问题的不同策略，进而在学生获得对数学理解的同时，体验探索知识、解决问题的感受。促进学生全面、持续、和谐的发展。也就是着眼于孩子们未来的发展。这使我想起了日本著名数学家米山国藏曾指出的："学生所学的数学知识在进入社会后，几乎没有什么机会应用……然而不管他们从事什么工作，唯有深深钻刻于头脑中的数学精神、思维方法、研究方法、推理方法和着眼点等，都随时随地地发挥作用，使他们终身受益。"这就使得我们在传授基础知识、基本技能的同时，要着眼于蕴藏在知识中的数学思想方法，更要着眼于学生学习行为促进其数学思维方式的发展。

为了让我们的数学课堂教学能适应课程改革的需要，更重要的是适应今天学生发展的需要，也为学生未来发展提供帮助，我们在课堂教学中应如何去做呢？我觉得：

一、整体把握教材，理清知识脉络

数学知识是一个系统整体，沟通数学知识之间的内在联系是一项复杂而繁重的任务，需要我们每个数学教师在平时的教学中不断地探索。这样，才会使我们的数学教学不断的完整化、系统化。教师在数学教学中要善于把握新旧知识的联系，要善于把握各领域知识之间的联系，并做到能在联系当中教，引导学生在联系当中学。

以往我们在进行教材分析时，往往只关注某一个知识点在本单元的地位和作用，很少关注它在整个知识体系中所处的地位和作用。我们的课堂教学也就是在就知识而教知识，没有让学生真正体会到各个知识点之间的密切联系，更没有让孩子注意到这个知识和其他领域知识的联系。数学知识其实是一个立体结构的体系，作为数学教师，我们在解读教材时一定要做到"左顾右盼，瞻前顾后"，充分注意到教学内容的横向联系和纵向联系。

例如：在面对《分数再认识》这节课时，为了更好地把握教材，我没有急于翻看教材，而是先有了自己的思考："在本节课之前学生对分数认识了什么？在这之后他们还要学习些什么？本节课的分数再认识应该再认识些什么？为了学生后续的发展，我们在这节课还应该做些什么？"带着这样的思考我认真分析了教材的相关内容，我发现学生在六年的学习中经历了分数产生、发展及应用的全过程，他们对分数的认识是随着知识和经验的不断积累、丰富而逐渐加深的。在学习本单元之前学生已经在 2 年级上册理解平均分的含义；在 3 年级下册初步认识了分数；在 5 年级下册理解百分数的意义；6 年级上册还要认识和理解比的意义。而本节课正是建立在学生原有认知基础上，借助具体情境，不仅让学生进一步体会整体与部分的关系，而且，理解分数与除法的关系，从而对分数有更全面的认识。基于以上分析我们不难发现，《分数再认识》在数学知识体系中起着承上启下的关键作用。

再如，教学六年级上册《复式条形统计图》时，通过研读小学阶段教材，不仅梳理了小学阶段学生所经历的有关统计的内容，而且发现了统计和其他知识领域的横向联系，最重要的是明确了本节课所处的位置——这节课是学生第一次接触复式统计图。整体把握教材，分析教材为这节课做出合理定位，为后续学习奠定了基础。

在课程改革的理念指导下，通过这样的整体理解、钻研、把握教材，可以使得教师更清楚的理清数学知识结构，把握数学教材体系，便于学生主动建构，有利于实现教材知识结构很好的向学生头脑中的认知结构转化。进而，为我们后续实施课堂教学奠定良好的基础。

二、精心设计过程，渗透思想方法

数学教学有两条线，一条是明线即数学知识，一条是暗线即数学思想方法。几年的课程改革实践让我逐渐明白了，以往的数学教学注重的是数学知识的传授，而轻视了数学思想方法的教学。其实，数学思想方法才是数学的精髓，是学生形成良好认知结构的纽带，是知识转化为能力的桥梁，是培养学生良好的数学观念和创新思维的关键。因此在数学教学过程中应充分挖掘数学知识背后的数学思想方法。

例如，在教学五年级上册《分数再认识》时，我设计了两次拿铅笔的探究活动。第一次学生同样都拿自己笔袋里铅笔数量的 1/2，结果拿出的铅笔数有的一样多，有的却不一样多呢？借着这样的结果我提出让学生用多种方法来说说其中的道理。在接下来的讨论过程中，学生利用自己已有的知识和经验，尝试着用不同方法表达自己的想法。他们想到了运用摆小棒、点子图，以及借助长方形这种面积模型、数轴和线段图这种数线模型来解决这个问题。在这里不仅让学生运用多种方法来解决问题，而且，让学生体会到了数学模型的作用，从而为学生进一步沟通理解数与形之间的关系奠定了基础，使得学生头脑中的数形结合的数学思想不断发展。

再如，教学六年级下册《探究与发现》时，在理解反比例图形时，通过不断放大反比例图像，让学生在每两个点之间再寻找更多的点，让学生在探究的过程中体会到反比例图像是一条平滑的曲线，而且它会越来越接近横、纵坐标，但永远也不会相交。学生在整个的探究的过程中，体会的越来越深，在初步体会函数思想的同时，在这里还潜移默化向学生渗透了极限的数学思想。

在我们的课堂教学中，数学思想方法的教学，有利于学生形成对数学科学的深刻理解和整体认识；有利于学生心理品质的培养；有利于培养学生正确的世界观。因此，在数学教学中，教师要提高对数学思想方法教育价值的认识，加强数学思想方法的教学，从而为学生的后续学习奠定坚实的基础。

三、抓住切合时机，提升思维能力

现代课堂教学的全过程其实就是师生思维共同活动的过程，是培养学生思维能力的过程。随着课程改革的不断深入，发展学生的思维能力已经成为现代数学课堂教学的一项基本任务。目前，越来越多的教师也更加重视学生学习的思维过程。于是，我们应将发展学生思维能力贯穿在每一节课的各个环节中。无论任何时候我们都应注意结合具体的内容有意识地对学生进行思维训练。

教学《三角形面积》时，我让学生带来许多三角形，并且自己想办法把三角形转化成学过的图形并找出它们之间的关系，从而从不同角度推导出三角形面积公式。在这个过程中，学生通过自己动手、动口、动脑参与整个结论的形成过程，并最终发现他们之间的联系，继而诱发学生思维的发展，同时也激发了学生的数学兴趣。

数学思维能力的培养，需要教师在教学过程中善于发现学生创造思维的火花，通过正确的引导，以及合适的训练方法让学生的思维水平不断提高。

我想，孩子们未来的发展是需要我们教师去不断努力的。因此，在我们的课堂教学中，要真正的从孩子们适应未来发展的角度出发，去发现孩子们的真需要，真问题。从而通过自己不断地努力钻研教材，尽心设计适应学生的教学过程，最终让我们的数学课堂教学能真正为学生的未来发展储存营养。到那时，虽然我们还是无法预知孩子们的未来，但我们或许就会透过孩子们的现在看到他们美好的未来。

"数形结合思想"在乘法运算定律中的妙用

王晓丽

数学是研究现实世界的空间形式和数量关系的科学，因此数形结合思想是重要的数学思想方法之一，也是分析问题、解决问题的有力工具。著名数学家华罗庚指出："数缺形时少直观，形少数时难入微"。这句话说明了"数"与"形"是紧密联系的。我们在研究"数"的时候，往往要借助于"形"，在探讨"形"的性质时，又往往离不开"数"。数形结合具体地说就是将抽象的数学语言与直观图形结合起来，使抽象思维与形象思维结合起来，通过"数"与"形"之间的对应和转换来解决数学问题。

在实际的教学中，教师总会遇到这样的尴尬：在教学进行到北师大版数学四年级上册的乘法3个运算定律：交换律、结合律、分配律，尤其是乘法结合律和分配律时，课堂上，几乎所有的学生都能很好地理解运算定律，并且还能根据运算定律举一反三，看上去好像已经融会贯通了。可在做作业时，情况却截然不同，学生运用这些运算定律，往往张冠李戴，错误连连。而且这是一个非常普遍的现象，而且每届学习这个知识的孩子们都会出现同样的现象，有没有有效的措施和得力的方法能够帮助学生提高学习的效率呢？面对学生的问题，我尝试应用了"数形结合"的思想方法，合理、灵活的应用"数形结合"，让"数"与"形"各展其长，优势互补，相辅相成，达到抽象逻辑思维与具体形象思维的完美统一，从而使学生在乘法运算定律中遇到或生成的问题化难为易、化繁为简，降低学生的学习难度，充分体现学生的主体性，从而激发学生的学习兴趣，提高学习效率，使学生的能力得到了充分的发展。

一、运用数形结合思想，使复杂的问题简单化

小学生思维以形象思维为主，并随着年龄的增长逐步向抽象思维过渡。小学数学中的数量关系是比较抽象的，学生难以理解。由于"数"和"形"有一种对应关系，而"形"具有形象、直观的优点，能表达较多具体的思维，能帮助学生理解抽象的数量关系，因此我们可以把"数"的对应——"形"找出来，利用图形来解决问题。

在学习了乘法分配律后，课后练习中，孩子们经常会碰到 $8×12+4×36$ 这样的题，孩子们通常不知道如何进行简算，为了帮助学生寻求解决问题的方法(找到共同的因数)，我是这样做的：

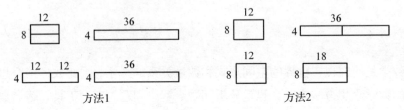

方法1   方法2

把式子分别用长方形分割的方法来表示，通过图形的变化，从而找到了解决找不到共同因数的问题，找到了共同的因数就可以很容易的用分配律进行计算。对孩子们看似一筹莫展的分配律的扩展题，教给学生运用数形结合的方法来解决，实际的教学效果可能比单纯的教师灌输式的讲解要强上很多倍。

二、运用数形结合思想，使抽象的问题形象化

1. 在乘法交换律教学中的应用

乘法交换律是这样描述的："交换两个因数的位置，积不变"，面对乘法的这个运算定律，一般情况下，老师们总觉得孩子们有了加法交换律的认识，对于乘法交换律还有什么好讲的呢，通常直接通过算式计算其积的方式一下带过，好像孩子们也没有出现什么问题，殊不知，对于这个年龄段的孩子，只有数的支撑，孩子们理解起来还是非常抽象的，所以我就利用长方形面积的计算，帮助学生理解乘法交换律"交换两个因数，积不变"真正的含义。

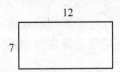

学生通过计算长方形的面积，长×宽＝宽×长，得到两个相等的式子$12×7＝7×12$，孩子一下子就明白了"交换位置"而"积"却不变的道理。

2. 乘法分配律教学中的应用

在初学乘法分配律时，学生总是不清楚括号内的"加"与括号外的"乘"的关系，那我就设计一个能把这二者联系到一起的情境：面积的增加。

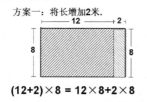

某小区打算将下面这块长12米，宽8米的绿地进行扩建。

方案一：将长增加2米.

$(12+2)×8 = 12×8+2×8$

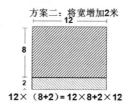

某小区打算将下面这块长12米，宽8米的绿地进行扩建。

方案二：将宽增加2米

$12×（8+2)=12×8+2×12$

在这个情景中，乘法分配律的两个形式(先求和再求积，先求积再求和)得到了高度的统一。在求面积的时候这两种形式变成了先求新长再求面积，先分别求新旧面积再求面积之和。有了长方形面积的支撑，乘法分配律的两种形式顺理成章地结合在了一起，学生惊奇地发现原来晦涩难懂乘法分配律变得如此的"平易近人"，原来要靠死背公式才能勉强做出题来，现在只要画个图就迎刃而解了。从孩子们惊诧的眼神中，我分明看到了"众里寻他千百度，蓦然回首，那人却在灯火阑珊处"的心情。

数形结合是数学思考、数学研究、数学应用、数学教学的基本方式，数形结合是双向过程，要处理好数与形的结合，而且要根据教材的特点和学生的思维水平而定。

①就教材而言，对于较新、较难的教学内容、对于学习较困难的学生可以先形后数，用形来表示数，学生通过形来表示数量之间的关系，对于后续教材和较难理解，比较抽象的内容可以先数后形，通过数来揭示形。

②就学生的年龄特点而言。中低段学生以具体形象思维为主，实施先行后数，可以提高学生的思维水平，其教学效果会更好。

三、运用数形结合思想，使模糊的问题明朗化

1.利用数形结合，找到两律的本质区别

在初步学习了三个运算定律后，当学生碰到"计算下面各题，能简算的要简算"此类题时，错误就更多了。究其原因，因为这类题不仅要求学生能明确运算顺序，正确计算，而且还要求学生有一定的观察能力，甚至要有一些直觉，能够进行合理的分析，找出其中能够进行简便运算的部分，并合理地进行简便运算。要想顺利完成这种题，学生必须要透彻理解简算的原理，完全把握简算的本质，既不能把可以简算的题轻易忽略了简算，也不能把无法简算的题错误地进行简算。经过整理归类，我发现学生简便运算主要是对运算定律混淆

不清。

如：$18 \times 101 = 18 \times 100 \times 1 = 1800$

$125 \times 48 = 125 \times (40 + 8) = 125 \times 40 + 8 = 5008$

$125 \times 48 = 125 \times (40 + 8) = 125 \times 40 \times 125 \times 8 = 5000000$

$101 \times 52 = (100 + 1) \times (50 + 2) = 100 \times 50 + 1 \times 2 = 5002$

$25 \times 64 \times 125 = 25 \times (60 + 4) \times 125 = 25 \times 60 + 4 \times 125 = 2000$

这些错误的发生，说明了学生对乘法结合律和乘法分配律这两条运算定律产生了混淆。这是由于乘法结合律与乘法分配律在表现形式上十分相近，致使一些学生造成知觉上的错误。

当孩子们做错题时，很多老师都是从"数"的角度来帮孩子分析错因，这对于孩子是有用处的。也有很多老师提出要加强练习。这样的做法也是有用处的。但是"练习不等同于重复。"练习不等于简单机械的重复操练，而是要敏锐发现学生学习的节点，分析成因，找到真正的症结所在，针对学生的学习困难，设计有价值的课堂教学。在平时的练习中学生会犯很多的错误，我们了解这些错误的原因，并利用多样化的方法，帮助学生自我反省，进一步改正自己的错误。基于乘法结合律和分配律这些错误，我想如果在从"数"的角度帮孩子分析错因的基础上，利用"形"来帮助学生发现自己的问题，可能效果会更好，基于这样的思考进行了深入的实践探索。

点子图其实也是一种图形，它和长方形是作用相同的模型。借助模型点子图，帮助学生区分结合律和分配律的本质特征。创设了学生参加区运动会的入场式表演，同学们要站成这样的队形 15×18 的长方形，如果用一个黑点来代

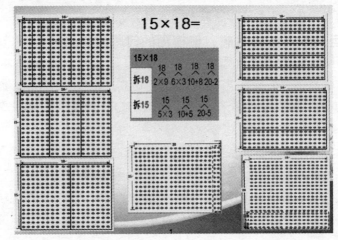

表一名学生，站好的队形就成了点子图这样的方阵。让学生四人一小组，看哪个小组能用尽量多的不同的方法来帮助巧算，并结合点子图把算式里的想法在点子图里圈一圈。在学生汇报的时候一共出现了 7 种计算方法。通过点子图与算式各部分之间的联系，然后通过交流、观察、归纳等数学活动，使学生感悟到结合律是把数等分成相同的几组，所以连乘，分配律是不等分分成几个不同的块，所以乘加或者乘减。

通过利用点子图的对比，确实帮助学生找到了两种运算定律隐含的本质的区别。由于在教学中采用了形象化的点子图，直观地展示了两种运算定律的区别，使枯燥的数学知识变成了生动有趣的材料，使隐秘的特征变得清晰简明，提高了计算的正确率。只有经过这样的探究活动，学生才能真正有所体验，才能建构自己有意义的知识。从而也使学生喜欢学数学、学好数学，同时也能丰富学生积极的情感。

2. 利用数形结合，分析分配律使用中错误的原因

针对学生曾经出现 $101 \times 52 = (100 + 1) \times (50 + 2) = 100 \times 50 + 1 \times 2 = 5002$ 的错误，我是这样帮助学生分析的：

两个数相乘可以直观地表示为长方形的面积（如右图），长分成两个部分：100 和 1，宽也分成两部分：50 和 2。乘是什么意思呢？就是求长是

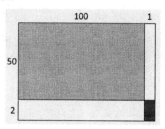

101，宽是 52 这个长方形的面积。这个面积可进一步地分成四部分，一份是 100×50，一份是 50×1，一份是 100×2，最后是 2×1。这时，学生就能看到自己的错误是只算了两块，没有算其他的两块，同时让学生感受到，为什么要算四块，而不是两块。同时学生也找到了正确计算的方法。

现行教材和《课标》中，注重了知识、能力、数学活动经验、数学教学思想的培养，而数学思想的核心是数学的本质，要揭示数学本质，主要应阐述知识之间的内在联系、规律的发现过程、数学思想方法的渗透、理性知识的应用等有理有据的发现规律，并应用发现的规律解决实际问题。

在数学教学中，教师要注重教材、钻研教材，教材中有内涵的内容就应充分发掘出来，没有的就要进行创设，要在教学中时时渗透数形结合的思想，更重要的是老师的意识。在平时教学中，要给学生更大的空间，增强对数形结合模式的认知，体会图形教学对数学知识形成的意义，注重加强数形结合思想的

渗透，关注学生数形结合思维能力的提高，从而培养图形与空间观念的认知能力。

　　总之，通过以上"数形结合思想"在乘法运算定律中的教学，孩子们对知识本质的理解更加深入了，使他们由最初的迷茫发展至现在的茅塞顿开，达到了非常好的效果。同时也使我对"数形结合思想"有了更进一步的认识。在课堂教学中，数与形的结合时教师与学生学习数学的一种思想方法、两者不能截然分开，两种都是符号，要做到数中有形，形中有数，让学生寓知识于活动中，以形思数，帮助记忆；数形对照，加深理解；数形联系，以利解题；以形载数，以数量形；数形互释，图文并茂。其实数形结合也不只是应用在运算律这一个知识点上，还有很多的知识可以运用数形结合。比如认识整数、分数、小数的意义以及相应的运算、平面图形的周长、面积、表面积、体积等知识时，都可以借助数形结合的思想，老师要有意识地要求学生用"形"来理解"数"，用"数"来表示"形"。经过长期的训练，把数形结合作为培养学生想象思维能力和逻辑思维能力的终结目标。激发学生数形结合的学习兴趣，为学生长远学习奠定好的学习思想方法，达到数形统一，从而提高学生的思维能力。

打破思维桎梏　点燃创造火花

卞红霞

恩格斯说："科学的教育的任务是教育学生去探索、创新。"21世纪是知识经济的时代，创新是知识经济时代的显著特征。现在的中小学生是21世纪我国知识经济的主力军，实施素质教育，必须注意开发、培养他们的创造潜能。

那么，什么是创造思维呢？简单地说，思维的创造性是在新异情况或困难面前的对策，是在独特地和新颖地解决问题的过程中表现出来的智力品质。它是创造过程中的一种思维活动，能产生前所未有的思维成果，具有崭新内容的思维，是人类思维活动的最高表现形式。

科学研究表明：创造性思维的发生是逻辑思维和非逻辑思维、发散思维与聚合思维、自觉意识与非自觉意识交融的结晶。因此，它具有以下显著特点：整体性、互补性、突破性、新颖性、价值性、流畅性、变通性和独特性。所以说，创造性思维是各种思维形式系统综合作用的结晶。

小学数学教学实践的研究表明，通过学科教育，进行创造思维的培养，是造就创造性人才，实施素质教育的最有效途径。

那么，从哪几个角度来有效培养学生的创造性呢？下面从三个方面加以说明。

一、教师应对学生创造性思维培养有一个正确的认识

(一)打破思维定式是创造性思维发展的一个基础

我们先来看一个小故事：小明的妈妈有三个儿子，大儿子叫大毛，二儿子叫二毛，三儿子叫什么？许多人会沿着大毛、二毛的顺序猜三儿子叫三毛或小毛，这就是思维定式的负面干扰造成的，其实题中已明确给出了答案(三儿子叫小明)，举这个例子是想说明，在我们的思维过程中，定式确实存在并一直影响着人的思维活动。在众人皆知的司马光砸缸的故事中，实际上又给我们讲出这样一个道理：打破思维定式，就是创造性思维的具体表现，在众人按常规办法(叫大人来救掉入大缸的孩子，用勺子往外舀水，用手去拉又够不着)救人时，司马光这一"砸"实际上就"创"出一条与众不同又马上奏效的最佳方法，由

此可见，"不破不创"的道理，只有首先打破固有的思维定式的束缚，我们的创造性才有发挥的天空。

(二)老师要有意识地强化"创新意识"

圆的面积计算公式是半径×半径×圆周率，所以，学生学习公式后在计算时，都习惯于先找"半径"这一必要条件，但是有位聪明的老师却在此时出了这样一道题：

如图：已知正方形面积是 $16cm^2$，求圆的面积。

有聪明的老师引导，就有聪明的学生，学生在解这道题中发现，正方形的面积是边长×边长求出的，这个边长×边长恰恰就是圆的半径×半径，知道边长×边长是 $16cm^2$，也就是间接告诉自己半径×半径也是 $16cm^2$，所以此题中根本不用再求半径，只要用16乘圆周率即可求出圆的面积。

这个老师在学生刚刚要形成思维定式时，安排了这样一道题是很巧妙的，一个"异"解题带出了学生的"创"思维。所以，要想使学生的创造性思维有所发展，老师的引导作用实在是非常重要的，如果老师总是在数学学习活动中强化学法、解法上的"人无我有、人有我异、人有我优"的意识，学生的创造性思维又怎能不萌芽并发展呢？

二、发展学生的"学力"，培养学生的创造性思维

学力就是学生的学习能力和技能素质，创造思维绝不是空中楼阁，它必须在学生具有一定的学力基础才能发展起来。

(一)想象力是创造力的翅膀

人类梦想自己像鸟儿一样在空中自由飞翔，经过无数次的探索，才有今天的飞机、火箭、太空飞船、航天飞机，试想，一个"不敢想，不善想"的人又怎能做到"敢想、敢做"呢？创造性又从何处体现呢？所以我们说，给学生思维以真正的自由，才能激发孩子的想象力，迸发出创造力的火花。例如：在古题"鸡兔同笼"问题的介绍中，一位老师就带着同学们做了这样一个大胆的想象，100 只鸡兔都成了马戏团的演员(鸡兔总腿数 250 条)，老师和同学变成了魔术师，一击掌，鸡兔听话地抬起一条腿，立在地上的鸡兔共计 150 条腿，二击掌，鸡兔又听话地抬起一条腿，这时共计 50 条腿了，而此刻两只脚的鸡振翅飞到空中，在地上的腿全是小兔子的腿，每只兔两条腿，共有 25 只兔，一下子就揭出了题的答案。师生边想象边模仿，在笑声中解决了难题。学生在体验

想象的魔力同时，创造意识、创造欲望已在心中深深的扎根了。

（二）培养"观察与思考"的能力，为培养创造思维奠定扎实的基础

在数学教学中"一题多解"是培养学生创造思维的常用方法之一，但是，我们必须认识到，只有对基本知识的全面、扎实的理解与掌握，才能在基本解法的正确性基础上寻求多解，否则，一题多解是不可想象的。学生只有学会了观察，才能深入的思考，只有深入的思考才能潜入知识的内层，把握知识的要点，从而产生独到的理解，获得创造的灵感。

（三）在参与中创造

实践出真知，参与才创造。在学习的全过程中，只有学生全身心地投入才能做到思维活跃，才会使创造性的火花迸发，而每一个学习环节都蕴藏着数学知识本身具有的无穷奥妙，每一个学习环节都给学生提供了发展、探索、创造的机会，学生只有积极、主动地参与学习，发挥个人学习的主动性，才会从不同的角度，运用不同观点，去探究知识、认识学习知识、掌握知识、创造性才能真正地体现出来。

三、改革"教法"，培养学生的创造思维能力

（一）建设一个开放式的课堂

科学技术的进步，社会的发展，使学生在多渠道获取信息成为习惯，教师仅仅靠自有知识、课本内容进行教学，显然会束缚学生的发展，同时，我们应努力建设一个开放式的课堂，让学生真正成为学习的主人，更好的发挥自己的创造性。在教学中，围绕每节课的主题有意识地让学生课前去搜集有信息，课上组织交流讨论，课后应用、扩展，这样学生人人参与，主动积极、思维活跃，视野开阔，不断地有创造性的想法、做法加以闪现是水到渠成的事。

（二）到大自然和社会实践中学习，让学生尽情用知识去创造

知识来源于实践，应用于实践。学生只有在生活中把知识用活，才是真正的学懂学会，才是我们教学的根本目的。有这样一个小例子比较典型：在商场促销中规定，3个空可乐易拉罐可换一罐新的可乐。小明家有12罐可乐，全喝完后，第一次换回4罐可乐，又喝完后换回一罐，再喝完这罐后，还有2个空罐，可小明想办法又换回了一罐，原来他向邻居借了一个空罐，换回可乐后，把空罐又还给了邻居。这个点子使他比别人多得了一罐可乐。可乐虽小，但这件事却使孩子认识到知识的作用，在创造中获得了收益，不仅仅在思维上得到锻炼，在商品社会中的能力才得到有效的培养。

　　一个名人讲过"卓越的天才不屑于走旁人走过的路，他总是寻找别人还未开拓的地区"，其实，哪里有什么天才，如果说有的话，每个具有创造意识的人都是天才。人类历史的发展表明，创造是社会发展的动力，创造意识、创造能力蕴藏在我们每一个人的身上，让我们教育工作者善用"教育"这把启迪创造的金钥匙，去培养并激发每一个孩子的创造力吧！

利用直观模型进行整数、小数计算教学的思考

于丽明

美国华盛顿大学数学教授卡尔.B. 艾伦多弗，在他所写的供小学教师使用的数学教材中谈道："数学中的一切讲授都应该在直观水平上开始。当你抓住概念并把它们与你周围的世界联系起来时，就为更正规的讲述做好了准备。"他认为这是讲课应该遵循的程序。过去，我们在讲解一些题目时，一般都利用数量关系式直接进行计算，学生会做，但是不明白其中道理，只是照葫芦画瓢，时间长了，就忘了。在我们实际教学过程中经常遇到一些题目用语言讲，学生是很难理解的，如果我们用直观的图形与数量关系有机的结合，学生就很容易理解了。所谓直观，是反映事物外部特征和联系的感性认识活动，参与这一认识活动的不限于感性成分，也有记忆、想象、思维的成分。直观所获得的感性认识是理解的基础，感性知识丰富、表象清晰、想象丰富，有助于对概念、原理的理解。小学生的认知特点是由浅入深，他们对数学知识的理解并不是一次完成的，需要经历逐步深化、提高的过程。借助直观、具体的模型，将相对抽象的知识形象化，可以帮助他们化难为易，顺利解决问题。

一、利用直观模型建立整数、小数加减法计算方法间的联系

纵观前八册不难发现，北师大版小学数学教材始终非常重视各部分知识间的相互联系与转化。通过这些联系，学生可以形成对数学知识整体的初步认识。特别是在教学整数、小数计算时引入了直观模型，将抽象的计数单位形象化，将相同数位相加减的认识渗透在学生的操作、思考活动之中，使"相同计数单位的数相加减"成为孩子们的共识。

(一)利用直观模型有助于学生理解十进整数及相关计算算理

在低年级认识整数的数位和计数单位时，教材没有一味地摆小棒，而是为学生提供了一系列格子图作为直观模型(如图 1)，帮助学生在头脑中建立对计数单位一、十、百的表象，渗透十进制计数方法，使相对抽象的数学概念具体化，便于低年级的小学生认识、理解和应用。在接下来整数加减法运算中，让学生通过动手摆一摆，说一说的方式，实际利用整数单位的直观模型进行计

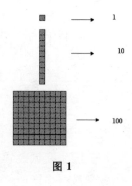

图1

算，虽然并没有对"相同计数单位的数才能相加减"的方法进行概括总结，但是这种认识已经清晰地印于学生的头脑之中，并运用于他们的实际计算活动中。在二年级的时候学习连加连减，学生已经能够利用直观模型很清楚地进行计算，并非常明白相同数位对齐这样的"算法"是什么道理，变以往的"书上就是这样写的"、"老师就是这样教的"为"道理就是这样的"，将算理真正内化为学生个人的理解与认同，并指导他们的实际行为。

(二)利用直观模型有助于学生理解小数意义及加减法算理

在三年级的第六册教材中，利用学生熟悉的货币单位元、角、分引出小数，并引导学生初步感知小数加减法的计算方法。到了四年级的第八册中，教材为学生在此呈现出直观模型(如图2)，把一个正方形的大小看作1，将它等

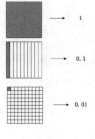

图2

分成10份，每一份的那一个长条表示0.1，再将正方形1平均分成100份，每一小格表示0.01。通过这样的直观模型，学生很容易发现，一位小数表示十分之几，两位小数表示百分之几……，并通过观察认识到小数计数单位间的十进制关系。有过一定教学经验的老师们都知道，以往在教学小数的认识、数位、计数单位的时候非常吃力，学生面对抽象的概念、数位表很难理解得清晰、到位，特别是计数单位之间的关系是个"老大难"，经常有学生弄不清0.1、0.01、0.001哪个大，十个谁等于一个谁，实在不行就只能死记硬背。而小数单位的直观模型很好地突破了这个重点和难点，从实际教学效果看，学生们对直观模型的感知直接引导他们顺利地理解了小数的相关概念，并很自然地迁移到后面的小数比大小和加减法计算中，讲起算理来真是得心应手，头头是道。

例如计算："7.3－2.26＝?"学生通过摆方格的方法一边摆一边说算理，出现了几种不同的思考方法：①先摆方格表示出7.3，然后将3个0.1中拿出1个0.1，换成10个0.01去减百分位的6，再减其他数位上的数。②0.3是30个0.01，0.26是26个0.01，再用30个0.01减去26个0.01就得4个0.01，再减其他数位上的数。③ 7.3是730个0.01，2.26是226个0.01，730个0.01减去226个0.01得504个0.01，就是5.04。以上方法都是学生边摆方格边讲的，其他同学也听得不断点头认可。试想如果学生对小数意义和计数单位

的理解不清晰透彻的话，光听这些方法可能就会感到一头雾水，不知所云了。学生们利用小数的直观模型不仅能够正确顺利解决小数比大小、加减计算等问题，而且还迁移到理解小数性质中，取得了很好的教学效果。

（三）利用直观模型沟通学生对整数与小数的认识，进一步加深理解

如果把一至四年级对有关整数与小数的认识和算理理解连在一起看的话，我们能够发现一个清晰的思想脉络——联系，而这种思想通过直观模型得到了很好的体现。（如图3）

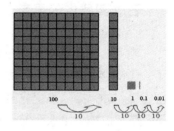

图 3

在借助这种直观模型的建构下，整数、小数加减法算理的相互沟通也就不难发现了。因此，在总结小数加减法计算方法的时候，教材上写道："竖式只要小数点对齐，其他就与整数加减法一样了"，对于这句话的理解，有的学生说："小数点对齐，相同数位就对齐了，也就是相同计数单位的数对齐了，这样小数加减法的计算方法就和整数一样了"；也有的学生说："小数加减法就是计数单位的个数在相加减，只要别忘记小数点，方法和整数的一样。"在这样的认识背后，是学生对整数、小数意义、数位和计数单位的透彻理解，使对联系与转化思想的实际应用，这其中，直观模型功不可没。

二、利用直观模型理解、掌握小数乘法计算方法

在四年级的第八册教材中安排了小数乘除法教学任务，以往这部分知识出现在第九册教材中，对四年级学生来讲无疑是有一定难度的，但在实际教学中学生所反映出来的情况却和我们的预想有不小的差异。学生对小数乘法算理的理解并不困难，计算的正确率也比较高；而对小数除法的掌握却感到吃力。认真观察学生的学习行为我们发现，学习小数乘法之所以不太困难，是因为在他们的头脑中已经牢牢建立了小数的直观模型，而且这套模型作为学生进行小数乘法计算的思维支持，起到了极其重要的作用。

教材中为小数乘法教学设计了五个例题：① 一块橡皮0.2元，买4块需要多少元？——小数乘整数；②一块地砖长0.3米，宽0.2米，地砖的面积是多少平方米？——小数乘小数(重点是研究算法)；③包装纸每米2.6元，0.8米要多少元？——小数乘小数(重点是竖式笔算方法)；④竖式笔算(乘数看成整数之后是两位数)结合估算；⑤简算。学习①的时候，学生就在主动地利用直观模型寻找答案，探究算法非常顺利。学习②的时候，面对"0.3×0.2=？"

的问题，有的学生说得 0.6，立刻就有不少学生反对，其中有人拿出直观模型讲道理，说 0.6 是 6 个十分格中的长条(学生语言)，它应该是 0.3 的 2 倍，也就是 0.3×2 的结果，怎么能是 0.3×0.2 的结果呢？也有的学生利用小数意义解释，说一个数乘 0.2，就是求它的十分之二是多少，把 0.3 平均分成 10 份，表示其中的 2 份，得数不应该比 0.3 大，一边说还一边利用直观模型涂阴影表示。在面对直观的模型时，学习有困难的学生思考有了一定的依托，更容易理解小数乘法计算的算理，也为后面的算法学习打下了良好的基础。

三、实践中的思考

首先是在学习小数除法知识的时候，学生感到比较吃力，计算质量也不能令人满意。认真观察教材的编排，我们看到，学生熟悉的直观模型完全没有了，代替它的是直接的算法指导："只要商的小数点与被除数的小数点对齐就行了"、"如果把除数变成整数就好办了"，学生在这部分知识的学习里只是在不断熟记、练习上面所说的算法，突然失去直观模型，好像有些不太适应。特别是教材例题中的"8.54÷0.7＝?"，学生对答案 12.2 的正确性有点模棱两可，以他们现有的知识无法解释为什么除得的商比被除数还大，想用直观模型操作找正确答案但是却不知怎样操作，只能从逆运算的角度证明 12.2 是正确的，但是这个没有经过自己亲自推导得出的结论接受起来总觉得不那么顺当。其实小数除法的算理也很清楚，就是利用商不变性质将除数是小数的除法转化成除数是整数的除法，为什么学生却"找不到感觉了"呢？

另外，在教学小数意义和数位表之后安排了单位换算知识，旨在让学生根据单位之间的进率关系找到十进制分数，再将这些分数化成小数。但是这种想法只限于进行十进制进率关系的单位之间进行换算，遇到时、分、秒之间的换算学生就解决不了了。另外，在学生学习小数点位置移动引起小数大小变化的规律之前，在面对 35 千克＝(   )吨的问题时，总有学生错写成 0.350，问题不是出在学生知道千克换算成吨要写成三位小数，但是 35 应该在这三位中摆在哪里的认识总有些模糊。

通过直观模型、实际动手操作与动脑思考相结合，帮助学生将抽象的数学概念形象化，可以使学生更加清晰的认识、理解知识，收到了事半功倍的效果。虽然由于认识水平的差距，在实施起来还有一些问题，但是建立整数与小数相关概念以及算理，突破小数教学难点，直观模型发挥了它不可小视的重要作用。在今后的教学改革与实践中，它将会引起越来越多有心人的关注与研究，它也将会引发我们对教学实践进行更深层次的思考与探索。

乐学　善学　减负　提质

刘翠萍

数学新课程标准在前言中的基本理念中首先就指出——人人学有价值的数学；人人都能获得必需的数学；不同的人在数学上得到不同的发展。上学期开学初，学校提出在数学教学课堂上要给学生减负，但教学质量不能下滑。"减负"是要学生在更短的时间内、在更小的压力下，学到更多的东西，而且知识结构要更为科学、知识与能力的关系要更为合理。为此，我校在学校领导的带动和骨干教师的引领下，在数学教学中进行了减负提质的改革，向常态教学要质量，进行了核心导学课、自学互学课、综合实践课这三种新课型的探索，在校本教材中设计了自主的数学手册，在教学评价中跟进了教学评价机制，使学生在数学课堂的学习中，感受到了无穷的快乐，学生更加喜欢上数学课，大大提高了学生的学习质量。

一、放开学生思维，还学生课堂乐土，让学生善学

(一)学生能够自己学懂教材的，教师不教

放手让学生自学教材，也就是学生能自己看懂的，就让他们自己去看书学习，教师决不包办代替。要允许学生的思维出现"节外生枝"，这样的课堂会更民主、更平等、更和谐，更能体现出学生研究的学术氛围，更能使学生施展才华，使课堂真正成为学生的舞台。比如，在学习三位数乘两位数的乘法时，老师让学生列出算式、并估算结果后，让孩子们纷纷展示交流自己的想法。绝大多数的同学运用了知识的迁移及两位数乘两位数的算法，进行了竖式笔算，个别同学运用了口算。老师的问题："你能看懂同学的方法吗？还有哪些问题？"引发了学生的独立思考而后的生生互学交流。在交流中学生都讲了自己算法的来龙去脉，出现了多种不同的算法。而后老师并没有就此打住，而是拿出了教材，让学生自己通过读书，发现了几种算法之间的联系，并用几个箭头，几句表白，沟通了口算和竖式之间每一步的联系，一下子让学生明白了竖式中的两个不完全积所对应的口算和表格中的每一步得数。如图1。其实，表格中的算法是乘法分配律的拓展 $(a+b)\times(e+d+f)=ae+ad+af+be+bd+bf$，它帮

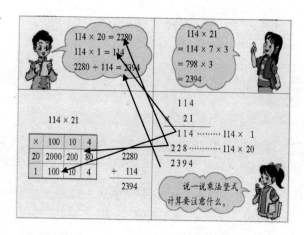

图1

助学生更好地理解了位值制的思想，学生真正看懂了书上的解法，理解了表格中每个数之间的关系，即表格第一行是把 114 分成 100＋10＋4 第一列是把 21 分成 20＋1，2000 是 100 和 20 的乘积，100 是 100 和 1 的乘积，以此类推，把获得的乘积相加就是 114 乘 21 的乘积。由此看来，放手让学生去自学教材，学生能够静下心来，独立地思考，能够把自己的想法在生生之间、师生之间互相交流、互相提高，从而使学生真正成为课堂的主人，提高了学生自学看书解决问题的能力。

（二）学生能够自己探索的，教师不包办

在五年级学习数的奇偶性时，教材中出示了这样一幅图：小船最初在南岸，然后驶向北岸，再驶向南岸。第 101 次（教师改了次数）的时候，小船在北岸还是南岸？突然间这么多的次数，学生的注意力一下子集中起来，这么大的数怎么办呢？经过几分钟的探索，学生有的画图、有的列表、还有的通过画图、列表、枚举（当然没有那么大的地方了，促使学生要从小数（第一次）开始，发现规律）找到了运动的小周期，通过列式找到了答案。

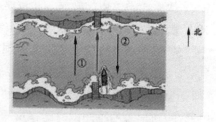

图2

南岸	2	4	6	…
北岸	1	3	5	…

$101 \div 2 = 50 \cdots\cdots 1$ 本教学案例中，我们惊喜地发现，课堂上许多基础薄弱，向来袖手旁观，甚至心不在焉的学生都积极参与讨论、勇于发表自己的见解，细细想来，这些学生的变化主要源于教师创设了让学生自主探究的氛围，激发了学生的探索欲望。

二、运用校本手册中的分层作业，让学生乐学

人人学有价值的数学；人人都能获得必需的数学；不同的人在数学上得到不同的发展。因此，学校老师们充分利用这一课程理念，在编排数学手册时，充分考虑到孩子们的学习特点和心理特点，在每一页中除了安排必做的练习内容，还安排了分层练习，教师在设计、布置数学作业时，不按同一要求、标准来布置，而是根据学生的具体差异，布置有层次性的作业，对不同层次的学生有不同的要求和标准。手册的每一页题中设有一题标有"★"（选作），以供学有余力的学生练习，在老师批阅讲评后，一些中等学生甚至学习习惯不太好的学生也积极地参与进来，跃跃欲试，除此以外，还额外增加了"自主空间"一栏，以供学生在此处写一写，画一画，算一算，甚至这里还成为学生学习数学的心理晴雨表。这是数学手册编排时的分层设计习题和"自主空间"一栏的编排。

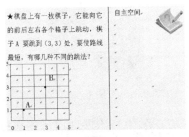

图3

有的同学用枚举画一画，有的学生用对角线相加的方法，个别学生虽然没有完全把所有路线画出来，但是看得出来虽然是能力题目，但是孩子也乐于参与其中。

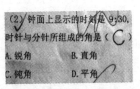

图4

这是学生在学习角的分类后，在做练习题的时候，很大一部分学生把9：30分时，分针和时针的夹角学生选择了"B直角"，一位同学通过在自主空间的图画，写出了自己的思维过程，选对了答案，当老师把该生表扬之后，她又在自主空间画出了自己高兴的心情，多有意思啊！

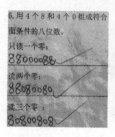

图5

学生在学习大数以后，按照要求写数曾一度是学生认为较难的题目(因为他们认为老师说"写大数的时候最好边写边画上分级线，这样写起来容易一些"这句话作用不大)所以，写了半天，还是没有按照要求写出来，"太难了"但是加上了分级线，感觉"不难了！"

图6

学生在"自主空间"一栏，学生开始展现自己的思维过程，写写画画算算，在计算多位数乘法的时候，将自己的弃九验算写在旁边，工工整整，既检查了自己算的题目正确与否，又培养了学生细心验算的好习惯。

数学手册的"自主空间"，为学生创设了一片天地，这里成为学生的内心世界和学习经验展现的舞台，成为师生和生生交流的空间，让学生们乐此不疲，成为学生互学乐学的交流场所，虽然写画算的多了，但是学生们乐意干这件事情，他们学习数学的劲头更足了，他们的学习成绩也在节节攀升。

三、布置个性化作业，让学生爱学

寒暑假、节假日和周末是学生快乐的日子，如何让学生既减负，又乐学？

学校老师们商议，设置个性化作业，让学生用自己喜欢的方式自己亲手制作数学小报、拍摄自己喜欢的数学游戏小视频、讲数学小故事、玩一玩数独棋、搜集数学小资料、整理学过的知识体系等等，学生们非常高兴，终于不用和枯燥的数字打交道了，他们开始上网，搜集报纸杂志，查资料，拿出剪刀、画笔剪贴数学小报，举起相机动员家长一起拍起自己的数学小视频，讲起数学小故事，写起了数学日记，在这些形式的个性化作业中，学生得到了锻炼，每到午间欣赏同学的个性化作品时，学生们安静极了，他们在互相欣赏中得到了快乐。以下选学生的作品进行展示。

图 7

四、运用评价机制，让学生会学

在教学中，为了让学生乐学善学，在课堂上我采用评价机制，每人评价，每课评价，每次作业评价，每单元评价，每月评价，每个学习小组评价，男女生评价，开展中年级学生喜欢的比赛争先机制，用小奖章、免写章、奖票兑换、兑换奖品等方式，激发学生学习兴趣，让学生之间产生比赛的意识；对于不同层次的学生在批阅作业时用不同的评价机制，学困生允许他们比其他同学多错一道题，甚至通过小小的提醒让他们得到"优"，当他们的印章数得到一定数量时进行全班的掌声鼓励，甚至直接奖励奖品，对于学优生则对他们要求高一些，书写、自主空间、能力题(★题)、画批、当小老师讲解等，兑换奖票，用这些方法取得了很好的效果，比如小鑫、小阳两位同学曾经是班里落后的两个人，通过评价他们的进步很大，小鑫在第一单元的计算中评选为"神算子"，他高兴极了，抿着嘴一直在笑。

附小印章：

作业全对　　　听讲好，作业在校按时　　　书写好
　　　　　　　完成且全对书写工整

图 8

以上奖章够一定数量兑奖或者抽奖，学生兴趣非常高，每一次作业都很认真，大大提高了教学质量，学生的负担轻了，思想压力小了。

事实证明，减负不是与教学质量割裂开来，不是过分强调减轻作业数量，关键是教师要认真备课的同时，要从调动学生学习的积极性出发，加强对学生的学习策略、思维策略训练，设计学生喜欢的作业形式，采用适当的评价机制，千方百计减轻学生的思想负担，使学生乐学、善学，这样才能让学生真正减负，提高学习质量。

在游戏活动中学数学

景秀娟

课程标准中指出：数学教学是数学活动的教学，是师生之间、学生之间交往互动与共同发展的过程。数学教学，要紧密联系学生的生活经验和已有知识出发，创设生动有趣的情境，引导学生开展观察、操作、猜想、推理、交流等活动，使学生通过数学活动，掌握基本的数学知识和技能，初步学会从数学的角度去观察事物、思考问题，激发对数学的兴趣，以及学好数学的愿望。小学一年级的学生由于年龄小，特别喜欢游戏，如何运用游戏的方法促进他们的数学学习，让他们在游戏中学习数学，对提高他们的学习动机和效果是有益的。

一、利用学生的好奇心，创设有趣的数学游戏活动，激发学生的学习兴趣和求知热情

好奇心是对新、特、奇事物进行探究的一种心理倾向。在教学中，利用一年级学生好动、好奇的心理，恰当地进行动手操作，在操作中有所发现，激起学习兴趣，使他们主动地投入到学习过程中去。例如：在学习"6、7 的认识"时，教师创设了"猜数游戏"活动，教师出示一个磁珠，让学生看到它的大小，然后说"你们谁能猜出我的两只手里一共抓了多少个这样的磁珠？"学生猜数，并简单的说明理由。教师可以追问"有可能吗？"、"你敢肯定吗？"有一点比赛意思的让学生来猜数，激起学生的好奇心，学生的兴趣会很高，可以一下就把课堂的气氛调动起来，而且学生是在先看到棋子的大小与多少的情况下进行猜数，这样就可以为学生的猜限定了一个范围，可以发展学生的数感，培养学生的估数能力，同时也使学生感受到"在没有根据的情况下是不能随便下结论的"。到底有几个？想不想知道？请看老师的左手有几个？右手呢？（教师分别按照左右两边将磁珠放到磁力黑板上）然后问学生"有谁猜对了？你怎么就知道你是对的呢？"学生在说明理由的时候就会说到"老师的左手有 4 个棋子，右手有 2 个，一共有 6 个。4＋2＝6 或者 2＋4＝6"。教师将算式板书到黑板上，并在磁力黑板上写一个"6"。你们可都没有猜对！还想不想再玩一次？那咱们还用这六个磁珠，老师换一种玩儿法。教师将那六个磁珠从磁力黑板上拿下来握

在双手中。如果老师的两只手中都有一些磁珠，老师只告诉你一只手中有几个，你能猜出另一只手中有几个吗？那你想知道老师哪只手的？教师按照学生的意愿先出示一只手有几个，问谁能猜出另一只手里有几个？"你敢肯定吗？还有谁敢？这一回怎么这么肯定？这么有把握？"学生在这里说明理由，有可能不说算式。教师可用"能把你的想法用一个算式来表示吗？"学生有可能还用加法，教师可用？"啊，它已经在这了(板书)，能说一说哪个数是你猜到的结果吗？"教师将那个数做出标记。教师揭示结果。还有谁在猜的时候用到了别的算式？(6－2＝4、6－4＝2)教师板书。看来，这一回，是因为你们猜的有理有据，所以你们都猜对了！快为你们的胜利鼓鼓掌吧！还想不想再玩儿？那还用这六个磁珠，再换一个玩儿法。(磁珠还在磁力黑板上。)请看还是六个吗？学生在说的时候教师突然用手捂住3个，谁能猜出我的手里捂了几个？学生说结果，并会说出3＋3＝6和6－3＝3。教师板书。并标出加法算式中的结果"3"。这一回，谁愿意到前面来带着大家玩儿一次，来难为难为大家！教师可以故作神秘状态与这个学生交谈"你打算捂几个？"引导学生捂住一个。其他学生猜数，教师板书有关算式。还有谁想玩儿？都想，那咱们就以同桌为一个组，两个人开展一次猜数大赛。以不同的方式来做这个猜数游戏，是为了让学生感到很有趣，在第一次后，学生都猜对的情况下，教师想"难住"学生，来吸引学生，在最后一次，教师叫学生来时，设计了一个与他谈话的过程，这样设计是在为下面学生自己玩做铺垫，一个是在引导他悟出和上面不同的玩法，同时也达到了组织教学的目的，越是神秘，学生的注意力越是集中。对于0和6的玩法在这里没有出，是为了在后面学生自己玩的时候，给他们留一个创造的空间。每人数出7个珠子，一个人捂，另一个人猜，并说出算式。如果猜和算式都说对了，就可以从自己剩下的珠子里拿出一个，放在自己的盒子盖里，表示得一分。比赛结束时，谁的珠子多就算获胜。汇报：你捂住了几颗？他猜对了没有？他说的算式是什么？教师将算式板书。教师小结：今天通过玩儿猜数游戏，同学们又认识了这么多的算式朋友！你们可真了不起！像这样设计游戏情境，调动了全体学生的积极性，激发了学生自发的学习动机和兴趣，让学生在生动具体的情境中理解和认识数学知识。

二、联系学生生活实际，创设有趣的数学游戏活动，使学生主动学习

波利亚指出："学习任何知识的最佳途径是由自己去发现。因为这种发现理解最深，也最容易掌握其中的内在规律、性质和联系。"一年级小学生年龄虽小，但在他们的生活体验中，也会有着数学因素的内容。让数学走进生活，从学生熟悉的生活现象中挖掘出数学因素，亲身经历整个学习活动过程，使学生体会到数学知识来源于生活实际，用数学知识解决实际问题的道理。在教学过程中，教师设计让学生说一说、摆一摆、试一试等教学环节，给学生充分的学习自主权，让学生在活动中探索新知，勇敢地试，从而培养学生主动探索新知的意识以及学习的能力。因此，在学习"统计"的内容时，设计了以下的数学活动。根据学生的生活实际，要过新年了，班里要组织新年联欢会，应该做哪些准备？同学们根据自己的生活经验，纷纷举手发言，贴窗花、挂拉花、挂气球等等，老师抓住学生回答的问题，如果挂气球应该什么颜色的气球多买一些？同学们得出喜欢哪种颜色的气球，就多买一些。那怎样知道喜欢哪种颜色的同学多？引导学生要运用统计的方法得出。这时，老师让学生拿出装在信封中的吹塑纸做的气球，每人选择一个你最喜欢的气球，贴到黑板上，因为大家是随便贴上的，所以不能一眼看出哪种颜色的气球最多，同学们就开始想办法解决这个问题，小组讨论，得出方法：把同颜色的气球放在一起，再数数有几个。这里渗透了分类和找数据的方法，通过让学生亲自调查本班同学喜欢的气球颜色的情况，化静为动，让学生愉快地走进数学世界，在探索中激起兴趣，主动的获取知识，并运用知识解决一些实际问题，从而生动而有意义的学会统计知识和方法。并且有利于发展学生的思维能力和培养他们的创新意识。

三、根据学生的年龄特点，创设有趣的数学游戏活动，使学生在体验中感悟认知

一年级的学生年龄小，他们的注意力是不稳定的，集中注意的时间短，持久性差，喜欢在玩中学，组织有趣的数学游戏活动，可以集知识性、趣味性、活动性于一体，使学生在多种形式的游戏活动中体验知识，领悟知识。充分调动学生的积极性、主动性和创造性，让学生在轻松愉快的气氛中学好数学。例如：在学习"左、右"的内容时，让学生玩一个比反应的游戏。老师说举左手，学生就举左手，老师说用右手摸右耳，用左手摸左耳……学生按口令做。这既符合儿童好玩的心理，也符合学生好动的特点，让学生在玩中学会知识。另外，还设计了一个拍手游戏，通过游戏，让学生在活动中充分体验左右的变化，初步感知左右的绝对性和相对性，主动探索知识的形成过程。这样，使学生在具体情况下体验认知左、右的含义与相对性，使学生身临其境，拓展学生

241

的思维，能够激发学生的学习主动性和积极性，使这节课自始至终都让学生保持着浓厚的学习兴趣，使课堂气氛活跃、生动、有趣、轻松、愉快，效果好。

　　总之，根据一年级学生的身心发展特点，通过游戏活动，使他们初步获得一些数学活动的经验，了解数学在日常生活中的简单应用，初步学会与他人合作交流，让学生获得成功的体验，树立学好数学的自信心。

浅谈主体性教学的实践与思考

宋雅敬　孔德华

在当前的课堂教学中，"以学生发展为本"的主体性教学思想已成为学校教育的共识。那么，什么是主体性教学呢？何为主体？主体指的是从事社会活动的人，教学活动中从事教与学活动的是教师和学生。何为主体性？主体性就是作为社会生活主体的人，在社会活动中表现出来的自主性、能动性和创造性。主体性教学主要是指在教师的激励和指导下，使教学活动成为学生自主学习、积极学习、创造学习的互动过程。

教师和学生都是教学过程中的主体，都是课堂教学活动的主人。教师是教学活动中施教的主体，学生是学习活动中学习的主体，课堂的主人不仅是教师，而且还有学生。要使教师和学生在教学活动中尽量表现出主体性。主体性教学，就是要在课堂教学中充分发挥师生自主性、能动性和创造性的教学。

那么，在数学课教学过程中如何进行主体性教学呢？

一、主体性教学的前提——激发学习兴趣

我们都知道，兴趣是人积极认识事物或关心活动的心理倾向，是人学习活动的动力源泉。要使学生主动地学习，必须使学生对学习有兴趣。诱发学生学习欲望，提高学生学习兴趣，是学生主动参与学习的基础。为此，需要教师以"趣"引路，以"情"导航，把僵化呆板的课堂教学变为充满兴趣的学习乐园。

例如："教学简单的统计——单式条形统计图"这一课，我直接让学生统计一个作业本上不同的等级，统计学生喜欢的运动等等，这些调查的内容来自于学生熟悉的或感兴趣的现实生活。在这样的情景中，学生情绪高涨、思维活跃，学习的效率明显提高。所以学生能通过自己的亲身体验，明白了统计的方法和要求，对统计的作用有了更深的印象。因此教师应善于捕捉生活现象，沟通数学知识与生活实践的联系，把生活中的问题逐步抽象为数学问题，是激发学生学习兴趣，并使之产生学习需求的有效方法之一。学生亲自统计实践和教师适时诱导的过程也就是目标动态达成的过程。

二、主体性教学的精髓——让学生自主学习

在课堂上，学生能在多大程度上获得知识、形成技能、发展能力和受到教

育，主要取决于学生自主学习的程度、学生自主学习的意识和自主学习能力的发展水平，而学生自主学习的意识和自主学习的能力，只能在自主学习的实际活动中形成和发展。在课堂上尽量让学生自主学习，既能提高课堂中的学习吸收率，又能提高学生自主学习的意识和能力。

（一）让学生明确学习目标

学习应是一个自觉能动过程，让学习者明确学习所要达到的目标，能给学习者指明学习的方向，增强学习内驱力，并不断调控自我学习行为。在教学实践中，要求学生了解所学知识的具体要求和通过学习应该达到的程度，做到心中有数。由于目标明确，学生学习的自觉性、责任感和自信心也就大大增强，而且由于学生有计划地学习，同时也不断地对照目标自查学习效果。这样就提高了学生自主学习的意识和学习实效。

（二）引导学生合作交流讨论分析问题

《数学课程标准》指出：数学教学是数学活动的教学，是师生之间、学生之间交往动态与共同发展的过程。为实现有效的探究，教师必须提供给学生充分的合作交流的机会，创设基于师生交流、动态、互惠的教学关系。彼此形成一个真正的学习共同体，从而达成共识、共进，促使创新素养的提高。

小组讨论是不错的形式，学生在小组讨论时，人人出点子，找途径，并交流、评价方案，他们探究能力也获得了不同程度的提高，促进了学生积极主动地思维和推理。学生能分析、处理已有的信息，小组合作中能促使学生思维能力的生成。学生的学习过程是经历体验知识发生、发展的过程，是生动、活泼、主动的和富有个性的过程，我们要引导学生在一定的问题情境下，通过自主探索和合作交流，真正理解和掌握数学知识和技能、数学思想和方法，学生在体验科学探索过程的同时，自主探索、创新的意识和习惯就逐渐生成。学生的智慧有很多是潜在的，课堂创设开放的、民主的、和谐的学习环境，不仅有利于学生学习潜能开发，更有利于学生在合作探索中互相启迪，思辨创新，资源共享。总之，从教学实际出发，有针对性地开展课堂讨论，引导学生交流、争辩、分析问题，有利于培养学生动脑、动口、动手的能力和探索精神，这也是落实主体性教学思想的重要体现。

（三）指导学生做学习总结

学生写总结实际上是一次重新整理与复习已学内容的过程，学生在写小结的过程中，会发现自己以前没有认识、没有理解的问题，在教师的指导下，深化认识，并把分散在课本中的知识加以系统化，从而更全面更深刻的理解。我还有意识的布置一些带有总结性的作业，让学生完成。如：在课堂上每讲一道典型例题或习题，也可以让学生进行总结。每次测试后讲评时，也让学生认真进行总结。其内容涵盖多角度解题的思路、题目的改编、联想、引申、拓宽等等。每次测试之后，先让学生对做错的题目进行订正，并要求学生认真进行总结分析，在此基础上教师再认真讲评。

三、主体性教学的关键——教师的引导和激励

学生自主学习的意识和能力是在学习活动中逐步形成和发展起来的，而学生的自主学习活动，主要靠教师的激励和引导。教师是课堂教学中一级控制的主体，不仅控制自己的施救活动，而且要对学生的学习活动进行控制。学生是否能够自主学习，就要看教师是否给他们提供自主学习的机会，是否调动起他们自主学习的积极性。学生怎样自主学习，则要看教师怎样根据学生学习水平的不同，进行相应的指导和激励。

(一)积极评价，促使学生心理健康

《数学课程标准》指出，评价要关注结果，更要关注过程，要关注学生在数学活动中所表现出来的情感、态度与价值，帮助学生认识自我，建立信心。总而言之，也就是要帮助学生形成积极健康的心理。

多元智能理论指出：每个人的智慧类型是不一样的。因而，作为教师应充分考虑到这一差异，多关注学生数学学习的独到之处，着眼于学生潜能的唤醒、开掘与提升，使学习成为在教师引导下主动的、富有个性的过程。我们应尊重学生的个别差异，对不同学生的回答，尽可能用不同的态度去评价。教师要在教学的过程中采用多样的、开放的评价方式。评价可以采用个人的自我评价或学习小组内的互评、师生评等，教师尽量让学生说出评价的理由。提高学生自主学习的积极性，从而使学生在思维的激荡中创新。

(二)尊重学生，促使学生增强自信心

教学过程应该成为学生一种愉悦的情绪生活和积极的情感体验。学生在课堂上是兴高采烈还是冷漠呆滞，是其乐融融还是愁眉苦脸？伴随着数学知识的获得，学生对数学学习的态度是越来越积极还是越来越消极？学生对数学学习的信心是越来越强还是越来越弱？这一切必须为我们教师所关注，这种关注同时还要求我们教师必须用"心"施教，不能做学科体系的传声筒。

总之，教师应根据学生的能力、知识水平、认识心理的差异特点，给不同

层次的学生提供更多的参与机会、体验的机会，以满足不同层次学生的需要。因此教师要给学生提供积极思考、自主探究的空间，提供大量观察实验、探索活动的体验，给学生留下广阔的思维空间，这样有利于培养学生的创新精神与实践能力，促进学生的自主发展。让学生运用已有的知识，灵活地探索解决问题的方法和途径，让学生各方面都得到更好的发展。在发展中提高和展现学生生命的价值，使学生的知识、智能、情感思想等方面的素质在动态中发展，灵活地调控和开展教学活动。教师应以学生发展为中心，赋予学生发现的权利，引导学生完成解决问题、发现规律，监测他们发现后的反思。新的教育理论下的数学课堂应使学生成为学习活动的真正主人。

[注：本文参考了郝四柱：《新课程下的主体性与主导性如何把握—数学课堂教学实践与思考新课程研究》一文，载《基础教育》2007.（5）]

对利用直观模型辅助学生计算
学习的梳理、研究与思考

李志芳

小学生的认知特点是由直观逐步向抽象过渡的，他们对数学概念乃至运算道理的理解与掌握并不是一步到位的，也远非我们所猜测的那样顺理成章，毫无困难。孩子们的学习必须要经历从直观操作，逐步抽象、深化、提高，到真正得以内化的过程。本文中所讨论的"直观模型"指的是在小学数学教材中使用的实物、小棒、计数器、条块、矩形方阵、数线等学习材料。它们以其明显的直观性特征以及结构化特点，在小学数的认识特别是计算教学中发挥着重要的作用。

一、对直观模型的认识

何谓直观模型？王长沛教授有过这样的论述："结构化的学习材料"。这里，学习材料很好理解，那么什么是结构化？纵览教材中呈现的诸多不同形式的直观模型，我们不难发现，这里所谓的结构化，很大程度上指的是符合学生进行数计算学习的进制结构。由于数的组成结构是十进制，所以许多直观模型也呈现出十进的结构特点。随着学生对数概念的逐步深入认识，以及解决计算问题的需要，教材中也出现了一些其他结构关系的直观模型材料。由此我们是否可以这样认识：学生在数的认识与计算学习中所使用的直观模型，是根据不同研究需要而构建的学习材料，它的结构设置必须以满足学生操作研究需要为根本目标。

二、对直观模型在计算教学中使用情况的梳理与思考

当选取了计算教学中的"直观模型"这一视角对教材进行整体梳理的过程中，我们不难发现，教材中的诸多模型以其自身独有的特点，在不同的时间、不同的阶段、不同的研究领域发挥着自己的特殊作用，很好地支撑了学生对数运算学习的理解与建构。

【北师版一年级上册】　　　　　【苏教版一年级上册】

【人教版一年级上册】　　　　　【北师版五年级下册】

（一）丰富的直观模型以及使用情况

1. 实物

实物模型是最容易被想到、被理解的一种直观模型。由于它由现实生活中的真实物体构成，因此非常贴近小孩子的生活经验，在解释算理时也最容易被孩子们所理解。而且由于实物的个数一般是自然数，因此在学习较小的、自然数范围内的计算时，使用实物模型就显得生动自然。我们看到，在一年级上册（北师大版、人教版、苏教版）加减法的认识、二年级乘法的学习，（人教版、北京版教材）、四年级小数除法、五年级分数除法等都用到了实物模型。但是当数目较大，或不能用自然数表示时，实物模型就显示出一定的局限性。

纵观北师版的教材，从一年级上册到五年级下册，实物模型的使用延续时间这么长，也许有人会问，到了中高年级还有必要借助实物模型吗？从四、五年级对实物模型的应用来看，实物模型只是支撑学生理解算理的直观表象的一种，而有些学习内容借助实物便于学生理解，因此我们鼓励孩子们联系实物、操作实物。

2. 小棒

由于学生的思维模式是从具体形象思维为主逐步过渡到以抽象逻辑思维为主的。他们容易接受和理解直观的、具体的知识，而数学本身是反映符号化的数量关系和空间形式，比较抽象、概括、枯燥。小棒的独特优势是：能形象展示自然数的特点，很好地表达出十进计数法。而教材中在引导低年级学生理解整数加减法计算算理的过程中，很多时候借助了小棒。就在学生使用小棒合并、移除、打捆、拆捆的操作过程中，"相同计数单位的数相加减"，以及"满十进一"、"借一当十"的思考全过程都十分清晰、直观地展现在孩子们面前，对帮助学生从根本道理上支撑算法发挥了重要的作用。

由此我们可以看出：小棒之所以成为低年级最常用的学习材料之一，它的携带、操作简单方便，很实用；能形象展示自然数的特点，让学生掌握数与实物一一对应的关系，并且能较好地表达出十进制计数法等优点，这对于低年级学生的计算学习来说是独具优势的。

3. 条块

相比实物和小棒这两种直观模型，条块模型突出的特点是具有明显的十进结构，因此它有力地支撑了学生在计算学习中对算理的理解。它甚至可以作为构造竖式的基本雏形，它几乎可以成为竖式计算的"图形版"。

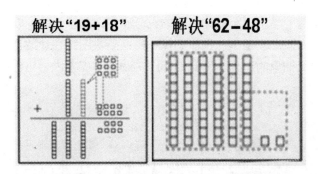

我个人认为，条块最精彩的表现在于突破了学生学习小数的重要节点——对小数的意义和计数单位的理解。它用简明的十进构图将小数意义直观展现出来，就连非常抽象的小数计数单位以及进率关系也清晰明了地一一呈现在学生面前。就此，有关小数甚至分数的一系列问题都得以突破性解决。（如左例）

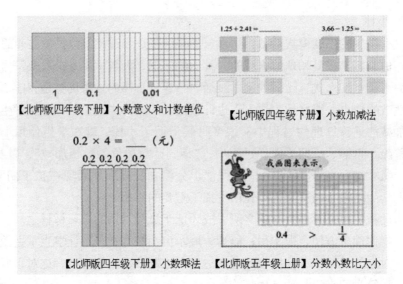

【北师版四年级下册】小数意义和计数单位　　【北师版四年级下册】小数加减法

【北师版四年级下册】小数乘法　　【北师版五年级上册】分数小数比大小

条块模型以其直观、具有明显十进关系的特点，在数的运算学习过程中对学生理解算理，起到了很好的作用。但是我们注意到，教材编排时并没有忽视培养学生应有的抽象思维，当学生对算理算法建立了清晰具体的直观表象之后，模型就逐渐淡出，直至不再出现。

4. 计数器

计数器是基于学生对小棒和条块的充分感知之后产生的，它的最大特点是突出体现了位值概念。学生从操作小棒、拼摆条块图到在计数器上拨珠子经历了一个从具体到抽象的过程。因此，相比实物和小棒来说，它已经具有了一定的抽象性。

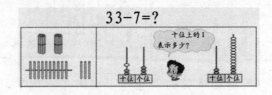

计数器第一次出现是在一年级上册，但是多数情况下是和小棒、条块这些更加直观的模型同时使用。例如在"9＋5"的学习中计数器与小棒、条块同时出现。对比此时出现的三种直观模型，学生先凑出来的10，无论是在小棒中打捆，还是在条块拼摆中凑出的十块组成的一条，总之那个"10"仍可以清晰可见，但是使用计数器操作之后我们发现，个位那10个珠子孩子们看不到了，它们被十位上的一个珠子所替代。又比如"33－7"的学习,个位不够减需要借一当十,小棒还可以清晰地看到将一个十变成十个一的直观表象,而计数器则完全依赖于学生对位值的准确认识。由此我们不难感受到计数器的抽象性。

计数器模型在数的运算学习过程中,对学生理解十进制和位值制起到了很好的作用,但由于计数器受位值的影响,因此在使用时具有一定的局限性,仅在一、二年级整数的加减运算中出现。

5. 货币

货币模型也因其具有明显的十进制关系,同时富有浓厚的生活气息,成为学生进行计算学习的良好材料。

例如二年级下册学习整百数加减整百数,在买电器的实际背景中运用,学生很容易理解。

在三年级 12×4 的教学中,在购物的背景下也很容易借助货币来理解算理。另外,在三年级的小数计算学习中,以货币(元、角、分)模型构建小数,研究算理算法也非常直观清晰。

$$12 \times 4 = \underline{\qquad} \ (元)$$

$$\longrightarrow 10 \times 4$$

$$\longrightarrow 2 \times 4$$

48元。

6. 矩形

从目前的梳理,我们把矩形模型分成由实物构造的矩形和由点构造的矩形两种形式。

二年级上册研究乘法的时候,使用的是由实物构造的矩阵。这些松果有规律地排成一个长方形，便于学生有规律地数数，学生能够直观地把数与口诀一一对应。

日本教材也是借助实物和点阵构造的矩阵来研究乘法问题。

在北师大版三年级《住新房》一课关于"14×12"的研究中，海淀区教研室主任郭立军老师曾建议通过构建矩形点阵，帮助学生聚焦算理，进行深入思考。

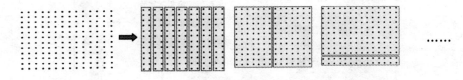

7. 数线

数线模型具有连续性和对应性，能够很好地体现数与数之间的关系。同时，认识、理解和正确使用数线模型也会为学生后续学习数轴奠定良好的认知基础。国内外许多版本的教材中都或多或少地引用了数线模型。例如北师大版教材第一次出现数线模型是在二年级上册研究 5 的乘法口诀中的一道练习题（小猫 5 个 5 个地跳格子，如下图）。人教版在研究 8 个乘法口诀时也用到了数线模型，与北师大版教材有异曲同工之处。同时我们看到，新加坡和日本的教材中，学生对基本乘法的学习也借助了数线模型。

【北师版教材】

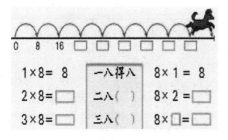

【人教版教材】

【日本教材】

【新加坡教材】

（二）各种直观模型特点的对比分析

模型	教材中的应用实例	主要优点	不足
实物	$2+3=5$ $3+2=5$	贴近生活，直观，一一对应，能展现学生的全部思考过程。	不方便进行较大数运算的操作。
小棒	$33\quad 7-26$	携带、操作简单方便，能形象展示自然数的特点，较好地表达出十进制计数法。（一一对应）	不方便进行较大数的运算。
条块	$12+12+12+12=48$ $10×4=40$ $2×4=8$ $40+8=48$	具有明显的十进制结构，借助结构条块解决问题，在量的感受上和计数器是有明显差别。	在做数比较大的进位加和退位减时，操作稍显烦琐。

续表

模型	教材中的应用实例	主要优点	不足
货币		贴近生活，能体现十进制。	需要进行情境转换。
计数器	$9+5=14$	明显体现位值制。	有一定局限性、计算时不能完全展示学生的思考过程。
数线		具有连续性，能够在运算中展现数域的形成过程，能感受点在线上的对应关系。	不方便进行较大数的运算。
矩阵		由于自身的矩形结构，在乘法的研究中具有优势。	对加减法的研究具有局限性。

（三）直观模型使用的发展脉络

纵观教材中直观模型的使用情况，我们看到了一条清晰的发展脉络，即实物—小棒—条块—计数器—货币—矩形—数线，由形象、直观逐步抽象。这些模型具有各自结构特点（有的具有明显十进关系，还有的能够在运算中展现数域的形成过程），在数的运算学习过程中对学生理解算理，起到了很好的作用。在梳理教材的过程中，我们可以体会到编者对于直观模型的态度："借助，但不依赖"，即在充分发挥其直观作用支撑学生认知的同时，并不忽视培养学生应有的抽象思维。因此我们看到，当学生对算理算法真正建立了清晰具体的直观表象之后，直观模型就不再出现。

三、利用直观模型进行计算教学的实践研究

基于上述对直观模型的认识与教材呈现中的编排思考，我们可以认识到它对于学生理解、建构数的意义以及计算算理方面所具有的独特优势。因此我们要对教材中出现的直观模型支撑给予足够的重视和充分的应用。而对于教材中没有设计使用直观模型的教学内容，我们也可以结合学生的学习困难以及学习

需求给予必要的补充。

(一)利用直观模型辅助学生进行低年级乘法意义复习

乘法意义对于学生数学学习的重要意义毋庸赘述,在北师大版小学数学教材中,建立这一重要概念是在二年级。如何让这些七岁左右的孩子理解、掌握概念的核心意义——求几个相同加数的和的简便运算,并正确应用?仅靠教师的反复讲授和练习是不够的。

我们进行了这样的尝试:以"请你参加3×4的化妆晚会"为研究情境,引导学生利用多种模型表示出3×4的意义。由于表示的是乘法这一概念,因此选用的模型以实物和矩形为主,也出现了数线模型。

【实物矩形】

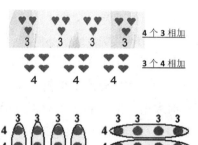

【矩形点阵】

【用实物模型展示倍数比较关系】　　　　【数线模型】

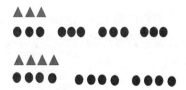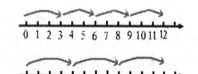

这节课,教师利用直观模型将抽象的乘法意义充分外显,使它在学生的头脑中呈现出丰富具体的表象,有助于学生进一步深入理解乘法意义。

(二)利用直观模型辅助学生进行运算定律学习

乘法运算定律(特别是结合律和分配律)一直以来都是学生学习的难点。学生对这两个运算定律理解和区分起来都感到很困难,应用中更是错误百出,经常出现诸如"25×12=25×10×2"的问题。学生在面对12想将它分解的时候,只想着拆成10和2,却并不关注10和2应具备什么关系。针对这个问题,我们进行了一些尝试。

1. 构建点阵圈画思路

15×18＝？教师引导学生构建一个每一行 18 个点，15 行的点阵图，让学生在图中圈一圈，表示出自己的想法，然后再列出相应的算式。

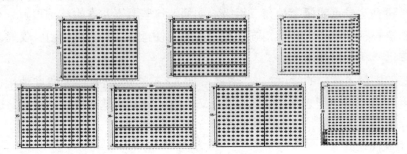

圈画之后，教师引导学生进行观察、交流，并尝试通过分类理清思路：使用结合律的这些方法都将点子方阵平均分成了不同的等份，而使用分配律的方法是将点子方阵分成了大小不同的几部分。因为是将点阵平均分的，所以只要求出其中一份的点子数量，然后乘均分的份数就可以了；而分配律不是均分，所以不会连乘，必须要分别求出各部分的点子数量之后再进行加或减的整理，才能最终求出点子的总数量。体会到了这层道理，再进行类似简算题目的时候，学生就会将拆数与点子图之间建立联系，对一个数的不同拆法意味着把点子图如何分割，是均分的？还是普通分割的？相应的就需要选择不同的算式来进一步解决问题。

将抽象的数的运算转化成直观的图，孩子们在图中圈圈画画，并想办法用数学式子表达自己的想法。将"冰冷"的算式赋予其火热的探究思考历程，直观经验在学生的头脑中逐步完成了数学化抽象。

2. 构建矩形破解难点

学生在利用乘法分配律解决问题的过程中，有一种题特别爱出错："12×11＝(10＋2)×(10＋1)＝10×10＋2×1"，无论老师怎么费力讲解，学生就是不明白："我怎么错了？"限于知识编排，老师也没办法真正给学生讲清楚到底应该如何整理原式。被逼无奈，有的老师绕开（不出这样的题了），有的老师下命令——记住：分配律只能拆一个数！都不能让孩子们真正心悦诚服。

我们做了这样的尝试——构建矩形图。就拿上面的 12×11 来说吧。可以构造一个长方形，长 12，宽

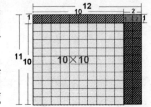

11，而 12×11 的结果就是这个长方形的面积。除了用 12×11 以外，从图上看，还有什么方法能够求出这个长方形的面积？

学生在认真观察、分析之后找到了解决的方法：把原来的长方形分割成四块小长方形(如上图)，分别求出这四块的面积之后求和就可以了，于是得到了这样的算式：12×11＝10×10＋1×10＋2×10＋1×2。教师将这个算式与学生原来的错误进行对比，引导学生发现原来算法的问题，从而清晰地认识到这种做法是错误的，是与原式答案不等的，少了两块长方形的面积。

利用点阵和矩形等直观模型解决运算定律中应用的难点，只是一种尝试。我们并不能保证全部的学生都能 100％地学会并灵活使用，更不可能保证使用了这个方法之后，学生就能完全解决运算律应用中的所有问题。我们更希望给学生一些有助于提升思维水平的方法，引导他们对所学知识进行更深入的思考。面对困难的时候，引导学生努力尝试应用所学过方法来主动思考，寻求问题的解决，这种意识和能力要比"追求即刻难题的破解"更为重要。

(三)利用多种模型辅助学生进行小数除法的学习

【教材呈现】

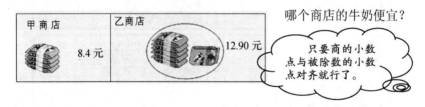

对于小数除法，教材中提出了明确的算法："只要商的小数点与被除数的小数点对齐就行了。"难道教材的编者的意图就是让学生记住这个算法，然后进行反复练习吗？在对教材进行认真分析与思考之后，我们得出了这样的认识：教材之所以用商店购物为研究素材，意图是让学生以货币为支撑，深入理解小数除法算法的核心道理。于是，我们在借助货币模型认识算理的基础上，尝试加入了条块模型进行辅助支撑，帮助学生增加直观感知，将隐藏于运算内部的算理充分外显，很好地解决了问题。

首先引导学生分别用两种模型构建对 8.4 和 11.5 两个小数的理解。

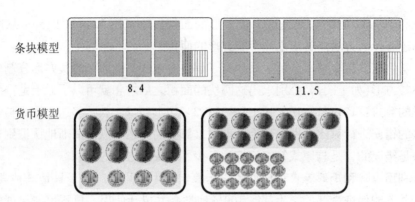

然后教师组织学生利用模型探究小数除法计算方法，并试写除法竖式。当学生分别展示出自己的想法之后，教师引导学生建立模型与竖式之间的内在联系，使之相互沟通，以模型支撑算式，以算式表达思考过程，这样，不仅教学重难点得以突破性解决，也使数形结合的数学思想逐步走进学生内心深处。

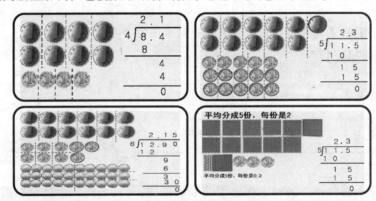

四、写在最后

直观模型对于学生正确建构以及深入理解数学知识和方法具有不可比拟的优势，但是在使用过程中还是要进行认真的思考，审慎的设计与选择。不是所有的内容、所有的年段都适合使用，特别是在使用过程中，一定要建立各种模型表达之间的内在联系，使它们相互沟通，彼此关联，相辅相成，真正为学生透彻理解本质问题产生应有的、足够的支撑作用。这一切都有待于我们进行更为深入的思考与实践。

以上研究受到了海淀区教研室郭立军主任、上地实验小学刘千主任前期的研究启发；同时，在研究过程中，我的伙伴们给予了大力支持：清华大学附属小学：陈京芳老师；万泉小学：胡益红等老师！在此一并致以真诚的感谢！

一次没有分完的"饼"

李全顺

《分饼》一课，是北师大版五年级数学上册第三单元《分数》的第二课时。以往的教学，按照教材呈现的教学情景，学生不仅经历了假分数与带分数的产生过程，理解"真分数""假分数"和"带分数"的意义，还能正确读写假分数、带分数，了解假分数、带分数的关系。教学活动进行得很顺畅。

今天的课，"饼"不仅没有分完，我还被学生带跑了。

教学片段回放1——"涛声依旧"

师出示情景图。三张同样大小的饼，要平均分给唐僧师徒四人，每人分多少？

师：你有什么分的策略？

生1：先把一张饼平均分成四份，每人可以得到一张饼的 $\frac{1}{4}$，再将另外的两张饼也这样分，最后每人得到一张饼的 $\frac{3}{4}$。

师：分了3次饼，解决问题能从局部入手，再到整体思考。你能用一个算式表示你的想法吗？

生1：$\frac{1}{4}+\frac{1}{4}+\frac{1}{4}=\frac{3}{4}$

2. 下面哪个竖式正确，打√。

$$
\begin{array}{r} 4 \\ 5\overline{)20} \\ 16 \\ \hline 4 \end{array}
\qquad
\begin{array}{r} 3 \\ 7\overline{)20} \\ 21 \\ \hline 1 \end{array}
\qquad
\begin{array}{r} 8 \\ 7\overline{)56} \\ 56 \\ \hline 0 \end{array}
$$

（✗）　　　　　　　（✓）　　　　　　（✓）

生2：我有更好的分法，只有分一次就可以了。三张饼叠在一起，把它们看成一个整体，平均分成四份，每人取走3张饼的 $\frac{1}{4}$，也就是一张饼的 $\frac{3}{4}$。

2. 下面哪个竖式正确，打√。

$$
\begin{array}{r}
4 \\
4\,\overline{)20} \\
\underline{16} \\
4
\end{array}
\qquad
\begin{array}{r}
3 \\
7\,\overline{)20} \\
\underline{21} \\
1
\end{array}
\qquad
\begin{array}{r}
8 \\
7\,\overline{)56} \\
\underline{56} \\
0
\end{array}
$$

      (√)   (✗)   (√)

此时，一切按部就班。学生对分数意义的理解进一步深入，$\frac{3}{4}$ 不仅可以表示把单位 1 平均分成四份，取这样的 3 份；也可以表示把 3 平均分成四份，取这样的一份。

教学片段回放 2 ——"惊涛拍岸"

生 3：老师我还有一种分法。先把两张饼看成单位 1，平均分成四份，取出这样的一份；再把剩下的一张饼看成是单位 1，也平均分成四份，取出这样的一份。

师：很有创意的分法。能否用一个算式来表示呢？

生：$\frac{1}{4}+\frac{1}{2}$

生：$\frac{1}{4}+\frac{1}{4}$

师：你认为哪个表示更准确呢？

（通过讨论，使学生认识到单位 1 要统一，这也是对上一课分数意义的再一次认识。）

恰恰是学生这种奇思妙想，诱发了对教学活动设计的深入思考。

教学片段回放 3——"推涛作浪"

师：如果八戒得到的 $\frac{4}{5}$ 张饼。你能知道 $\frac{4}{5}$ 可以表示什么吗？

生 1：表示把 1 张平均分成五份，取这样的 4 份。

生 2：表示把 4 张平均分成五份，取这样的 1 份。

师：还有吗？

一片寂静。

一个学生窃窃地说："表示把 2 张饼平均分成 5 份，取这样的 2 份。"

我惊叹学生对分数意义的理解程度。这是我以前的教学中，从没有关注到的。学生的想法又引发了我的进一步思考：一个分数，从意义上理解到底有多少种描述方式呢？

师：如果八戒得到的 $\frac{6}{7}$ 张饼。你能知道 $\frac{6}{7}$ 可以表示什么吗？共有几种？你发现了什么？

生：1 张饼的 $\frac{6}{7}$；2 张饼的 $\frac{3}{7}$；3 张饼的 $\frac{2}{7}$；6 张饼的 $\frac{1}{7}$。一共有四种。我发现分子有几个因数，就可以有几种不同的说法。

学生的概括太精妙了！不仅"把找因数的个数"与"分数的意义的理解"进行了勾连，而且也对学生后续学习分数的乘法奠定了坚实的基础。

你能试着把这四种说法用图画下来吗？

一节本可以轻松拿下《分饼》就这样被耽搁了。"饼"没有分完，本节课要认识的真分数、假分数、带分数的概念也没有来得及揭示。预设的教学目标虽然没有达成，但是我想孩子们是在真思考，真探究，他们一定会有更大的收获。

教师的思考有多深，学生就能走多远。在后续教学中，我怎样安排教学活动才能激发学生更有创造力的思考呢？

后续教学活动预想：

师：如果八戒分到的是 1 张饼，从分数的意义方面看，可以有多少种不同的说法呢？

生 1：一种。

生 2：无数种、N 种。

师：为什么？

生：1 张饼，可以看成是分数 $\frac{2}{2}$、$\frac{3}{3}$、$\frac{4}{4}$……

生：1 可以看成分子、分母相同的分数，有无数个。

师：(板书学生说过的这些分数)你知道这些特殊的分数叫什么名字吗？

生：假分数。

师：只不过它们是特殊的假分数而已，你还能说出一般的假分数吗？

生：$\frac{4}{3}$、$\frac{15}{9}$……只要分子大于或等于分母的分数，就是假分数。

师：说得真好，我们能用图的方式表示 $\frac{4}{3}$ 吗？

……

这样的分数还可以这样表示 $1\frac{1}{3}$，叫带分数。

从五年级开始，学生将用大量的时间学习分数，但是无论哪个内容，都是对分数意义的再次理解的过程。分数意义的再理解将成为这个阶段学习的核心内容。

老师的误导

高红梅

老师经常会遇到学生犯错误，当看到学生犯的错误时，老师的第一反应是："你为什么错？""我已经讲过了，你还错，就是你的问题。"而我遇到的一件小事，使我从此改变了自己的看法。

在教学《百分数的意义》一课时，许多老师都以这样的导语开始："同学们都学过哪些数呀？"学生就会马上说："学过整数，小数，分数。"然后老师说："今天我们来学习百分数。"看似顺理成章，我也以这个导语为开场白，一节课进展得很顺利，可是在这节课快结束时，一道练习题使我陷入了沉思。我出了一道判断题：$\frac{1}{2}$ 米就是 50％米。学生中竟有一半人认为是对的。气得我对着全班大声说："刚才老师还讲：百分数是百分率，它表示一个数是另一个数的百分之几，你们都听见了吗？"

下课后自己平静了许多，为什么有那么多的学生认识上有错误呢？反思自己的教学，学生一方面是对百分数意义的理解还存在表面化，教师只忙着总结结论，没有使学生深刻地理解；静下心来回想整个教学过程，我忽然意识到：老师在无意之中误导了学生——就是那个看似顺理成章的开场白。"我们都学过哪些数呀，今天起我们来学习百分数。"老师无形中把百分数与整数，小数，分数相提并论了，是老师先把百分数纳入到学生已有的对数的概念认识的知识系统中，造成了学生在课堂开始学生注意力最集中的时候，给学生设置了一个陷阱，误导了学生，学生自然而然就认为百分数与整数，小数，分数是同一类的数，学生犯的错误哪能怨学生呀！

到另外一个班讲这个内容的时候，我绕开整数，分数，小数这个话题，换了一个开场白，把以前学的倍数与今天的百分数联系起来，我直接出了几道求倍数的口答题，使学生理解倍数是两个数比较的结果，接着再往下引出百分数，学生对百分数的理解就透彻多了。再做同样的判断题，学生几乎没有错的。

其实，在教学中，学生出现各种各样的错误是不可避免的，也是正常的。

看到学生的错，老师往往认为是学生的原因：学生不听讲，学生不认真。可许多错误的根源往往在老师身上，想一想真是汗颜，我们做老师的要经常反思自己的教学，当学生出现错误时，先不要责怪学生，先想一想是不是老师的原因。我们应该尽可能减少老师教学中的错误与无意的误导，使我们的教学精益求精，这样才能做一名好教师。

《倍的认识》

——教学反思

王彩霞

一、关注学生的数学现实，在学生原有学习基础上得到有效的发展

对《倍的认识》一课，学生的数学现实是什么？现实是：学生在生活中很少接触"倍"，对倍感到陌生，对倍的认识而言几乎是一个 0 的开始。在这个基础上，我们如何教学呢？

倍的字面意义很抽象学生难以理解，那么我们就给学生指明一个学习的方向——摆一摆。学生摆的现状又是什么呢？圆形有 3 个，三角形是圆形的 2 倍，学生可能多摆 2 个三角形；可能多摆 2 个 3；也可能就摆 2 个 2……教师充分利用学生的这些生成资源，因势利导，科学评价，适时点拨，及时梳理，使学生的学习得到有效发展。

二、注重设计学生感兴趣的情境，帮助学生建立"倍"的概念

由学生熟悉的、感兴趣的生活情境引入，把学生自然地引入收集数学信息，独立提出和解决数学问题，小组讨论交流，集体反馈展示学习成果的教学过程。这样可以自然地把学生带进生机盎然的教学情境，学生情绪激昂，不知不觉地在轻松愉快的学习氛围中去获取知识，发展能力。并且使学生深切地感受到数学来源于生活，生活中时时处处有数学，以激起学生强烈的学习兴趣，从而主动探究。

三、动手操作，加强理解

有位教育家曾经说过："儿童的智慧在他的手指尖上"。操作是学生动手、动脑的协同活动，是培养和发展思维的有效手段，而语言是思维的载体。知识的内化与相应的智力活动都必须伴随着语言表述的过程，因此，在指导学生动手操作时，要多让学生用数学语言有条理地叙述操作过程，表述获取知识的思维过程，把动手操作、动脑理解、动口表达有机地结合起来，促进感知有效地转化为内部的智力活动，达到深化理解知识的目的。

在动手实践操作的基础上，培养学生的自主探索和合作交流的能力。本节课，动手实际操作贯穿于整个教学过程的始终。一开始的自由摆小棒，摆后说一说，让学生初步体验"倍"的含义；接着进行有针对性的再次摆，使学生进一步体验"倍"的含义，知道求一个数的几倍是多少就是求几个几就够了；然后用摆一摆、画一画、圈一圈等方法帮助解决数学问题，为后面解决自己提出的数学问题做准备；最后安排拓展练习中的实践操作，注意课内知识向课外延伸，同时也培养了学生的创新意识。在此基础上，让学生充分地观察、讨论、交流，使学生在探索研究的过程中，理解"倍"的含义，学会解决求一个数的几倍是多少的解决问题。

四、如何面对教学预设和课堂生成

一切教学都是预设与生成的统一体。在预设与生成之间灵动，呈现课堂的真实本色。《倍的认识》其设计是从学生的原始学习状态入手，让学生自己去发现、选择、尝试、探究问题，教学过程是现场生成的，结果是不能完全预测的。因此在教学中教师要做到"心中有案、行中无案"，将有形的预设在无形的动态教学中生成。抓住"一个数的几倍是多少就是求几个几"这一知识的灵魂，不断捕捉、判断、重组从学生那里涌现出来的各种信息，见机而作，或及时引导，或适时质疑，或概括小结，对有价值的信息资源及时纳入课堂临场设计的范畴之中，适时调控，充分利用，激活课堂教学，促进课堂有效生成。我想一堂好课不仅要有好的设计，更需要教师具有在课堂中处理课堂即时生成的能力。好的教学设计，还要教师灵活、机智的处理课堂教学生成的能力，才会呈现一堂好课。

五、师生的真情实感，催化课堂的有效生成

"只有知识、技能，人是平面的；而具有正确的情感、态度、价值观，人才有深度，生命才是立体的。"《倍的认识》其设计理念是在学生的原始状态中抓住现实生成的东西因势利导，促成课堂的有效生成。如果没有教师与学生真诚的交流，学生不敢表达或不愿说出自己真实的想法，何谈课堂的有效生成呢？在课堂教学中我一直恪守这样的原则：

"让每一个站起来发言的学生都能体面地坐下来"，帮助学生不断赢得自尊、积累自信；"允许学生出错"，发现和凸显学生潜在的成功，不断地给予积极的鼓励和肯定，给予价值取向的指点和引导，这样不仅可以让学生体验到自己在学习中的成就感、自我价值感和归属感，而且真情实感的交流便于教师与学生心灵相通，便于教师的课堂调控，这样就在无形之中催化课堂的有效生成。

一波三折

——有余数除法课堂记

李　莉

因为前测发现这节课学生学习的困难并不是集中在有余数除法竖式的学习上，而是对"余数"的理解出现很多问题，如：

2. 下面哪个竖式正确，打√。

$$
\begin{array}{r}
4 \\
5\overline{)20} \\
16 \\
\hline
4
\end{array}
\quad
\begin{array}{r}
3 \\
7\overline{)20} \\
21 \\
\hline
1
\end{array}
\quad
\begin{array}{r}
8 \\
7\overline{)56} \\
56 \\
\hline
0
\end{array}
$$

（✗）　　　　　（✓）　　　　　（✓）

2. 下面哪个竖式正确，打√。

$$
\begin{array}{r}
4 \\
4\overline{)20} \\
16 \\
\hline
4
\end{array}
\quad
\begin{array}{r}
3 \\
7\overline{)20} \\
21 \\
\hline
1
\end{array}
\quad
\begin{array}{r}
8 \\
7\overline{)56} \\
56 \\
\hline
0
\end{array}
$$

（✓）　　　　　（✗）　　　　　（✓）

鉴于学生的问题，我特意放慢课堂的节奏，目的是想砸实"余数"这个知识点。

课堂实录：

动手操作：把15个桃子平均分给4只猴子时，引导学生一个一个的分，每分一次就追问一次：

师：第一次：每只猴子分到一个，分出去了4个，还剩几个？剩下的数叫余数吗？

生：还剩11个，不能叫余数。

第二次：每只猴子又到分一个，分出去了8个，还剩几个？剩下的数叫余数吗？

生：还剩7个，不能叫余数。

第三次：每只猴子再分一个，分出去了12个，还剩几个？剩下的数叫余数吗？

生：还剩3个，这个是余数。

追问：每分一次都有剩下的，怎么只有3才叫余数？

生：前两次剩下的都还能分。

师：剩3也能分啊，给其中的3只猴子不行吗？

生：不行，因为不一样多。

师：不一样多就不是平均分了！那现在你认为"余数"是什么样的数？

生：分剩下不能再分的。

生：平均分剩下不能再平均分的数。（强调了两次平均分）

生：剩下的如果还能平均分一次的不叫余数。

师：那这件事用数学的形式表示也就是用算式表示应该是：

$15 \div 4 = 3(个) \cdots\cdots 3(个)$

请你继续帮猴子分桃子，并列出算式。（学生独立完成练习）

汇报：16个桃子平均分给4只猴子，每只猴子分到几个呢？

板书算式：　　　　$16 \div 4 = 4(个)$

17个桃子呢？$17 \div 4 = 4(个) \cdots\cdots 1(个)$

18个桃子呢？$18 \div 4 = 4(个) \cdots\cdots 2(个)$

19个桃子呢？$19 \div 4 = 4(个) \cdots\cdots 3(个)$

20个桃子呢？$20 \div 4 = 5(个)$

接着想下去，思考余数有什么规律？

生：余数跟着被除数变！

生：余数总是1、2、3；1、2、3……

师：为什么不能是4？

生：剩下4就还能再平均分了。

生：4和4以上的数都能再平均分，所以不能大于4。

师：你们现在说的4是分桃子这件事里谁的数量呀？

生：猴子的只数。

师：那这个 4 在算式里又是什么数？由此我们可以得出什么结论？

生：余数要比除数小。

经过了这个环节，学生对"余数"的理解水到渠成。连班里的学困生都抢着发言。我不禁松了一口气，这个难关终于过去了。

为了强化教学成果，我出示了一道判断题和改错练习：

先诊后治：$40 \div 8 = 4 \cdots \cdots 8$，（　　　　）——

这个题目是让学生独立完成的，巡视时又让我倒吸一口凉气？不少学生竟然认为这道题是正确的！！！

孩子，你为什么就不明白呢？

为什么对余数的理解那么到位，还会出现这样的错误？

前面在余数的理解上花费那么的时间和努力，现在看来又付诸东流了！

我不甘心这节课就这么失败了，情急之下就随口问道："如果这个算式与分桃子这件事联系起来，想想看，分别表示什么意思？"

不少学生低头思考算式的意义，原来出错的那部分孩子也纷纷拿起橡皮涂改。我请一名学生发言："我原来认为这题是对的，四八三十二，再加八不就是四十吗？联系到分桃子我知道了，要平均分给八只猴子，不能剩下八个桃子，还要再平均分下去。所以这个余数是不对的！"

其他同学也纷纷点头，表示同意。

我恍然大悟：原来学生理解了生活中的事情，不等于就理解了数学知识，更不等于掌握了数学知识点。二年级的学生还不能主动把数和算式同它表示的意义联系起来，他们的思维还没有发展到脱离具体情境、完全抽象到用数和算式表示的程度。上述案例是很好的说明：理解并能用语言表述的数学问题，却不能抽象出高度概括、简练的算式。一个数字或一个算式借助生活中的情境，赋予一定的意义，对学生学习数学，思维逐步抽象概括有着无比重要的作用。

"我都讲多少遍了，你为什么还听不明白呢？"我们经常听到老师们这样的问话，这其中有疑问，更多的是埋怨和气愤！如果我们抛开不良情绪，紧紧抓住"学生为什么听不明白"这个问题来换个角度思考：既然"听"不明白，何不换一种方式——让学生"看明白"。在低年级的课堂上就要有意识地加强数与形、数与物的联系，常用善用数学模型，给学生具体直观的支撑。在学生思维由形象到抽象的过程中，搭建有效地桥梁通道，帮助学生提高抽象思维水平。

如果我们课堂上的环节中，15 个桃子每分一步就对应一个算式即：

第一次分用算式可以表示为：$15 \div 4 = 1 \cdots\cdots 11(\times)$

第二次分用算式可以表示为：$15 \div 4 = 2 \cdots\cdots 7(\times)$

第三次分用算式可以表示为：$15 \div 4 = 3 \cdots\cdots 2(\checkmark)$

把分的过程与数学的表示形式一一对应，是不是就不会出现改错题中的错误了呢？不妨尝试一下！

《三角形内角和》的教学反思

郝　丹

　　由于同学们很早就知道了三角形的内角和是180°，再来验证的时候很多同学会没有兴趣，那么就会让验证成为走过场。然而他们并不清楚为什么三角形的内角和是180°的道理，所以让学生在课堂上经历研究问题的过程是本节课的重点。在课前我就一直在思考，怎样让学生自觉的产生想去验证的动机呢？于是我设计了让学生帮老师测量三角形各角的度数，再算出三个角之和的时候，出现了不是180°的现象，从而产生了想去用另外的方法来验证的动机。

　　在学生的验证过程中，他们从自己已有的知识经验出发，还有的同学用量角器测量，虽然他们刚刚测量过，但是测量是学生最常用也是最直观的方法，在教师和其他同学的提示下，他们开始打开思路去尝试其他的验证方法了，这个过程虽然短暂，但是体现了学生的思维过渡和思维发展。

　　在验证的过程中，同学们通过讨论交流和相互启发，慢慢发现了很多种验证的方法：撕下了三个内角拼成一个平角；用直角三角板去测量；直角三角形两个锐角拼成一个直角；两个完全相等的直角三角形拼成一个长方形，长方形有4个直角，内角和是360°，所以一个三角形的内角和是180°；钝角三角形的三个角折向中间，拼成一个直角。直角三角形、锐角三角形同样可以这样做……。

　　我认为这节课的重点应该是在验证三角形的内角和是180°上，因此我在学生汇报的过程中，注重了让大多数同学都能掌握其他同学的验证方法，也就是让验证的过程更大众化。于是在一位同学汇报自己的验证方法后，让全班同学也用这种方法一起来尝试验证一下，体会与自己不同的验证过程和方法，让这种验证方法落到实处。

　　在学生的充分验证后，引入四边形、五边形、六边形、七边形……的内角和是多少的题目。在学生的思考中，教师进一步启发学生去思考：为什么长方形、正方形的内角和那么容易计算和理解，我们怎么不从研究他们开始呢？而一定要从三角形的内角和开始研究呢？在学生的逐渐发现和探索中，让孩子们体会出三角形的内角和是一个最基本的内角和单位，四边形、五边形……多边形的内角和都是以三角形的内角和为基础的。

这节数学课，就是在这些课堂活动中逐渐实现了学生情感、态度与价值观的目标，使学生在数学活动中获得成功的体验，增强学好数学的自信心。并让孩子们在数学活动中体验出数学是严谨的科学。

老师，我喜欢争论！

田桂梅

下课了，小德带着一脸兴奋的表情跑到讲台前说："田老师，我喜欢争论，您以后上课多设计一些好吗？""好啊，我也喜欢你们争论！"孩子满意的走开了。

在"自学互学"课中培养学生的质疑能力是本学期我的研究专题。在教学"相交与垂直"时，我设计了"自学互学"的学习方式。

课始，我出示自学提纲：1. 什么是相交？什么是垂直？画一画或折一折，并说说相交和垂直有什么相同点和不同点。2. 在同一平面内，两条直线有什么样的关系？3. 你还有什么疑问？学生打开数学书 21 页开始自学。孩子们纷纷把自己的收获留在数学作业纸上。

接着，我组织孩子们进行互学。我把班内的孩子们分成 4、5 个人一个小组。给小组内的同学进行编号，周几就是几号学生是组长，这样的编排是为了给更多同学展示的机会。我引导孩子们，要让每一个组员在组内发言，让平时发言比较少的孩子尽可能先发言。爱发言的孩子学会倾听，帮助同伴不断修正自己的想法，达到共同提高的目的。

孩子们在老师的组织和引导下，有序地对前两个问题进行了很好的解答。在交流第三个问题的时候出现了以下两种情况：

其中一个孩子提出：＿＿＿ 这样的两条线是什么关系呢？这个问题一提出，很多孩子都高高举起了小手。其中一个黑板上边说边画"直线是可以向两端无限延长的，于是就出现了 ＿＿＿＿ 这样的回答。

第二个疑问是：有些同学在说相交与垂直的不同点时关注到了角。垂直是相交成 4 个直角，而相交却是成为两个钝角两个锐角。当一名学生提出自己的这个观点时，爱思考的小德同学举起手说："我有疑问。"他来到黑板前在黑板上画了一个这样的图形 ＿＿＿ 说："这是一个角，它们也相交了，并且还有一个交点，但是我们只看到一个角。"

这个问题一提出，孩子们利用上面的学习经验开始把角的两条边延长，于是就出现了四个角。这时小德急了"角的这两条边不能延长。""能延长。"两个人谁也不服气，竟然争论起来。"说说自己的理由吧。"我引导孩子们开始说自己的想法。小德："角的两条边是射线，是不能向这个方向延长的。""但是，相交的应该是两条直线，而不是射线，所以可以延长。"老师适时介入学生的讨论"两条线的关系是垂直还是平行是在直线的基础上研究的，而角的两条边是两条射线，虽然从表面上看有密切关系，实际上有本质的区别。"这时，孩子们频频点头表示同意老师的意见。

"我们应该感谢小德同学什么呢?"我引导孩子们对小德进行评价。"他提了一个很好的问题""这个问题让我们明白了角和相交的区别。"小德在同学们感谢的掌声中回到自己的位子上。

本节课这两个问题的提出可以看出孩子们对相交与垂直有了比较深入的认识，我想：只要我们为孩子提供质疑的时间和机会，孩子们的质疑意识和能力一定会得到提高的。

错！真的错了吗？

——两位数乘两位数教学反思

李亚敏

学习两位数乘两位数时，有这样一道题 $14 \times 12 = 168$，学生写成竖式(图1)。乍一看没有问题，得数正确，但仔细一看计算过程，与人们的习惯方法(图2)不同，孩子是用 14 的个位、十位数字分别去乘 12 再相加得到的结果，而且班里有几个学生都是这样计算的。与同组老师沟通发现，其他班学生也有这样的写法。面批时学生讲出了这样做的道理：4 个 12 与 10 个 12 的和。

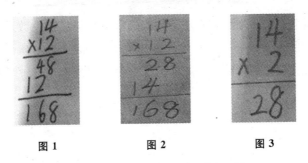

| 图 1 | 图 2 | 图 3 |

分析一下出现这种情况的原因，我认为主要有两点。

(一)和学生的学习经验有很大关系。学生之前学习的加减法竖式都是从上往下计算。细想起来，学生在做两位数乘一位数乘法竖式时，这部分孩子很可能把计算加减法的方法迁移过来，也是从上往下计算。如：(图3)先用个位 4×2 求出 4 个 2，再用十位 1×2 求出 10 个 2，但由于书写的局限，学生计算的过程这个竖式是无法反映出来的，这个问题也就没有暴露出来。

(二)算法多样化的讨论对孩子的影响。学习新课时，解决 $14 \times 12 = 168$ 这道题，除了竖式以及转化成一位数乘法以外，学生还利用对乘法意义的理解出现了如下解答方法：

(1) 14×12　　(求 14 个 12 的和)

　　$= 4 \times 12 + 10 \times 12$

(2) 14×12　　(求 12 个 14 的和)

$=2\times14+10\times14$

我们日常习惯的竖式方法与上面(2)相吻合，而学生出现的情况恰好运用了(1)的方法，也正是面批时孩子给出的理由。

分析后，我与这几个学生进行了交流。我先肯定他们的方法是有道理的，同时也告诉他们这种做法与人们的习惯不同，并和学生讨论既然两种竖式方法都行，为什么人们习惯上用第二种呢？一定有它的优势存在。于是我和学生一起用这两种竖式计算了141×12(如下图)。

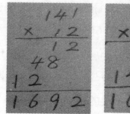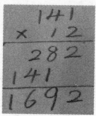

比较这两个竖式，学生若有所思。我追问，如果是四位数乘两位数呢？如果是更多位数乘两位数呢？学生一下明白了，人们之所以习惯于第二种竖式写法，在于它的简便。问题解决了，避免了给学生以后的学习带来麻烦。

有趣的拼拼摆摆

——《周长趣题》教学反思

武金山

我校的校本教材里有《周长趣题》一课，我把思路进行一下梳理。

一、看一看，比一比，强化感知

首先，我们复习了正方形、长方形的周长公式。同学们在我的带领下已经进入到了图形的世界。

接着出示了一个边长 5 厘米的正方形，并求它的周长？同学们立刻得出了正方形的周长。这时我抛出了两个问题：1. 沿着它的边剪下一个边长为 1 厘米的正方形，可以怎么剪？2. 和原来的正方形周长比较有变化吗？同学们展开了激烈的讨论，利用自己手里已经剪好的大小正方形进行了拼图示范，并且开始讨论。十分钟后开始汇报了，小远走上讲台边摆边说：我可以在角上剪，而且这样可以有四种可能，就是在四个角上。接着小佳说：我可以在边上剪，可以在多种位置剪。小马说：我可以在中间剪，也有多种可能。这时，小音立刻走上去说：小马说的不对。为什么呢？人家题目的要求是沿着边剪，而在中间剪，就不符合沿着边剪的要求了。这时同学们都同意。于是他拿去小马这种摆法。

接着讨论第二问周长和原来图形周长相比较。小雨说：没有变化呀。小辰说：他的说法不准确，有些是有变化的。这时我说：我们看看哪种有变化，哪种没变化？同学们议论一会。小译回答：在边上的分成两种，一种是在边上但是靠在角上；一种是只在边上不靠角。那么这两种的周长有区别吗？小浩说：老师，有区别，在角上剪的时候没有变化，在边上剪的时候有变化。我及时地问：谁能说出原因呢？小然说：因为在角上剪的时候：剪下的时候正方形的边长可以通过"平移法"来还原。而在边上剪时，经过平移法还原后，多出了正方形的两个边长，所以有变化。同学们给予热烈掌声。

二、比一比、说一说——体验活动

为了进一步的学习强化、论证，接着出了另一个问题：一个边长 5 厘米的正方形，沿着它的边剪下一个长2厘米、宽1厘米的长方形，可以怎么剪？直接出示问题：剩下图形的周长和原来周长比较呢？这时同学们都投入到研究的氛围中，开始激烈地讨论；教室中叽叽喳喳议论纷纷。

　　该汇报了，同学们化身成一个一个小老师，小建回答的又全面又清楚并且在讲台上摆出了图形，他先摆了图形，并说出了结论，在角上剪时周长不变，又说出了在边上剪时周长变化。这时小然说老师：这个减掉一个长方形和减掉一个正方形不一样，在角上时可以横着或者竖着，那么就有八种形式，而在边上时有很多种。他一个一个的摆就像小动画一样。

三、议一议、说一说——活动游戏

　　最后一个问题，一个边长5厘米的正方形，沿着它的边剪下一个长2厘米、宽1厘米的长方形，可以怎么剪？同学们好像都兴奋了，于是，我带动大家，现在我们大家一起做个游戏，有一名同学，当老师来给另一名同学出题，给他提出要求，然后由同学们判断正误，大家兴趣更浓了，小琦首先出场，他提出：剪完后周长不变的，小英立刻摆出了三四种可能，下面小英给小成出题，一个一个延续下去。铃声响了，大家好像意犹未尽。在快乐中，在玩耍中同学们巩固了周长的知识，而且有收获了，在长方形或正方形中沿着边减掉一个长方形或正方形时，在角上剪时周长不变，在边上剪时周长变化的小发现。

教学故事篇

　　与智慧交锋，会有故事。和孩子们一起，也会有故事。五一小学的老师，带着智慧走进孩子，带着孩子走进美妙的数学世界。畅游在数学知识的海洋中，一个个小故事，一首首小插曲，一个碰撞的火花，犹如一篇篇童话展现在我们眼前。在五一小学老师的眼里，每一个孩子都有故事，每一个孩子都是故事。他们总是给孩子再多一些空间，再多一些展示的机会，再多一些成功的体验。在他们的眼中，课堂成了一首首乐曲，每一个音符都跳跃在心里，数学成为一幅幅画卷，每一笔色彩都诗情画意。让我们走进每一个故事，感受每一个故事背后动听的旋律。

他成了"名人"

吕海霞

"三角形的内角和是 180 度，那四边形、五边形、六边形……n 边形的内角和各是多少度呢?"问题一提出，同学们便开始拿起自己手中的各种图形操作起来，一边琢磨着，一边还不住地拿笔画着什么。

不一会儿，不少同学就求出了这几个多边形的内角和，而且还找到了规律：n 边形的内角和＝$(n-2)×180$

就在我急着表扬这些同学，并对这种方法进行总结的时候，下面有一只小手一会儿举起来，一会儿又放下，想说又信心不足。

"你有什么要说的吗?"我连忙轻声问道。

"我也有一种方法，和他们的不一样，不知道对不对。"这个同学胆怯地说。

"没关系，说出来让大家听听，咱们一块儿研究，好吗?"或许是我的话打消了他的顾虑，或许是同学们疑惑的目光给了他力量，这位平时发言正确率不是很高的小熊同学终于鼓起勇气走到黑板前，一边画着图，一边说着自己的想法：

六边形的内角和＝$180×6-360$

n 边形的内角和＝$180×n-360$

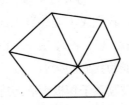

听了他的介绍，同学们情不自禁地鼓起掌来，"这种办法真好，我怎么就没想到呢?"有几个同学甚至发出了感慨，这好像又在给小熊同学鼓劲，他的脸涨得红红的，有点不好意思了。

"咱们给这种方法取个名字吧，叫什么呢?"我向全班同学提出了问题。

"熊氏算法!"同学们不约而同地说。

用发明创造者的姓氏为新、巧、奇的方法命名，我们班也有过几次，可以往这些一直是由班里数学最强的几个同学"垄断"着，今天可是破天荒落到了数学不太强的同学手里，不光是小熊高兴，大家也很高兴，似乎让每个人都感到这种殊荣离自己越来越近了。

著名教育家陶行知先生说过："创造力最能发挥的条件是民主。"要使学生的创造才能得到最大限度的发挥，必须有民主、和谐、宽松、自由的空间。而这种空间只有建立起平等、信任、理解、互相尊重的师生关系才能实现。教学中，学生出错是难免的，关键是教师用怎样的态度对待学生。是讽刺、挖苦，还是鼓励、肯定？当然，我们选择后者。在老师和同学们的鼓励下，平时爱出错的学生消除了胆怯心理，敢于无拘无束地充分表现自己，表达自己的思想、认识和情感，不怕出错和失败。这样，他们才能更加积极主动地参与到学习和思维的过程中，慢慢地就可以形成一种以创新的意识看待问题、思考问题、获取知识、应用知识的性格特征。

光有民主、宽松的气氛还远远不够，要让学生自主地学习，尽可能地发挥自己的创造才能，课堂上教师还必须多给学生一些思考的时间，多一些活动的余地，让学生自始至终地参与教学的全过程。试想，本节课中，如果教师不给学生充分的时间，不让学生自己动脑、动手，去发现、去探索多边形与三角形之间的联系，而是一步一步牵着学生学习，会出现"熊氏算法"吗？学生们能体验到成功的愉悦吗？不会。只有让学生感受成功才能激发他以更大的热情投入到自主学习之中，同时，体验成功也可以增强学生的自信心，让他们尽快走出失败的阴影，这对于培养学生健全的人格十分必要。

联合国教科文组织《学会生存》的报告中警告说："教育具有开发创造精神和窒息创造精神的双重力量。"我们决不能在数学课堂上为学生戴上各式各样的枷锁。"海阔凭鱼跃，天空任鸟飞"，给学生一个自我探索、自我评价、自我调控，即自主学习的空间应该成为我们的共识。

令人赞叹，而教师引导鼓励孩子积极大胆地进行求异思维的做法更令人叫绝。是教师的亲切与呵护，开启了孩子求异思维的大门。课堂的快乐来自自由、民主、轻松、和谐、相互尊重的课堂教学氛围，而精心的设问，学生精彩而热烈的发言则是这种快乐的源泉。学生思维的发展，就是在想的过程中，在从"想不出"到"想出来"的过程中获得发展的。越是对遇到的问题百思不得其解时，学生的思维活动越是积极，一旦问题解决，他们的思维也就得到了一种令人惊喜的发展。

　　尊重个性即保护创造性，当学生在解决问题时，常常表现出水平的差异，教师诚心诚意地尊重个性，就是保护了这些"不同"：鼓励发表"不同"看法，尊重学生个性化的见解，让其充分张扬自己的个性魅力。使孩子兴奋起来，激动起来，全身心地去创新。只有这样，我们的课堂才会出现未来的爱迪生、牛顿和卡布尔。

静思5分钟后的惊喜

张咏梅

在有关组合图形面积解题思路的一节复习课上，我先结合例题对基本图形和组合图形的特点以及解题思路进行了梳理复习，重点在于渗透学生的转化思想。在进行了一些有针对性的练习之后，我对学生们说："有一道题，我想在全班进行征集不同解法，看看大家能找到多少种。你们愿意试一试吗？"此言一出，学生们都兴奋起来。当学生们都表现出跃跃欲试的样子时，我说："请每位同学静下心来认真思考5分钟，之后再把你的做法写下来，并试着给你的同桌讲讲你的想法。"学生们真的开始认真地静心思考起来，不时地在本上写着。教室里显得格外安静。

5分钟后，我组织同学们在小组内交流自己的做法、想法，孩子们讨论得十分热烈，全班汇报时先后交流了五种不同的做法，有的同学用到了数学课上我一直在有意识渗透的转化思想，有的使用了初步的代数思路，真是精彩极了！同学们也听得津津有味，不时为自己欣赏的奇思妙想而鼓掌喝彩。

反思我们日常的学习活动："您舍得花时间等待学生去主动发现吗？"特别是当问题有一定难度的时候，需要学生进行比较全面、周密的思考的时候，我们要学会耐心等待，只有给学生留足独立思考的时间，小组交流的时候才会有更加宝贵的思维碰撞。回想这节课，如果教师抛出问题后立刻就寻求答案，学生必然会感到茫无头绪；如果立刻组织小组讨论，那么这个讨论将是低效的——要么几个人相对无语，要么成为"高手"的个人发布会，而听者也许全然不解其中滋味；再如果教师留出的独立思考时间不足，火候不到，在交流时也不会出现思维火花迸射的美景，更不会达到后面的思维高潮。维护学生的独立思考权，提高学生思考能力，我们每一位教育工作者都应成为学生独立思考权的自觉维护者和精心呵护者。在教学过程中，我们要有意识地为学生创设条件，引发他们的思考；留足自由时空，鼓励他们深思；培养独立思考的习惯，教育他们做有头脑、会内省的人。

附五种解法简析：

解法 1——运用转化的思想

三角形 BDH 与三角形 ABH 等底等高，面积相等。将三角形 BDH 的面积转化到三角形 ABH 处，这样原阴影部分就成为三角形 ABC 的面积(可求)减去 6 平方厘米了。

解法 2——运用转化的思想

与上面方法同理。三角形 ACH 与三角形 CDH 等底等高，面积相等。将三角形 ACH 的面积转化到三角形 CDH 处，这样原阴影部分就成为三角形 BCD 的面积(可求)减去 6 平方厘米了。

解法 3——运用转化的思想

与上面方法同理。三角形 BDH 与三角形 BMH 面积相等，三角形 ACH 与三角形 CMH 面积相等，转化后组成了一个与正方形等底等高的三角形，求出这个三角形的面积后减去多算的 6 平方厘米就可以了。

解法 4——运用转化的思想

图中 1 号、3 号和 6 平方厘米组成的三角形转化到与它面积相等的三角形 ADG 处，使其余 2 号、4 号图形连在一起。求出三角形 ADH 面积后，减去原 6 平方厘米处的面积就可以了。

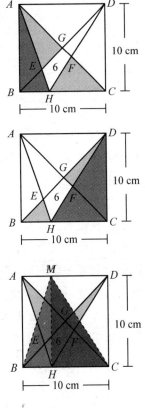

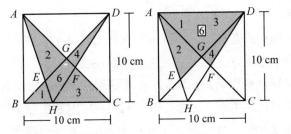

解法 5——初步的代数思路。

$10a \div 2 + 10b \div 2 - 6$

$= 5(a+b) - 6$

$= 5 \times 10 - 6 = 44$(平方厘米)

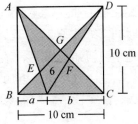

我争取下次还要上讲台

韩 梅

　　"韩老师，今天孩子回来特别高兴！她说今天数学课上她走上讲台给同学们讲题了，她说下次争取还要走上讲台和同学们交流自己的想法。"这是小 A 妈妈给我发来的信息，看到这条短信我头脑中立刻浮现出文文静静的小 A，她平时很少和同学们交流，说话的声音很小，上课更是很少举手回答问题。记得有一次我试着把没有举手的小 A 叫起来回答问题，她站起来什么也不说，脸立刻红得像个大苹果，我笑着摸摸她的肩说："咱们先听听其他同学的想法，以后你可要多争取机会啊。"今天小 A 家长的短信，让我更感到这个腼腆的小姑娘真的变了，这变化来自哪里呢？答案正是我们的新课型——自学互学课，它是校本课程改革的过程中我们数学团队不断进行研究、摸索的新课型中的一种，也正是改变学生学习状态的重要课型。

　　一、互学课的前提是独立思考。"互学"顾名思义就是互相学习，"互学课"就是互相学习的课？也不完全是这样的，互学不是认同，要避免认同现象，就要使互学的过程建立在独立思考的基础之上。只有对知识、现象有了自己由内而发的思考，想法才能与他人交流，才能真正领悟知识的内涵，了解更多解决问题的方法本质。

　　二、导学单的运用要灵活。是否每节课都需要设定导学单？导学单的题量是否有要求？导学单是否必需课上完成？我们在尝试中感到要根据教学目标具体安排，不能被导学单约束，它是为学生更深层次的思考，更好地掌握知识服务的。课堂上需要让学生独立思考、探究的内容可以制定导学单，题量要恰到好处，让学生独立探究后有充足的时间进行交流、互学的时间。如果一节课需要让孩子独立完成的部分较多，导学单可以安排在课前完成，把课堂上更多的时间交给孩子交流自己观点，阐述独立解决问题中的困惑，在互学互助中更好地学习新知，解决不解之处。

　　三、互学课要更加关注生生评价。互学课上要让每个孩子成为课堂的主人，除了让他们积极参与交流探讨外，也要鼓励学生静静地倾听，积极地评价，突出评价的重要性。能够客观、公正评价他人的学生肯定是认真倾听的，仔细品味他人语言和表达形式的，学生的评价运用得当会更有利于培养孩子良好的习惯和能力。

四、互学课中老师要胸有成竹地退下来。互学课显著作用就是课堂真正成为孩子们展示自我、互学互助、提高能力的舞台，学生能解决的问题自己解决，不清楚的问题自己提出困惑，同学帮助解决，同学帮助也解决不清的地方老师就要上台了。所以虽然是退，要退得胸有成竹，对教材、教学目标、学习重难点要更加明了，关键时刻才能有点睛之笔。

修内功，让课堂教学精彩不断

何立新

窗外刮起了北风，传来一丝丝凉意，让我的心情也稍稍平静下来，今天数学课是一节几何复习课，其中有一道题是这样的：一块梯形地，上底长 40 米，下底长 60 米，高是 40 米(如图 1)。李伯伯要在这块地中划出最大的正方形地种棉花，其余种花生，种花生的面积有多大？

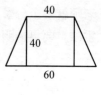

图 1

问题一出，班里立刻躁动起来，同学们交头接耳，议论纷纷。我首先问学生："划出最大的正方形"是什么意思？怎样做到？学生开始讨论起来。不一会儿，学生就在本子上画出了图形，学生说得很有道理：充分考虑上下底和高，中间的正方形一定是最大的，因为高是 40 米，不可能超出 40 米这一限度。我又问："那么，怎样求种花生的面积呢？"这下很多学生能迅速找到方法，用整个梯形面积减去正方形面积就行了。这个方法是最直接也是最容易想到的方法，适合大部分学生做。但是也有几个学生这样做的：$(60-40)\div2=10$，$10\times40\div2\times2=400(\text{m}^2)$，我一看就知道是怎么回事儿？于是我让该学生把这个做法展示给大家，并讲一讲算式的含义，并思考这样做是不是对的？有的学生说是对的，而有的学生说是错误的，我就问：错在什么地方？学生七嘴八舌，最后统一了观点：原梯形没有告诉我们是不是等腰梯形，所以左右两个三角形未必相等，以至于先求出一个在乘 2 的做法，值得商榷。如果题目的图改成图 2 的样子，这个方法就行不通了。

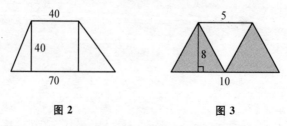

图 2   图 3

类似的例子还有这样一道题：梯形的上底是 5，下底是 10，高是 8，求图中阴影部分的面积。有的学生就是这样做的：$(5+10)\times8\div2=60$，$60\div3\times2$

288

＝40，这种做法显然是值得商榷的，因为题目没有告诉你三个三角形是不是相等；有一部分同学用大梯形减去空白三角形，这个做法很常规。

但是当我把图改成图 4 的时候，先前把梯形平分三份的学生却不知所措了，这时只好用大梯形减空白三角形。但是有没有更好的方法呢？学生又进行了激烈的讨论，最后有一种解法是：可以用 $(10 \times 8) \div 2 = 40$ 来求，那么为什么可以这样求呢？有什么道理呢？这时班上最聪明的小小立刻站了起来："因为假设两个阴影三角形的底分别是 a 和 b，左侧三角形面积为 $a \times 8 \div 2$；右侧三角形面积为 $b \times 8 \div 2$；两个阴影的面积和为：$a \times 8 \div 2 + b \times 8 \div 2 = (a+b) \times 8 \div 2$，$a+b=10$，也就是 $(10 \times 8) \div 2 = 40$。"最后我问同学们这样做有没有道理，开始还是有一部分学生不理解，我又让几个明白的学生把这个方法又讲了一遍，那些不认可的同学也渐渐明白了，这个做法没有几个学生想到，虽然有几个学生这样做了，但要说清楚其中的道理还得需要一定的理论证明。

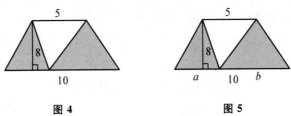

图 4　　　　　　　　　图 5

通过这节课我体会到教师教学要灵活，这乃是教学之真谛，此外教师要有高超的驾驭课堂的能力和丰富的教学经验，当学生一种解法出来时，教师要能迅速作出判断是对还是错，这就要求老师要加强内功修炼，只有这样才能使我们的课堂真正达到目的，学生学的要灵活，用的也灵活，这才是我们教学所追求的。

小扑克　大智慧

李冬梅

　　"老师，谢谢您！现在我们孩子做口算的速度上来了，而且正确率还很高。这都源于您在班上开展的扑克牌游戏。现在孩子每天放学回家，总是追着我和他爸爸要和我们PK"捉十子"、"24点"，最初我们比孩子快很多，现在孩子经常能够打败我们，对学好数学的信心大增。"班上的家长陆陆续续的发来了感谢信，我从中也感受到了教学的快乐。

　　曾记得，在一年级学习完100以内数的计算后，孩子对于枯燥的计算一点都不感兴趣，课堂气氛沉闷。为了调动孩子们的积极性，我准备把扑克牌引入教学，当孩子们知道在课堂上要打扑克牌时高兴得炸了锅，那高兴劲儿我至今历历在目——"老师老师，我看到爸爸用扑克牌和叔叔们打过升级"，"我见过大人用扑克牌玩捉黑尖"，"我和妈妈用扑克牌玩过拉火车"……我设计了一个"捉十子"的游戏。我先把学生分成两人一组，之后出示了游戏规则：(1)取四张没有花牌的扑克牌，用其中的三张或四张牌通过加法或减法算出整十数(包括0)。(2)碰到牌不能用上面的方法找到整十数时，可以重新取牌。(3)按四十张牌为一局，谁赢了牌就归谁，最后谁手中的牌多谁赢。孩子们在课堂上玩得兴味盎然，每个人都在全神贯注地计算，唯恐出现错误后把胜利拱手让给别人，在欢乐的游戏中不知不觉做了很多的进位加法和退位减法题，比老师给一张计算卷的练习效果要好很多倍。这一举措提高了学习效率，激发了孩子的自信心和求知欲。

　　二年级孩子们学习完四则混合运算后，我又给孩子们介绍了一种数学游戏"24点"，继续让扑克牌大显身手，以游戏促计算。从扑克牌中任选4张牌，通过加减乘除运算，只要把得数算成24就行了，不过要注意，每个数字只能用一次！学生听完规则后，有的同学说："哦！原来如此，可真有意思！"。我先出示了四张牌6、8、8、3。聪明的小王马上举手说出了答案：$8 \div 8 = 1$，$1 + 3 = 4$，$4 \times 6 = 24$。他的话音刚落，小林也不甘示弱地说，我还有一种方法——$6 \times 8 - 8 \times 3 = 24$。在两人的汇报中学生们也都积极地参与，补充发言道：小王想到了口诀四六二十四，于是见 6 想 4，用 8、8、3 凑 4 就可以了。在学生掌握了游戏规则后，开始分组游戏。一开始强弱搭配，目的是以强带弱。等孩子们都熟练以后，强强搭配，让竞争擦出激烈的火花，可以采用过关斩将的形式，最强的选手和老师比赛。"丁零零……"下课铃响了，同学们还是意犹未尽，"哎！真扫兴，这节课太短了，咱们下课接着玩，我一定要赢你！"

通过这样的游戏形式，孩子们计算的兴趣达到了极致，好多孩子书包里天天装着扑克牌，一下课就摆开了"战场"。在孩子们玩得不亦乐乎的时候，我顺势鼓励孩子们回家可以和爸爸妈妈比试比试，看看是爸爸妈妈的速度快，还是我们的速度快。这样的扑克牌游戏，我们在课堂上和课余时间进行了很多次，孩子们很喜欢这样的游戏。到后来，几个出色的孩子计算速度可以说是神速，牌出多快就能算多快。孩子们的脸上洋溢着胜利的喜悦，而我也陶醉在这快乐的氛围中，分享着孩子们胜利的喜悦。教师的角色是什么？我在不断地拷问自己，因为有了这样的拷问，我才不断地学习，不断地尝试，不断地改变自己的教学理念，使自己真正成为学生学习过程中的好伙伴。

孩子——是你让我转变了观念

鲁金咏

淇淇是我教过的一个男孩子，他个子不高，皮肤有些黑，身体很壮实，头相对于身体的比例有些大，宛然一只"小鼹鼠"。从一年级开始，我就是他的数学老师，他在课堂上很守纪律，听讲也较专注，还很愿意回答问题，可一遇到退位减法或者解决问题，他就会退缩，有些转不过弯来，尤其是一动笔，就更"显形"了。因此，他在我所教的两个班的学生中，成绩总是最差的，这一点语文老师也有同感。

记得一年级下学期，他 20 以内的计算还不熟，而且学了新的忘了旧的，就像"狗熊掰棒子"一样，我多次要求他的爸爸加强辅导，但收效甚微。一直以来，我就认为他理解能力太差！可是，一次考试后，他的做法改变了我对他的看法：

二年级期末考试中，有一道选择题：4 连续加 4，得数是 32，要加（　　）次。选项①7　②8　③9，之前练习中很少接触这样的题，绝大多数同学都选的②，这道题几乎全军覆没，我教的两个班也仅有 5 人选对，而这 5 个人中就有淇淇，这非常出乎我的意料，要知道，他可是我这两个班中底儿最沉的学困生了。在分析试卷时，我跟组内老师调侃道：我们淇淇选对了，我猜他肯定是口诀背错了，记成"四七三十二"了，真是"瞎猫碰上死耗子"了，（因为他乘法口诀也不熟）逗得组内老师哈哈大笑，有的说，"没准人家开窍了呢！"乐过之后，他做对这道题的疑虑并没有从我的心里消除，茶余饭后，我不经意间还会想起这件事。

不久寒假来临了，我家访的对象锁定了学困生淇淇，因为我一直想解开我心中的谜团，当我再次问他这道题时，结果大出我所料：他在脑中想了想，又掰了掰手指，果断地说出：7 次。我很疑惑，连忙追问："你怎么想出来的，是背口诀吗？"孩子说："不是，我就在脑中一想，就想出来了。"他下意识的手指动了动，我猜想他是在用手指记录加 4 的次数。而我再追问下去，他就说不清了。这几天一直藏在我心中的谜团终于解开了。庆幸的是：孩子不是蒙对的，他确实是自己思考得出的答案，此时的我也看到了一丝希望，眼中分明多了一分惊喜。他绝对不是一棵"朽木"！这件事之后，带给了我一些思考；在今后的教学中我应该给他更多的时间，耐心地倾听他头脑中的真实想法，我想来自学生思维深处的原认知可能会比我们的教学方法更利于其他学生接受。而且通过家访，我了解到：淇淇幼儿园三年时间总共也就上了一年(一到幼儿园就哭，父母疼爱他只能接回家看管)而且他的父母文化水平不高，学习上不能做到有效辅导，导致他学前基础比较差。所以，我对他更是充满了信心：他也有可能是大器晚成呢！

在之后的一个学期中，我在课上更多地关注他的学习状态，主动给他提供表达的机会，尤其一些计算题，拼摆学具说明算法的题等；对于一些解决问题的难题，我也试着让他来回答，即便说不对，再让其他孩子说想法，督促他倾听，这样一来，他学习数学的兴趣更浓了，节节课都会听到他响亮的发言，学习上更有自信了！在期末的测试中也得到了"良"的好成绩！

通过这件事，让我更加体会到了"为人师"的价值：那就是让每一个学生自发地喜欢上你的课，让每一个学生有主动探究和自信表达的愿望，让每一个学生体会到学习成功带来的乐趣！

运气好就一定能赢吗？

田桂梅

已经是深夜了，我还在思考自己的研究课题——可能性。在这些日子的学习中我逐渐认识到：教学中的一些"随意"现象和"表层"思维，常常让我们的课堂遭遇尴尬，明明掷硬币正反面的概率都是二分之一，实验的结果却不是这样的。因此，可能性的其中一个教学目标就是发展学生的随机观念。这些日子里我一直处在纠结中，"最好就是对学生进行一个调研，对，就先做调研。"我自言自语地对自己说。

于是，我设计出了自己的调研题目：1. 小明和小华准备下棋，谁先走？你有哪些方法？2. 生活中用"石头、剪刀、布"来决定输赢的方法是否公平？3. 你觉得用掷瓶盖的方法决定谁赢是否公平？

我对班上的 38 名同学进行了调研，带给我很大的收获，特别是第二个调研题目出现的结果更是出乎我的意料。请看下面的结果：

公平	不公平	公平又不公平(纠结)
16	12	10

"学生经常用石头、剪刀、布决定先后的游戏，为什么有 30% 多的人认为不公平，20% 多人纠结着，认为公平的学生又是怎么想的呢？"带着诸多疑问，我走近学生，准备对学生进行访谈。

我找来这些孩子开始谈话："你认为这个游戏公平的理由是什么？"我问学生。小男孩睁大眼睛自信地说："你不管出什么我都有办法打败你，而这完全靠运气。"同样的问题，小女孩有些无奈地说："因为如果输了，就怪自己运气不好。"我接着问认为不公平的孩子："你能说说理由吗？"平时一向比较随意的小男孩说："自己想出什么就出什么，就看谁运气好，没有根据。""这完全靠运气，要有能力才能赢。"他的伙伴这样补充。我耐心地询问认为既公平又不公平的孩子理由是什么？学生的回答更加有意思："公平是靠自己的能力得到的，不公平是有些人运气好，有些人运气不好。公平是因为不犯规，不公平是因为靠运气"……

　　我在对全班学生进行访谈后惊奇地发现有近 40％的学生在阐述自己的理由时都提到了"运气"这个词，"运气真的能决定胜负吗?"这个问题不断地在我的头脑中回荡。于是，我再一次走进学生。

　　这一次，我对学生调研的题目是：你和小伙伴玩"石头、剪刀、布"的游戏，你觉得谁会赢? 这一次的调查结果是：认为自己赢的有 6 人，认为伙伴赢的有 4 人，有 28 人认为都有可能。面对这样的调研结果田老师的心中终于有了底：这近四分之一的人认为自己赢或者是伙伴赢的孩子不正说明需要发展他们的随机意识吗?

　　学生对于随机的认识不是一帆风顺的，学生总是希望找到"确定"的结果。消除学生存在的误解正是统计与概率的目标之一，最好的办法就是让学生亲自试验。我露出了欣慰的微笑，因为我知道自己接下来该怎样做了……

让孩子成为课堂的主角

赵 靖

教学完两位数除以一位数的除法后，在练习时发现有一个同学的竖式总是先计算个位。例如：$36 \div 3$

$$
\begin{array}{r}
12 \\
3\overline{)36} \\
\underline{6} \\
30 \\
\underline{30} \\
0
\end{array}
$$

要是以前学习完了还有这种情况出现，我一定迫不及待地指着黑板说："看看，大家是怎么写的，你写的一样吗？"这次我用尽全身力气强压住内心的愤怒，仔细地看了看他前面的练习，居然都是先从个位开始计算的。为什么他会这样呢？也许有他自己的想法？如果我把他的情况作为个例子让大家一起讨论也许更有助于学生理解书写竖式的要求。

于是我把他的练习打在投影上，把他叫上讲台。我问他："你能说一说这道题的竖式为什么这样写吗？你是怎么想的？"他一边用小手指着一边自信地说："您看 $6 \div 3 = 2$ 因为是个位除的所以 2 写在个位上。再看十位 $3 \div 3 = 1$，就写十位上，所以商是 12，正合适。""大家有什么看法？"有的同学说："最后答案也对了，我看可以！"有的同学说："这道题可以从个位开始算，不一定所有题都能这样吧？$42 \div 3$ 从个位开始写竖式行吗？""没问题！"他好像在接受挑战一样非常自信，立刻在纸上写起来，嘴里还不停地叨唠："$2 \div 3 \cdots\cdots$，这怎么回事？除不了。""别着急，老师给你小棍你来试着分一分。"我把小棍递给他，"你说说是怎样分的？"他很认真地拿起小棍，"我先拿 4 个十，再拿 2 个一根的。先看个位 2，哎呀！不够啊！""不够什么？""不够 3 根啊！怎么分啊？""有办法吗？"我问。"那就得借了，噢，可以啊，把一个十打开变成 10 个一根和 2 根在一起是 12 根就够分了，每份是 4 根，现在还剩 3 个十平均分 3 份，每份是 1 个 10，合在一起就是 14。""这道题的竖式能写出来吗""嗯……可以吧，但是要加点东西。"

$$\begin{array}{r} \overset{\cdot}{1}\,4 \\ 3\overline{\smash{)}\,4\,2} \\ 2 \\ \overline{3\,0} \\ 3\,0 \\ \overline{0} \end{array}$$

我看了他写的竖式，原来他说的加点东西指的是在十位加上退位点，显然他是受了退位减法的影响。我不禁感到孩子的非凡的创造力。"你的这个发明真的不错啊！可以命名为王淘竖式啊！但是你发现从个位开始分会出现什么情况呢？""有的时候够分，有的时候不够，得向十位借啊！""我们换个方法从十位开始分，会有这种情况吗？""没有，不对，有，要是 21÷3 十位就不够了……不对那就得 7 了，直接就口算出来了。那就行了，要是从十位开始算只要数大（指商是两位数）就不用借了，够除了。""我明白了，从低位开始减，不够从高位去借。但是分的时候要从高位开始分，要是剩下了还要与低位合起来继续分呢！"

反思以往的课堂，引发了我更多的思考：

一、课上教师引导大家归纳的最佳方法是每个个体的最佳吗

例如本节课在课上也让大家展示了自己的想法，并让学生针对自己的方法进行讲解，然后大家讨论最后得到了最佳的，最规范的竖式书写方法。但是对于王淘来说，他虽然在课上没有异议，但实际他并没有真正认同这种方法，反而他认为自己的方法才是最好的，运用起来熟练，自己也能说明道理，所以在作业中他依然坚持着自己的方法。这时候我们不应当把他仅仅当成错例去纠正，而应当把这样不同的思想展示在台前，让学生走上讲台。当我与王淘有了以上的过程后，我对这个孩子更加欣赏了，他对自己相当自信并且当遇到困难时能够立刻用旧的知识来解决，而且应用的蛮有道理。我甚至觉得在两位数除以一位数的计算中用他的方法学生也许更容易理解，当学习的数更多时他再去理解从最高位算起可能更容易接受。

二、给孩子思维的空间，教师会有意想不到的惊喜

如果那天我没有让王淘走上讲台，不给他展现想法的机会，也许我永远看不到他的创作，把减法计算中的退位应用到除法中，也许只有这些纯真的孩子才能够想到的而这才是最真实的孩子的思维方式。而这些学生思维的火花才是教学中最宝贵的财富。

三、教学相长，学生带动教师的思考

　　王淘的除法的计算方法迁移了减法的计算，除法与减法之间有联系也有区别。之前学生学习加、减、乘都是从个位算起，除法却是从最高位算起，这是什么原因呢？我想只有研究好这个问题王淘的问题才能真正解决。

这节课，学生上了桌子

祁建华

二单元《观察和测量》第一课时的内容是《观察物体》，重点让学生通过观察，体会从不同的方向观察同一物体所看到的形状可能是不同的，能通过空间想象辨认从不同方向观察到的单一物体的形状图，发展空间想象能力。

以往我上这节课时，总觉得没什么东西可讲：这么简单的结论，一句话就能告诉学生。但是关于这节课的知识点在课后练习时又经常会错误不断，这是为什么呢？类似于下面的题目就错误率较高，尤其不能确定哪个图是淘气看到的。

3. 看一看，说一说。下面哪幅图是淘气看到的？哪幅图是笑笑看到的？
(1)

这学期学校开展了一系列"争做学生喜欢的教师"的培训、讨论等活动，通过学习讨论，专家的指引和同伴的交流对我的触动很大。

于是我产生了这节课让学生实实在在的观察、操作的想法，并且在精心准备后得以在课堂上顺利实现。

课前我从家里带来了一些玩具，有不同款式的车模，有毛绒玩具。还有平时用的一边有把的水杯。课上我把这些物品分发到四人小组，指导小组学生轮换位置进行实物观察，并比较从不同的角度看到观察对象的形状有哪些不同。学生在实物观察的基础上，亲身体验并自然得出"从不同方向观察、所得结果不同"的结论。

教学理念和行为的改变所带来的课堂和学生的变化，着实让我惊叹不已，其中的原因有两点：

一、小组合作带来的惊喜

小组合作中，学生在观察物体时所处的位置分别是正前方、正后方、左侧、右侧四个角度。为了让每个同学都能体会"不同的角度观察所得不同"，四人小组中的每个人都需要调换位置。令我感叹的是：没有老师的任何提醒和指导，小组成员都能按顺时针或逆时针的顺序依次换位，有条不紊！起初是一两个小组这样有序轮换，后来所有小组都做到了有序轮换。

这样有序的观察，让每个学生切切实实地从四个(前、后、左、右)方向观察物体。当老师再把前面"茶壶"的问题提出时，学生就能在实际观察的基础上想象在不同方位观察的结果，教师稍加提示就轻易地解决了教学难点。对于这样的教学内容，这样的教学效果是语言讲解无法达到的。

感悟：

(一)可能一年级的学生还不知道"逆时针""顺指针"这些名词，但每个小组确实都不约而同地做到了有序轮换；也可能不是所有的学生都能想到这绝妙的好主意，但正是这样开放的小组活动让所有的孩子都有所收获；也许他收获的不是这节课要掌握的知识，但却可能是影响他一生的做事方式！

(二)也许是老师带来的玩具，还有这种合作学习的形式，使得学生对课堂产生了不同的感觉。这种不同不但来自于学习材料、学习形式的不同，更来自于由此产生的学习心理的不同。在学习过程中，教师不需组织课堂纪律，全体同学都积极参与思考，并且能从同伴的发言中汲取智慧、互相补充，直至问题得以完满解决。课堂上学生们自主思考、有效合作的学习氛围不正是课程改革所倡导的吗？

二、实际观察体会得来的学习结果胜过教师的千言万语

在观察前，我先提出问题让同学们思考："站在一个位置不动，能看到长方体讲桌的几个面？"

指名让同学到前面来演示观察的角度和结果。

第一名同学站在讲桌的正前面，看到了讲桌的上面和前面；第二名同学经过比较思考，在同学们的指点下站在了讲桌的斜前方，看到了桌子的前面、上面和侧面。

"刚才××同学看到了三个面，还能看到更多的面吗?"我进一步追问。

"能!"好几个同学不服气的回答。

"再想想！还能看到更多的面吗?"

多数同学有些茫然，原来坚持的同学中有几人犹豫了，但仍有三五个同学坚持。

"站在什么位置看到的面能多于三个呢?"我不免对这几个顽抗到底的同学有些生气，怎么可能看到更多的面呢？这么不开窍！

"站在桌子的上面往下看，能看到更多的面。"

要让学生上讲桌试试吗？我不禁犹豫了，上课时间学生怎么能站到桌子上？可不上去又怎么说服学生？

上就上吧，只要能解决这个问题！呵呵，孩子个子矮，自己爬不上去，我伸手把他抱了上去。坐着的孩子们不由乐了！

站上讲桌的孩子低头往下看，我忙问："看到了几个面?"

他脚不移动，但伸长脖子伸着头看了前面看左面，看了左面看后面，我恍然明白了他为什么说能看到更多的面了。

"他是在一个位置同时看到这些面的吗?"

"不是，虽然他的脚没有动，但他的头移动了。"

"那在一个位置上观察，最多能看到物体的几个面呢?"

这次所有学生异口同声、心悦诚服地回答"三个"。

感悟：

(一)教师的教立足于学生的学，教学效果事半功倍。

在我们成人看起来毫无争议、理所当然的结果，在孩子的眼中和脑中并不尽然。教师在想不明白学生易错点的原因时，不妨和孩子一起经历探索体验知识形成的全过程。深入的了解学生的所思所想，哪怕是一个细小的环节都有可能是提高课堂效率的关键和前提。所以我们还要在研究学生方面做得细致再细致。

(二)善于利用课堂教学"活动"，提高教学效果。

新课标指出：学生是数学学习活动的主体，在教学中教师应树立"以学生为本"的思想，让学生"积极参与"课堂教学。为学生提供数学活动，保证学生参与课堂活动的机会，凸显学生的主体地位。

低年级学生乐于动手，对参与不同形式的课堂活动积极性高。由于小学生的思维处于形象思维向抽象思维的过渡阶段，他们还不能脱离实际操作去进行思维活动，再加上儿童本身具有好动的特点，所以经历实际的观察操作活动，是低年级小学生学习的一种有效方法。因此，教学中教师要尽量营造丰富多彩的实践环境，让学生积极参与教学活动、动手操作实践。

冷猜测、热思考

王晓丽

随着课程改革地逐渐深入，老师们越来越认识到，实验不能仅仅停留在动手上，背后需要学生"火热的思考。"这不，这段时间我正和孩子们一起研究三年级上册"第八单元《可能性——摸球游戏》"。

师：同学们你们喜欢做游戏吗？今天我们就来玩摸棋子的游戏。老师这里有一个纸袋，袋子里有黑棋子和白棋子，一共 8 个。谁愿意猜一猜：黑棋子，白棋子哪个多呢？

生：可能白棋子比黑棋子多；可能黑棋子比白棋子多；可能黑棋子和白棋子一样多。

师：同学们的意见出现了分歧，到底谁的猜测是对呢？如果像这样无休止的争论也得不到正确的结果，到底怎么样才能知道呢？

生：如果不打开袋子，我们可以摸一摸，哪种颜色棋子被摸到的次数多，哪种颜色的棋子个数就多。

这个时候学生提出要摸一摸实验一下，我听了特别兴奋，我想：这时候通过做实验，运用频率去估计概率的大小，不仅使实验变得很有必要，而且能帮助学生澄清数据(频率)与概率不一致给孩子们带来的困惑，于是实验成了水到渠成之事。

孩子们踊跃的举手猜测也让我十分高兴，猜想是合情推理的最普遍、最重要的一种思维方法。

师：说明活动规则：袋子里的棋子数量跟老师的一样，两人为一组合作完成，每人 2 次，每摸完一次一定要把棋子放回去把袋子摇匀再摸，然后把每次摸到的颜色在相应的格里画√，表格竖着看，一个人摸另一个人帮忙记录。

师：在摸之前，先进行初步猜想，然后记下来。

师：摸 4 次之后的初步判断和摸之前的猜测一样吗？咱们班所有同学的初步判断都相同吗？

生 1：老师我们觉得我们袋子里白色的棋子多，因为四次都是摸到白色的。

生2：老师我们有不同意见，我们摸了4次有3次都摸到黑子，我觉得可能黑子更多一些。（边说边点头，非常肯定的样子）

班里这时充斥的白子多，黑子多，争吵的声音。

生：别吵了，数据太小，要再摸，多摸。

她让孩子们想到：猜想可能需要一次又一次的尝试。

师：时间有限，一共摸6次。活动规则和刚才一样。

生：再次实验。

师：摸10次之后的再次判断和摸之前的4次的判断一样吗？每个小组的想法都相同吗？

还是刚才嚷嚷黑子多的小男孩举手了，他说：老师我们改变想法了，根据数据的变化，我们觉得白子多。这只是我的猜想，仍然不敢确定，数据还是不够多。

听到这个孩子思考，我微笑了，心里感到十分欣慰。我们对任何新事物的想法，开头总不免是错误的，或者至少有一部分是错误的。每当把我们的想法和观察事实相比较时，其结果可能一致也可能不一致。若与观察事实一致，我们就对自己的想法更有信心；若不一致，就改变想法。经过多次改变之后，我们的想法就可能较好的符合事实。虽然说猜想总会发生意外，但只要我们有足够的信心和智慧，即便发生意外，也"只能发生在应该获得它们的那些人那里"。对，答案就在这个会思考的孩子那里！

师：由于时间问题，汇总全班的总数，计算10次，白子一共出现几次，黑子一共出现几次。

师：再把5个班的活动数据一并进行汇总，你发现了什么？

生：通过数据，让我们对我们的猜想越来越有信心了。

师：是什么让你们对白比黑多那么有信心？

生：是实验次数。

师：当袋子打开允许我们看了之后，我们才百分之百的确认是白子比黑子多。

生：孩子们激动地打开袋子，随即传来了欢呼声。

这是一个带给孩子们火热思考的课堂，是一个使他们体会到数据力量的课堂，一个充满快乐的课堂。是什么让孩子感觉到轻松快乐？——因为"思考"给孩子们带来了快乐，一种深思所带来的快乐！我们应该让科学的猜测和实验引导学生经历数学家探究发现这一知识的全过程。

旋转门有学问

高红梅

一提起数学，学生就会联想到枯燥的计算，而对数学与生活的联系体会不深。教学中，我经常以营造一种现实的有吸引力的学习场景，引发学生感受到数学与生活的联系，从而形成思考的习惯。

在教学《圆柱》一课时，我巧妙地利用教室的门，让学生仔细观察，"如果我们把教室门的形状看成一个长方形，"我说："我利用这个门变出一个圆柱，你们猜一猜怎么办？"课堂一下子安静下来，片刻之后，学生便热烈地讨论起来，有几个学生还跑到门边动手试一试。

一会儿，学生情绪高涨起来，有的学生高兴地说："我知道了，我知道了，把门旋转一周，就是一个圆柱体。"其他学生连连点头称是："没想到，每天都要开关许多次的门，也有数学知识。"

我又进一步提问："其实，数学就在我们每个学生的身边。刚才，大家都认识到，这个长方形的门，以一条边为轴旋转一周，就成一个圆柱体，你会计算这个的圆柱体的体积吗？"

刚刚平静下来的学生再一次兴奋起来，自发地结合成组讨论起来，有的画，有的算，有的看着教室的门在静静的思索。通过自学互学，同学们自己总结出了方法。他们都觉得自己有所收获，都为自己能利用学过的知识解决自己身边的问题而兴奋不已，这时，我又抛出一个问题："刚才我们把这扇门沿长所在的直线旋转，形成一个圆柱体，如果把这扇门沿宽所在的直线旋转，也会得到一个圆柱体，这两个圆柱体的体积相等吗？"

学生的学习热情再一次高涨起来，每个学生的思维又一次积极行动起来。当学生在紧张思考的时候，下课铃声响了，同学们热烈地讨论着，走出了教室。

看着学生积极讨论的情景，我意识到：学生只有意识到数学存在于现实生活之中，并被广泛地应用于现实世界，才能够切实体会到数学的应用价值。如果课堂上教师能够运用自己的智慧，为学生创造一个引发学生思考的场景，形成不断思考的习惯，那么我们就会享受到教育的幸福。

头脑体操练神咒

林　妍

　　下午的数学课总是气氛比较压抑，因为正值午睡时间，上下眼皮直打架。哪儿还有兴趣思考数学问题呢？于是，我经常利用这个时间带领孩子们做做"头脑体操"。

　　那天，学生遇到了这样一道题：被减数、减数、差的和除以被减数，商是多少？

　　根据以往经验，越是简单的题目，越有意思。于是，每个人都瞪着两只小眼睛试图从题目中获取点儿什么重要线索。有个别的孩子开始拿起笔在写写画画了。

　　这时，有个同学着急地喊出来了：老师，等于2！比如说 $4-2=2$ 这个减法算式吧！被减数、减数、差都加在一起：$4+2+2=8$，然后再除以被减数4，$8\div4=2$。所以最后答案就是2。

　　那是所有的减法算式通过这样的计算，都等于2吗？谁想来试试？

　　$20-15=5$

　　$100-45=55$

　　$250-198=52$

　　……

　　很多同学高举着右手，喊出了一个又一个算式，但不管这个算式如何"稀奇古怪"，经过计算，答案都是2。

　　"这真是　句神奇的咒语啊！"此言一出，同学们纷纷笑了。

　　"那到底是为什么呢？难道算式会变魔术吗？几个人一组，我们一起来研究一下这神奇的'咒语'吧！"

　　于是，原本"困意"盎然的下午瞬间沸腾了。孩子们或紧锁眉头，或咬紧嘴唇。都在积极地思考，试图破解它。

　　终于，"小机灵"同学站起来大吼：老师，我知道是为什么了！因为被减数＝减数＋差，所以如果他们三个都加起来，和就是两个被减数，所以就是被减数的两倍，所以商肯定是 2。

雷鸣般的掌声不约而同地响起，原来这"咒语"并不神奇，只是运用了一点点数学知识。同学们都笑逐颜开，纷纷赞叹数学的巧妙。只有一位同学还拿着笔在纸上不停地写着算着。"咦？明明，你在想什么呢？""老师，我觉得不仅在减法算式里存在这样神奇的咒语，也许在除法算式里面也有，让我再想想。"

此言一出，激起了同学们更大的好奇心。是啊，除法可以看作是连续减去相同数的减法。被除数相当于被减数，除数可以看作是相同的减数，连续减的最多的次数就是商，最后的差就是余数（可能是零）。那么除法中或许也存在着这样神奇的咒语呢？

同学们也被明明的这个思考吸引了，纷纷讨论起来，经过反复地尝试、试验、推敲，同学们终于发明了自己的咒语：在除法算式中，被除数、除数、商的积除以被除数，商还是被除数。其原理参照减法算式。

在这节有意思的数学课中，没想到只是想让他们活动活动脑筋的一道小题，却引发除了这么多思考，就连我也没有想到孩子们的思考能够这么透彻，还能够举一反三。

学生的智慧是无限的，课堂教育充分尊重学生，给他们足够大的平台，让大家在交流中思考，在思考中碰撞，形成思考方式和思维习惯。

开放问题引探究

周雪亮

　　这是一节《路程、时间与速度》之后的拓展课。在基本的求相遇路程、相遇时间练习的基础上，我出示了这样一道拓展练习："已知小明每分钟走 60 米，小红每分钟走 55 米，现在两人从相距 200 米的甲、乙两地同时出发，经过 2 分钟两人相距多少千米？"由于学生已有了相向而行例题的解题经验，很多同学很快就列出了算式——(60＋55)×2－200＝30(米)。这时班里一位爱动脑筋的孩子站起来说："我认为不能这样解答，因为这道题中没有告诉小明和小红行走的方向，刚才大家的解答只是小明和小红是同时面对面走的一种情况。假如，小明和小红是同时背对背走呢？那列式可就不是这样了。"

　　一石激起千层浪，这时，大家才恍然大悟地点点头。我一愣，哦，原来是教师的疏忽，忘了写"相向"两字，我立刻表扬了这位同学的细心，正想把"相向"两字补上去，忽然一想，不如让学生自己想象一下他们的行走方向，画出线段图后再进行解题吧。

　　没想到一个小小的改变却产生了巨大的想象空间，同学们通过想象行走方向，并画图解答，不同的解题方案跃然纸上。

　　由于自己的一个失误，没有说行走方向，却为学生留下了质疑的空间和开放的空间。课堂上学生不满足一种方向和一种结果，在争辩中敢于提出"向背而行"、"你追我赶"等与众不同的多种行走方式，从多角度理解问题，解决问题。

　　一个开放的问题情境，往往能够激起学生强烈的问题意识和探究动机，引发学生多角度地思考，解决问题，发展其思维的创造力。

等待花开，花必开

闫宜端

　　每每提到小凡，我都有说不完的话。

　　记得我第一次接触小凡是在入学前的家访，无论用什么方式引导她说话，她始终保持沉默，还很扭捏。家长向我介绍了孩子的情况，对于今后的学习，家长的态度是顺其自然。最为担心的是来到班里别的孩子看到她的不同，会不会嘲笑她？讥讽她？歧视她？当时我就向家长保证，一定会在力所能及的范围内保护她，不让她的内心受到伤害。开学第一天，我惊喜地发现，她能听懂我说的话，心中暗自欢喜，生活上不需要特别的照料，就可以把心放在其他方面照顾她。

　　最开始还真没有什么分寸，不知道做到什么程度小凡的心理是可以承受的。记得开学初的一次收作业本，因为要得急了些，她竟然无声的哭泣了，泪滴挂在脸颊，此时才记得她的与众不同，真是后悔呀！

　　刚上学的小孩子可喜欢在课堂上回答问题了，小手举得高高的，希望老师叫自己回答问题，而小凡从来不举手。平时提问可以绕过她，做个开火车的游戏不能绕过她的组。到她了，她坐在那里不起来；叫起来，她站在那里不说话。只好又请她坐下，告诉她后面的同学，以后遇到这种情况，可以等等她，如果她不起立，不回答问题，就可以跳过她。

　　一直以来我认为：回避她，是对她的一种保护，有时候等待对于她来说也是一种教育。由于事前跟同学们打好了招呼，班里的同学没有人欺负小凡，反而是她需要帮助时，坐在她周围的人会主动走过去帮助她。

　　在平时的学习中，我总是安排她身边的同学和她一组，小组讨论时她不说话，我就要求她注意听别人的发言就好了，动手操作时小伙伴也会带着她做，课堂上也会把几个同学都回答过的问题再请她说，这时我会走到她身旁，轻轻拍拍她的肩等待着她的回答，班上的同学就在一旁安静地等待着，我用这种方式让她融入课堂。

　　随着年级的升高，小凡在学习上有了明显的进步，虽然依然比不上班里的其他同学，但她顽强地学习着。记得一次数学口算 40 道题，不提速度，小凡全对了！当时，我当着全班同学的面表扬她，全班同学自发地为她鼓掌，而小凡也在掌声中腼腆地笑了。看得出，在长久的相处中，孩子们早把她看作班级中不可或缺的一员，她的每一点进步都让大家高兴。

传说中每个孩子都是一位天使，带着一对美丽的翅膀在天堂飞翔。小凡，就像是折翼的天使坠落凡间，虽然翅膀受了伤，但她依然渴望飞翔。在学校教学中，我们用爱帮她修复翅膀，帮助她享受和普通孩子一样的学习权利，享受成功，让她也能轻舞羽翼，快乐飞翔。

"小江西"问题多

李志芳

"大家好！我叫小宇，是从江西来的。希望跟大家成为好朋友！"一位个子小小，脸庞黑黑，眼睛亮亮的男孩子正在郑重其事地向三年级 22 班的同学们行鞠躬礼，全班同学都热烈鼓起掌来。这个同学是新学期转来的新同学。他非常天真，待人也很真诚，很快就融合到班集体中。因为他说话总是带着乡音，所以我和同学们都亲切地称他："小江西。"又因为他总是满脑子问题，还总爱刨根问底，直到弄懂为止，所以，大家又还给他起了一个绰号："大问号小江西"。

"小江西"的父母都是来京做生意的，一忙起来经常误了接孩子的时间。每到这个时候，我就把他带到办公室，一边做第二天的上课准备，一边陪着他等父母。小江西做完作业以后，就会跟着我，看我做事情，不时还会问东问西的。

一天，小江西写完作业，又黏在我身边，看我整理第二天上课的课件。他好奇地问："李老师，咱们明天学什么啊？""学乘法，12 乘 4，你会吗？"我笑着问。小江西眨眨眼，说："只要是老师讲过的，我都会！我给您算一个！"说着，拿起笔就在纸上写起来。

我向他看过去，只见纸上写着："12＋12＋12＋12＝48"还列出了连加的竖式，四个加数摞在一起，高高的。"哦，会以加算乘，不错啊！"小江西笑眯眯地说："我还能这样算呢，是您教的！"说着就在纸上又写了起来："12×4＝10×4＋2×4＝40＋8＝48"我笑着点了点头，说："学得不错！还有办法吗？""有啊——用小棒、用人民币模型摆好数一数……对了，还有跳格子！也是您教的！"跳格子是小江西自己给数轴方法起的名字，他觉得特别能反映在数轴上算乘法的过程，他自己得意了好几天呢！

看到这一切，我笑着摸摸他的头，说："你会用竖式算吗？""12×4 的竖式您还没教我呢！我不会。""呵呵，其实也没有什么难的，你看……"于是，我打开课件，把竖式展示给他看。小江西认真地盯着电脑屏幕，不一会儿又看看自己刚才写的计算题，看着看着，眉头皱了起来："老师，您这个竖式不对啊！"我当时愣了一下，也认真地看了看屏幕上的竖式："哪里错了？"小江西指着竖式中的乘数 4 说："这里少写了一个 4！""什么意思？"小江西把自己刚刚写着 4 个 12 连加竖式的计算纸推到我跟前，指着竖式说："您看，个位有 4 个 2 连加，所以乘法竖式里有 4 乘 2 这一步，这是对的；但是十位上是 4 个 1 相加，您的竖式里只有一个 1，没有乘 4 这一步啊！"

"哦？"我细细地看着小江西的竖式，又看看屏幕上的竖式，恍然大悟。教书二十年了，从来没有一个孩子提出过这样的问题！我饶有兴趣地问小家伙："那你说怎么办呢？"小江西咬咬嘴唇，想了想，说："可以这样！"说着，就在纸上刷刷刷地写起来。我歪着头看过去，哦，原来他把乘数的十位上也写了一个 4，成了"12×44"。

"你这样不行！以后算 12×44 怎么办？那时候的竖式就没法写了！"一个孩子插话说。我一回头，哦，是办公室里另一位数学老师的女儿玲玲。她每天放学回来，都会在办公室里等妈妈，看到小江西和我在讨论题，也凑了过来。但是小江西没有考虑后面还会有真正的 12×44 的竖式情况。

小江西皱起眉头，说："那怎么办啊？要不就把十位上的 4 写得小小的……""那它也占着十位呢！"憋了半响，他忽然欣喜地喊："我知道了！"边说边在纸上修改起来，"我可以只写一个 4，既当个位的 4 用，又当十位的 4 用！"写着写着，他又发现问题了："要是我忘了十位这个 4，怎么办呢？"玲玲说："其实，你不用想了，只要多练练就不会忘了。"小江西摇摇头，说："我怕记不住，还是搞懂了比较好！"说着，他又陷入思考中。片刻，他高兴地喊："有办法了！以后每次我做题的时候，都用圈圈把要乘的两个数画出来，这就不忘了！"

说着，他埋头又在纸上写写画画起来。当他终于全部完成，把自己的竖式交给我的时候，兴奋得眼睛都放出光来。我接过练习纸，细细看着，不由得打心里赞叹着小江西，被他真实而又可贵的探究精神所折服！他曲折而又富有挑战的探索过程也许是许多孩子没有机会体验的！错失了这么精彩的探究多么遗憾啊！想到这里，我果断地推翻了自己原来的教学设计，重新构思教学环节，努力让更多的孩子能够经历这样的尝试、反思、调整过程，并在这样的主动学习过程中，获得更多的体验与成长！

新的教学方案设计完成了！我拉着小江西的手，动情地说："孩子，你太棒了！你让老师学到了好多东西！"小江西困惑地眨眨眼，仍旧满口江西口音地说："您是我的老师啊，我得向您学习！""呵呵，今后，你也是我的小老师！""那我也能站在讲台上讲课了！""没错！明天就请你到讲台上给大家讲你的想法，好不好?"玲玲抢过话头说："我明天一早就告诉你们班同学去——有一个江西来的小矮个儿老师要来给你们上课啦!""哈哈……"我和两个孩子都笑了。

重要的课≠爱听的课

高红梅

明天又要讲分数问题了。这部分内容既重要又容易枯燥，以往教学中，任凭老师如何精心制作课件，如何精选练习题，孩子们都提不起学习的劲头来。弄得数学老师们经常忍不住埋怨："这么重要的课却不好好听，真不知道这些孩子在想什么！"

是啊，孩子们在想什么呢？我轻轻放下手中的教案，教案就是设计的再精彩，孩子们不听，这又如何是好啊？"我要知道孩子们在想什么。"我一拍脑门，急匆匆地赶到教室，随手拉过来几个孩子，出了一道分数应用题。孩子们先是一愣，然后都陷入沉思。

我刚要说话，一个孩子马上说："您先别说话，让我们想想。"几次我想插嘴，都被同学们制止了，"给我们点时间，我们再想想。"这句话这么耳熟啊，对了，去年的时候孩子们好像也说过这样的话，可是因为老师想着时间紧，任务重，没有给孩子们想的时间，老师就着急往下讲了。"好了，我不说了，今天我倒要看看孩子头脑中是怎么想的。"

本以为孩子们会有这样、那样的问题，可是过一小会儿，就有孩子想出来了，陆陆续续地举起了小手，一个孩子还有些不明白，另一个孩子自告奋勇的当起了小老师，又是画图又是举例的一通忙乎，终于几个小孩都做出来了，我问他们："解决问题的过程中，你们都想了些什么呀？"

"我们开始时不会，后来想您教给我们的办法，就画画图，想想以前的知识。""你多给我们点时间，我们就能想出来，您得相信我们！""我觉得同学给我讲的我全听明白了，他说的话我全听懂了。"看着孩子们自信的眼神，我对明天的课充满信心："如果明天学习类似的内容，你能给老师点建议吗？"

"老师，我想自己锻炼着做这些题目，我只要努力想，一定能想出来！""您讲可以，一定是我们绞尽脑汁想不出来的，我们不希望您马上告诉我们答案！"这个孩子比画着，做着想不出来的滑稽动作，逗的周围的学生全都笑起来。

了解了孩子们的需求，我重新构思这节课的教案——毕竟，孩子们想要怎么样上课才是最重要的!

    在上完这节课,我高兴地长出了一口气,孩子们表现精彩极了,有的孩子用画图法,有的孩子用方程,有的孩子用假设法,一节课孩子们发挥自己的特长,积极思考,踊跃发言,给孩子们时间的同时,孩子们还回我们一个惊喜,虽然下课了,但喜悦还闪现在孩子们的脸上,没有维持纪律,孩子们个个听得津津有味,讲得头头是道。

    以后的我,每逢遇到比较重要的学习内容,都会顺手拉过几个孩子问:"孩子,遇到这样的问题,你在想什么?"

不一样的考试

张　薇

　　早晨，阳光透过窗户照进教室，孩子们有的在安静看书，有的在整理学习用具，值日生在悄悄地扫地，刚来的孩子把作业取出来交到老师的讲桌上，一切都是那么井然有序。有一个小姑娘用极小的声音悄悄地问她的小同桌："今天是要期末考试吗？""对呀！"其他的小同学也忍不住了，开始窃窃私语，都在猜测，今天的期末考试会怎样进行……

　　时间终于到了，我快步地来到了教室，微笑着请孩子们安静下来，给他们讲解了考试的要求，孩子们瞪大眼睛专注地听着，但他们只知道考试内容并不难，而且特别神秘。在期待中，一场特殊的考试就要开始了。

　　考试是一对一的。第一名学生走进了考场。这是一位个子高高又懂礼貌的女孩子，她径直走到我面前。

　　我微笑着对这个孩子点点头："你好！小姑娘！你喜欢数学吗？"这其实是考试的第一个问题。

　　"喜欢呀！"还没等我问为什么，小姑娘就滔滔不绝地讲起来"数学能让我们越来越聪明！数学课上还能做很多好玩的数学游戏，老师还教给我们秘诀，回家之后和爸爸妈妈玩，我总能赢，爸爸妈妈都夸奖我呢！"看着她自豪的神情，当时我都不忍心打断她了。

　　"我们来看看这幅图吧，你能找到数学吗？"这是考试的第二个问题。

　　听到这个问题，小姑娘愣了一下，瞪大眼睛看着我，看得出来，她觉得有些奇怪。数学考试，怎么会是有一幅图画呢？考卷在这里吗？

　　作为主考的我其实已经看出了她的疑惑，但是依旧坐在那里"稳如泰山"，丝毫没有要解释的意思。小姑娘犹豫了几秒之后，见得不到帮助，便低下头观察着桌上的这幅画片。

　　"图画里真的有数学吗？"带着这个疑问，这位小考生开始认真地观察。图上呈现的是一副同学们在操场上玩耍的画面。小朋友们玩得可开心了，有的在跑步，有的在跳绳，还有的在搭积木，各种各样，活动丰富。远处是高大的教学楼，楼门顶上悬挂着一块大表，表针可清晰了。图画的背景是蓝天白云，小鸟在天空飞翔，还有几只好像是累了，站在树枝上休息。

看到这里，小姑娘也许想起了数学老师的话："数学，需要我们有一双智慧的眼睛，能在我们的身边，在生活中发现问题，解决问题。"

她终于明白了，这幅图里真的藏着数学！她再一次认真地审视这幅图画，并把自己的想法大声地讲了出来。我立马成了她的忠实听众："我发现了很多数学信息，摇绳的小朋友有2人，跳绳的小朋友有6人，参与这项游戏的小朋友一共有8人，应该用数学算式2＋6＝8表示。""现在是课间活动时间，是9：30，我是观察时针分针发现的。""小同学玩的积木我都认识，这个是长方体，这个是正方体，这个是球。"

我边听边不住地点头。

最后，小姑娘领到了一份特殊的评价单——"五一小学幸福少年数学素养"评价单，每一项评价都获得了小奖杯。拿到手里以后，小姑娘的脸上就像开了花一样，高高兴兴地结束了考试。

没有考卷，没有考题，没有一排排的桌椅和神情紧张的孩子，我们的考场里只有面带微笑的老师和一张有趣的图画。这就是我们的期末考试。这个学期，我校的一年级教学进行了大幅度改革，改变教学形式，调整教学方法，取消了原来的纸笔考试，替换成了一对一的谈话式考试形式，考试内容是老师们精心设计的，既包含了教材要求的各项知识内容，又能考察孩子全方位的能力，更重要的是，全新的考试形式，将给孩子全新的体验。孩子脸上洋溢的幸福，就是这张图画里的数学秘密！

不许"讲"的数学课

宋有青

  学校的课程改革进入实践应用阶段。在数学的课程改革过程中，出现了一种崭新的课型——自学互学课。这种课型的课堂教学中，倡导将学习的主动权、时间、空间都尽可能地交给孩子们，让学生走上讲台，同时规定：老师的单纯讲授时间累计不得超过十分钟，这给每一个数学老师带来了极大的挑战。

  我作为一个具有多年高年级教学经验的教学好手，面对这种"不许讲课"的新课型，感到特别矛盾与纠结：这样行吗？学生的认识层面不够，老师不讲，他们的思考能有多深？学困生怎么办？老师天天讲着还不会呢……办法总比困难多！

  在一节《直柱体表面积复习课》上，我精心设计了导学单，并提前布置给学生进行课前自学。上课后，我向往常一样走到学生中间，将讲台留给学生。一个小组在组内交流之后，将自己的学习成果当众发布，其他小组的学生专心致志地倾听，不时举手进行补充。

  当这个小组汇报完毕时，学生都静静地看着我。于是我问大家："还有补充吗？"学生们都摇摇头："没有了。"这怎么行！这样的复习只是浮于表面，没有任何深化与提升！看来要我出马了！想到这里我缓步向讲台走去，边走边说："长方体、正方体和圆柱体的表面积之间有什么关系呢？这三个公式有可能合并一下吗？"我的脚还没有踏上讲台，就被一个学生叫住了："老师，您先别讲，让我们想想！"这时，别的学生也纷纷应和着。于是，孩子们又聚在一起，热烈讨论起来。

  不一会儿，一个小组兴奋地跑到讲台上，大声说："大家停一下，我们有发现了！正方体和圆柱的表面积公式可以合并成一个，都可以用侧面积加两个底面积！正方体的外圈四个面加起来就是它的侧面积！"一边说，一边在黑板上画起图来。"哦，对啊！"同学们忍不住给这个小组鼓起掌来！这时，一个学生自言自语地说："三个公式变成两个了……还有可能再合并吗？"大家都兴奋地思考起来，教室里逐渐安静下来。

忽然，一个小组的学生说："宋老师，我想用一下您的教具行吗？"我微笑着说："可以啊，你自己到讲台上挑吧！"他走到讲台前，拿起长方体和圆柱体模型教具，左看看，右看看，摆弄起来。"我知道了！"在台下的一个孩子和他不约而同地喊起来！其他同学仍旧一头雾水。

我用微笑和手势轻轻阻止了两个跑到前面准备讲解的孩子，示意让他们等等大家，让其他同学再想想。没过多长时间，孩子们纷纷交流起来："长方体的前后左右四个面也是长方体的侧面积啊！"看着同学们满脸的兴奋，我继续引导学生思考："道理是一样的，可公式还是很不同啊！""可不是吗！怎么把公式统一起来呢？"这可难住了大家。

静静思考的背后是火热的探究！孩子们跨小组讨论起来，不一会儿，几个孩子跑到讲台上，在黑板上写下了："S 长、正、圆柱＝底面周长×高＋2S 底"，一个学生用调侃的语气问大家："谁能看懂我们的想法？""什么意思？""……"短暂的沉默之后，越来越多的学生七嘴八舌地说起来："长方体的侧面展开就是一个长方形嘛！长就是底面的周长，宽就是高；正方体也一样！""这三个公式还真能合并成一个！"

在兴奋交流的声音中，出现了两个"不和谐"音符："这是怎么回事啊？""这个公式只能计算长、正方体和圆柱的表面积吧？"这两个问题问得太好啦！我及时捕捉到这两个想法，并提交给全班继续讨论。

随着研究的不断深入，直柱体特征在学生主动探究的过程中逐渐建立并清晰起来。更令人欣喜的是，在"新问题产生——问题解决——新问题产生"这样循环往复的过程中，学生的认识也在逐步加深，连学习有困难的学生都学得聚精会神，津津有味！

每每回想起这节课，我都觉得心潮澎湃，我惊喜地发现：学生对这样的上课方式感兴趣，孩子们的能力提升了，也越来越自信了，小组内的互学越来越有实效性了。用孩子的话说："我能把我的想法表达出来与同学分享，我喜欢！"